82	Hautirritationen
86	Baden
89	Babys Schlaf
92	So schläft das Baby sicher
94	Warum schläft mein Baby nicht?
96	Die besten Einschlafhilfen
100	Schnulleralarm
102	Schreibabys
104	Der erste Spaziergang
106	Was Ihr Baby schon so alles kann
111	Der Tastsinn
112	Der Geschmackssinn
115	Der Hörsinn
116	Der Sehsinn
120	Die dritte Vorsorgeuntersuchung
122	Erste Impfungen
125	Wichtige Kinderimpfungen
128	Impfkalender für Säuglinge und Kleinkinder

ZWEITER BIS VIERTER MONAT
Das Baby entdeckt die Welt

132	Wie entwickelt sich das Baby?
138	Spielerisch fördern
142	Die erste gemeinsame Reise
146	Die ersten Zähnchen
148	Autsch, Zahn!
150	Zahnpflege
151	Die vierte Vorsorgeuntersuchung
152	Zum ersten Mal krank
154	Fieber
158	Die erste Erkältung
162	Magen-Darm-Infekt

FÜNFTER BIS NEUNTER MONAT
Das Baby wird mobil

Volle Fahrt voraus	**166**
Zugreifen	**169**
Motorikförderspiele	**170**
Sprechen lernen	**174**
Sprachförderspiele	**176**
Die fünfte Vorsorgeuntersuchung	**180**
Es geht voran!	**183**
Bewegungsspiele und mehr	**187**
Sprachentwicklung	**188**
Fremdeln	**192**
Der erste Brei	**196**
Fragen rund um den Brei	**198**
Was braucht ein Baby?	**200**
Gläschen oder selbst gekocht?	**203**
Eins, zwei, Brei – jetzt geht's los!	**204**
Lieblingsrezepte	**208**
Erstes Fingerfood	**211**
Trinken	**217**

ZEHNTER BIS ZWÖLFTER MONAT
Jetzt wird Ihr Baby groß

Immer weiter und weiter	**220**
Geschickte Finger	**222**
Alles babysicher?	**224**
Die ersten Schuhe	**228**
Wachsende Selbstständigkeit	**230**

233	Der eigene Wille
234	Nein sagen
236	Trennung auf Zeit
237	Das Übergangsobjekt
238	Zurück an den Arbeitsplatz?
242	Neue Schlafgewohnheiten
246	Die sechste Vorsorgeuntersuchung
250	Abstillen
252	Essen wie die Großen
256	Der erste Geburtstag!
258	Babys Meilensteine

ZUM NACHSCHLAGEN
Hier finden Eltern Rat und Hilfe

264	Schnelle Hilfe
268	Adressen und Internetlinks
272	Notfallnummern
273	Buchtipps
275	Register
279	Die Autorin
279	Bildnachweis
280	Impressum

Vorwort

Sie bekommen ein Baby, herzlichen Glückwunsch! Oder sind Sie gerade Eltern geworden? Dann gratuliere ich Ihnen nachträglich von ganzem Herzen. Jedes Kind ist etwas Wunderbares, und ganz besonders deutlich wird das bei den jüngsten Erdenbürgern. Zehn Monate wächst im Mutterleib ein kleiner Mensch heran, der von nun an das Leben unendlich bereichern, aber auch komplett umkrempeln wird. Jeden Tag warten neue Abenteuer auf Sie – vor allem aber auf Ihre Tochter oder Ihren Sohn. Im ersten Jahr entwickelt sich ein Baby so schnell wie sonst nie mehr im Leben. In kürzester Zeit erwirbt es unglaublich viele Fähigkeiten. Der Säugling, der anfangs kaum etwas anderes macht als schlafen und trinken, lernt, sich aus eigener Kraft aufzurichten, nach Dingen zu greifen, zu kommunizieren ... Jeden Monat tut sich etwas. Dabei orientieren sich Babys nicht an Entwicklungstabellen, jedes Kind hat sein eigenes Tempo. Unsere Babys sind einfach genauso verschieden wie wir selbst. Trotzdem können und sollten Sie als Eltern Ihr Kind so gut wie möglich auf seinem Weg unterstützen: durch eine altersgerechte Ernährung, Pflege und Förderung, verantwortungsvolle Vorsorge und vor allem durch ganz viel Geborgenheit und Liebe.

Ich wünsche Ihnen und Ihrem Baby alles Gute!

Dr. med. Ursula Keicher

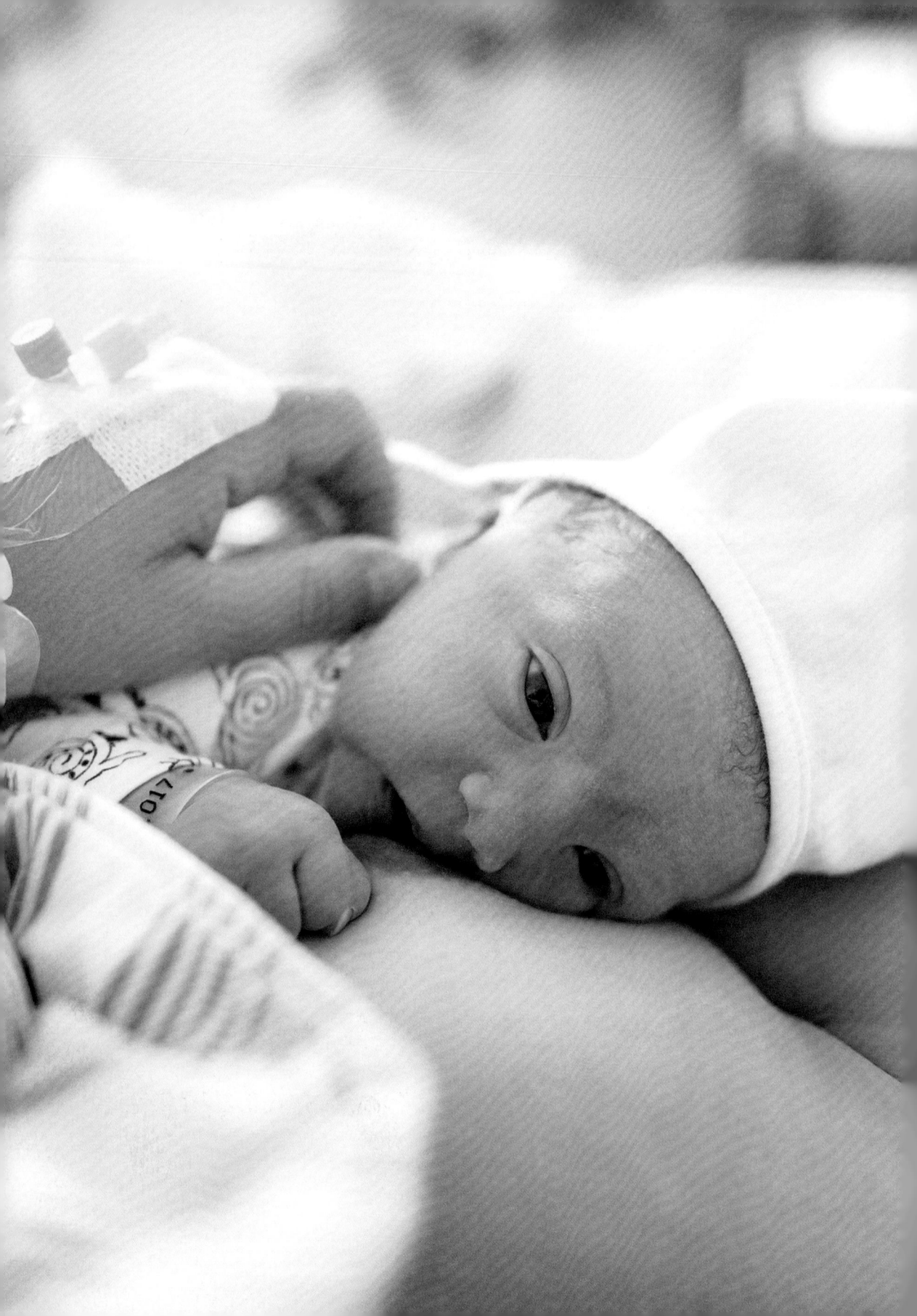

▸ HALLO BABY! ◂

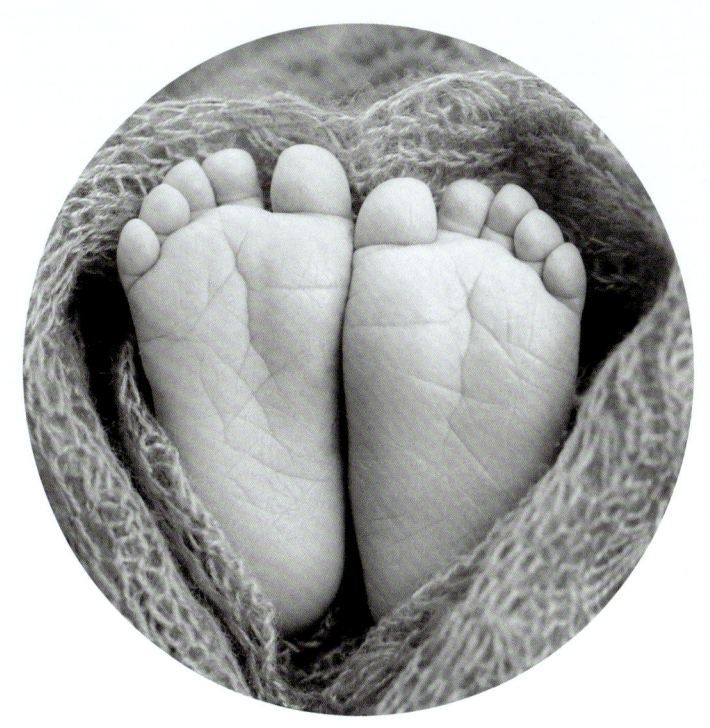

Die ersten gemeinsamen
        Stunden und Tage

◣ HALLO BABY! ◢

Endlich zusammen

Rund 40 Wochen ist Ihr Baby in Ihnen herangewachsen und hat sich zu dem kleinen Menschen entwickelt, den Sie jetzt in den Armen halten. Endlich! Ab jetzt wird sich so ziemlich alles in Ihrem Leben verändern, denn Sie sind nun Eltern. Am allermeisten aber verändert sich erst einmal für Ihr Kind.
Bisher war seine Mutter seine Verbindung zur Außenwelt und es hat nur das von draußen mitbekommen, was bis zu ihm unter die Bauchdecke vorgedrungen ist. In der Gebärmutter war es dunkel, warm und leise. Jetzt ist es plötzlich hell, kalt und laut. Am sichersten fühlt sich ein Neugeborenes daher nackt, Haut an Haut an den Bauch der Mutter gekuschelt, eingehüllt in ein warmes Handtuch oder eine Decke. Es kennt ihren Herzschlag, ihren Geruch, ihre Stimme und fühlt sich geborgen.

Bonding

Die Zeiten, in denen ein Baby erst mal ausgiebig untersucht, gemessen und gewogen wurde, ehe es endlich in Mamas Armen liegen durfte, sind zum Glück vorbei. Die erste Stunde nach der Geburt sollte vor allem der neuen Familie gehören. Denn in dieser sensiblen Phase wird der Grundstein für eine gute Eltern-Kind-Beziehung gelegt. Die ersten Berührungen und Blicke knüpfen die Bande, die sie ein Leben lang innig miteinander verbinden werden.
Doch Bonding ist nicht auf ein paar Minuten begrenzt. Es ist ein Prozess. Auch wenn die Geburt nicht so harmonisch verlief wie gewünscht, etwa aufgrund einer Frühgeburt oder notwendiger medizinischer Maßnahmen, bedeutet das nicht, dass Eltern und Baby keine gute Bindung zueinander aufbauen können. Es gibt genug Gelegenheiten, die innige Nähe in den kommenden Tagen und Wochen nachzuholen.

Kuschelhormon Oxytocin

Hormone tragen das ihre dazu bei, das Bonding zu fördern. In den letzten Tagen der Schwangerschaft und während der Geburt schüttet der Körper jede Menge Oxytocin aus. Dieses Hormon regt unter anderem die Kontraktion der Gebärmutter an und wirkt somit wehenauslösend. Oxytocin spielt aber noch eine weitaus tragendere Rolle: Es stärkt die Bindung zwischen Mutter und Baby. Aus diesem Grund wird das Hormon nicht nur in der Schwangerschaft gebildet, sondern auch noch nach der Geburt. Vor allem beim zärtlichen Körperkontakt sowie beim Stillen läuft seine Produktion auf Hochtouren – übrigens auch im Körper des Babys.

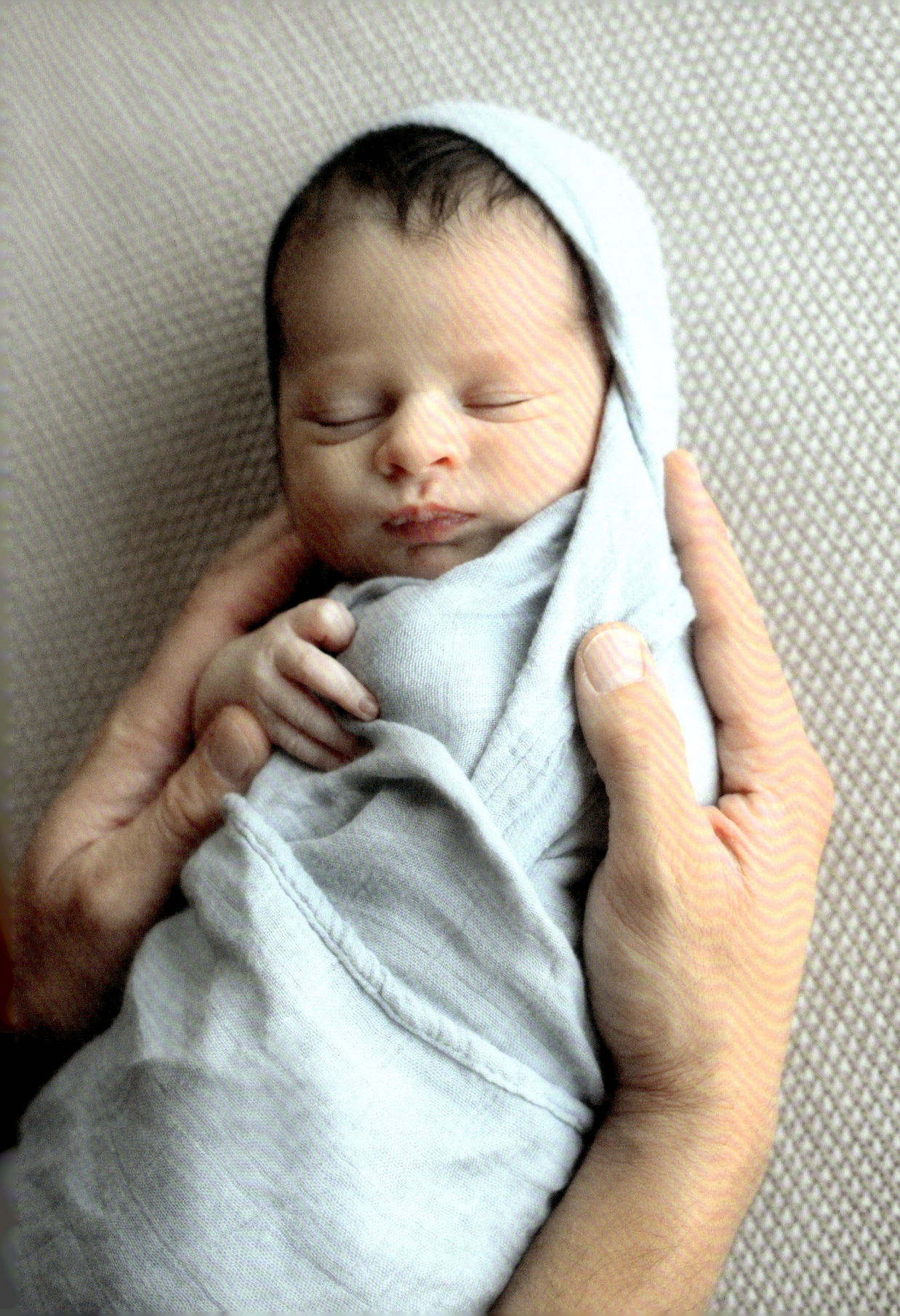

Das erste Mal anlegen

Wenn ein Neugeborenes erst einmal ausgiebig mit seiner Mama kuscheln darf, wird es nach einer kurzen Verschnaufpause von ganz allein beginnen, die Brust zu suchen, und erste Saugversuche starten. Am besten gelingt ihm das, wenn beide direkten Hautkontakt haben und die Mutter sich bequem zurücklehnt. Das Baby robbt dann instinktiv in Richtung Brust und nähert sich mit „nickenden" Kopfbewegungen der Brustwarze. Im Englischen gibt es dafür die treffende Bezeichnung Breast Crawl. Greifen Sie nicht gleich ein, wenn es erst einmal danebenschnappt. Wenn es tatsächlich gar nicht von allein fündig wird, können Sie ihm immer noch helfen „anzudocken".
Auch wenn das Baby noch nicht wirklich trinkt, ist das erste Nuckeln an der Brust der Startschuss für eine gelungene Stillbeziehung. Denn seine Saugversuche regen äußerst effektiv die Milchbildung an.

Die Babyinstinkte fördern

Das heißt aber nicht, dass Sie den Wunsch zu stillen gleich begraben können, falls die Phase nach der Geburt weniger ruhig und gemütlich ist, zum Beispiel weil wichtige medizinische Behandlungen nötig sind. Innerhalb der ersten sechs Stunden haben Sie genug Zeit, alles nachzuholen.
Versuchen Sie, Ihrem Baby auch in den nächsten Tagen noch möglichst oft die Gelegenheit zum Breast Crawl zu geben. Wenn es selbstständig die Brust sucht und zu saugen beginnt, wirkt sich das weiter positiv auf den Milchfluss aus. Außerdem schleichen sich so beim Anlegen weniger Fehler ein, die sonst rasch zu wunden Brustwarzen führen.

Ein wichtiger Schnitt

Während der Schwangerschaft wurde Ihr Baby über die Nabelschnur mit allen lebensnotwendigen Stoffen versorgt. Diese Rundumversorgung endet nicht sofort mit der Geburt. In den ersten Lebensminuten pulsiert die Nabelschnur weiter und transportiert Sauerstoff und Co von der Plazenta in die Blutbahn des Babys. Erst wenn das Kind selbstständig atmen kann und sein Kreislauf stabil ist, wird die Verbindung überflüssig. Sie hört auf zu pulsieren und wird weiß, weil kein Blut mehr fließt. Ab jetzt muss und kann das Baby „auf eigenen Füßen stehen". Als „Erinnerung" an die unbeschwerte Zeit im Mutterleib bleibt: der Bauchnabel.

DIE ERSTE *Vorsorgeuntersuchung*

Die erste Vorsorgeuntersuchung (U1) findet noch direkt im Kreißsaal oder Geburtshaus statt. Die Ergebnisse werden im Kinderuntersuchungsheft notiert, das Sie ab jetzt bei jeder Vorsorgeuntersuchung beim Kinderarzt vorlegen.

VITAMIN K

Um das Baby vor Hirn-, Haut- und Darmblutungen zu schützen, träufelt der Kinderarzt ihm im Rahmen der Vorsorgeuntersuchung 2 mg Vitamin K in den Mund. Dieses unterstützt die Blutgerinnung. Zwei weitere Vitamin-K-Gaben folgen bei der U2 und U3.

GRÖSSE & GEWICHT

Das Baby wird gemessen und gewogen, anschließend wird sein Kopfumfang ermittelt. Die meisten Neugeborenen sind zwischen 50 und 55 Zentimeter groß und wiegen zwischen 3000 und 4000 Gramm. Der durchschnittliche Kopfumfang beträgt 34 bis 37 Zentimeter.

APGAR-TEST

Schon ganz kurz nach der Geburt überprüft der Arzt den Zustand des Neugeborenen. Dreimal beurteilt er dazu im Fünfminutentakt seine Atmung, seinen Puls, seinen Muskeltonus, seine Hautfarbe und seine Reflexe – und vergibt dabei jeweils null bis zwei Punkte. Je höher der Wert, desto fitter ist das Baby. Allerdings erreichen nicht alle Neugeborenen gleich beim ersten Mal Spitzenwerte. Manche brauchen einfach ein paar Minuten Zeit, um sich an die neuen Umstände außerhalb des Mutterleibs anzupassen.

ALLGEMEINE KÖRPERLICHE UNTERSUCHUNG

Neben dem APGAR-Test schaut der Kinderarzt auf weitere Anzeichen, die eine sofortige Behandlung benötigen. Er horcht das Herz und die Lunge ab und sucht nach Verletzungen, Schwellungen sowie nach äußerlich erkennbaren Fehlbildungen. Er entnimmt zudem eine kleine Menge Blut aus der Nabelschnur und prüft es auf seinen pH-Wert und Sauerstoffgehalt. Auf diese Weise erkennt man, ob das Baby während der Geburt genug Sauerstoff erhalten hat. Manchmal wird auch verschlucktes Fruchtwasser abgesaugt.

BESONDERES

Neben bestimmten Angaben zur Schwangerschaft trägt der Arzt außerdem in das Kinderuntersuchungsheft ein, welches Geschlecht das Baby hat, wie es lag, ob es durch eine spontane Geburt oder einen Kaiserschnitt zur Welt kam, ob es sich um eine Mehrlingsgeburt handelte und welche Besonderheiten ansonsten auffielen, wie zum Beispiel grünes Fruchtwasser. Diese Angaben können dem Kinderarzt bei späteren Untersuchungen eventuell wichtige Hinweise geben.

VON DER GEBURT AUSRUHEN

Ist das Baby endlich da, wird der Körper erst einmal mit Glückshormonen geflutet. Sie lassen vergessen, wie anstrengend die Geburt war. Bei beiden!

Das Baby nimmt, nachdem es kurz verschnaufen konnte, das erste Mal Kontakt zu der Welt und den Menschen auf, in der und mit denen es von nun an leben wird. Wenn es in Ihren Armen liegt, kann es auf die kurze Entfernung Ihr Gesicht schon erkennen. Es nimmt Wärme und Berührungen wahr, hört Ihre Stimme (und die des Papas), die es schon aus dem Mutterleib kennt. Allerdings ist die Aufmerksamkeitsspanne noch begrenzt. Nach etwa zwei Stunden sind die meisten Neugeborenen so müde, dass sie in einen tiefen Schlaf fallen. Und die Eltern haben Zeit, ihren Schatz ausgiebig zu bewundern und zu bestaunen. Genießen Sie diese ungestörten Stunden! Sie gehören allein Ihnen.

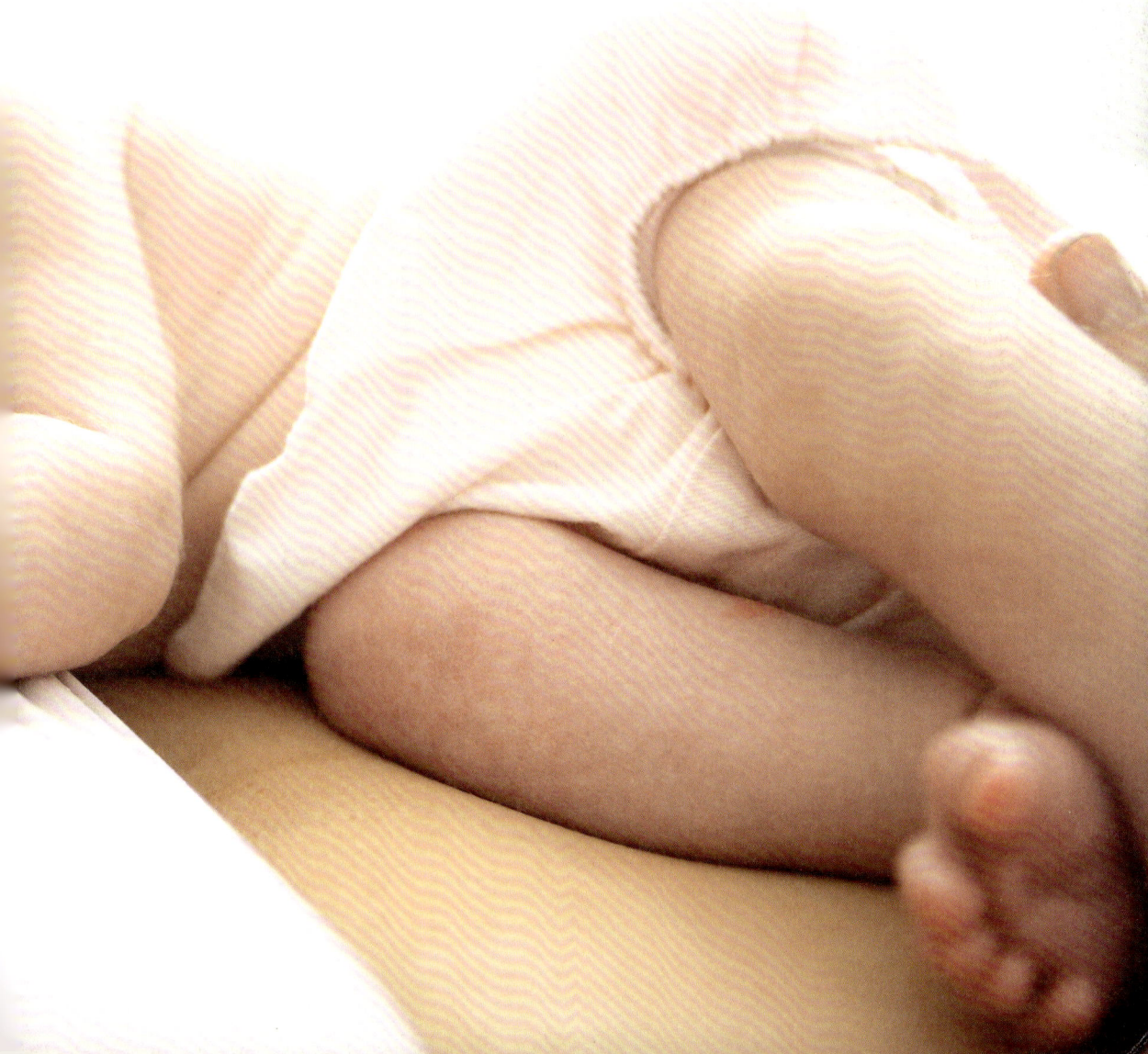

DIE ZWEITE
Vorsorgeuntersuchung

Bereits zwischen dem dritten und zehnten Lebenstag wird das Neugeborene erneut gründlich untersucht. Haben Sie ambulant entbunden oder kam Ihr Baby zu Hause auf die Welt, müssen Sie selbst einen Kinderarzt kontaktieren, damit er diese Basisuntersuchung bei Ihnen zu Hause durchführt. Kümmern Sie sich am besten schon rechtzeitig vor der Geburt darum.

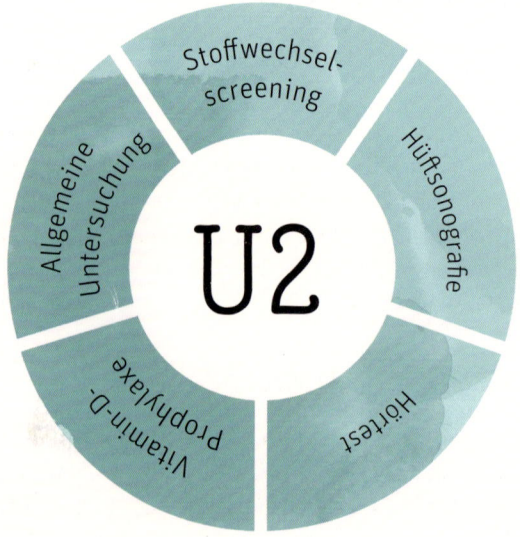

Stoffwechselscreening

Um verschiedene Stoffwechselerkrankungen und Hormonstörungen wie zum Beispiel eine Schilddrüsenunterfunktion möglichst früh zu erkennen, entnimmt der Kinderarzt an der Ferse ein paar Tropfen Blut. Meist ist das für die Mama schlimmer als für das Baby. Umso wichtiger ist es, ruhig und gelassen zu bleiben, damit sich das Kleine auf dem Arm sicher fühlt. Und wenn es nach dem Pikser trotzdem weint, lässt es sich an der Brust meist schnell wieder trösten.

Hüftsonografie

Die Ultraschalluntersuchung hilft, Verletzungen oder eine verzögerte beziehungsweise gestörte Ausreifung der Hüftgelenke (Hüftdysplasie) auszuschließen. Die Hüftsonografie wird bei der Ü3 wiederholt (siehe Seite 120).

◤ HALLO BABY! ◥

Hörtest

Die Statistik zeigt, dass bis zu drei von 1000 Neugeborenen unter Hörstörungen leiden. Meist sind diese genetisch bedingt, sie können aber zum Beispiel auch durch Durchblutungsstörungen während der Schwangerschaft oder Sauerstoffmangel bei der Geburt verursacht werden. Um herauszufinden, ob alles stimmt, sendet der Kinderarzt mittels einer winzigen Sonde ein Tonsignal in den Gehörgang des Babys und misst gleichzeitig die Aktivität der dadurch stimulierten Haarzellen im Ohr. Wenn alles glattläuft, dauert das Ganze gerade einmal ein paar Sekunden und Ihr Baby bekommt kaum etwas davon mit.

Vitamin-D-Prophylaxe

Vitamin D ist wichtig für feste Knochen. Und es ist das einzige Vitamin, das unser Körper selbst herstellen kann – mithilfe von UV-Licht. Weil Babys im ersten Jahr am besten aber gar keinen Kontakt mit direkten Sonnenstrahlen haben sollen, kann ihr Körper das Vitamin nicht in ausreichenden Mengen bilden. Daher empfehlen Kinderärzte ab dem Ende der ersten Lebenswoche täglich Vitamin D. Legen Sie Ihrem Baby die kleine Tablette vor dem Stillen in die Wangeninnenseite. Dort löst sie sich beim Trinken auf. Später können Sie die Tablette auch in Wasser oder Muttermilch auflösen und sie ihm mit einem Teelöffel verabreichen.

Allgemeine Untersuchung

Das Baby wird erneut gemessen und gewogen. Erschrecken Sie nicht, wenn Ihr Schatz vielleicht weniger wiegt als bei der Geburt. Bis zu einem Gewichtsverlust von etwa zehn Prozent ist das in der Regel unbedenklich. Innerhalb der ersten zwei Wochen erreichen fast alle Babys wieder ihr Geburtsgewicht – und legen dann stetig zu.
Der Kinderarzt misst den Puls und hört das Baby mit dem Stethoskop ab, um die Herzgeräusche möglichst genau zu erfassen. Dann werden gleich noch die Lungen nach möglichen krankhaften Atemgeräuschen abgehört und die Atemfrequenz wird kontrolliert. Bei der äußerlichen Untersuchung begutachtet der Kinderarzt das Baby von Kopf bis Fuß. Leidet es an Neugeborenengelbsucht, die eine Behandlung erfordert? Ist die Haut in Ordnung? Sind irgendwo kleine Wunden, Verletzungen, Ödeme oder auffällige Pigmentflecken zu sehen? Sind die äußeren Genitalien normal entwickelt? Er schaut in die Augen und tastet vorsichtig Mundraum und Rachen ab, genauso wie das Bäuchlein und den Schädel. Er untersucht das Skelett und die winzigen Füße auf Auffälligkeiten und prüft, ob der Nabel gut verheilt.
Im Lauf der U2 wird der Kinderarzt Ihr Baby auch in die seltsamsten Lagen drehen und wenden. Anhand seiner Reaktionen kann er seine gesunde Entwicklung besser beurteilen. Die Neugeborenenreflexe sind ein Indiz dafür, dass die Verbindung zwischen Körper und Gehirn richtig funktioniert. Wie auch schon bei der U1 erhält das Baby zum Abschluss 2 mg Vitamin K.

◢ HALLO BABY! ◣

Was sind Perzentilenkurven?

Mithilfe sogenannter Perzentilenkurven kann der Kinderarzt ziemlich genau ermitteln, ob sich ein Baby, was Wachstum und Gewicht angeht, altersgerecht entwickelt. Dazu vergleicht er seine Maße mit Verlaufskurven, die anhand der Werte vieler anderer Kinder berechnet wurden. Die mittlere Linie (50er-Perzentile) gibt jeweils die durchschnittliche Größe und das durchschnittliche Gewicht für das jeweilige Alter an. Babys, die irgendwo zwischen den 3er- und 97er-Perzentilen liegen, sind im Normalbereich. Ein Wert außerhalb dieser Linien bedeutet, dass es zu den drei Prozent aller Kinder gehört, die kleiner/leichter beziehungsweise größer/schwerer sind als die Norm.

KÖRPERGRÖSSE JUNGEN
KÖRPERGRÖSSE MÄDCHEN

Geburt bis 2 Jahre (Perzentile)

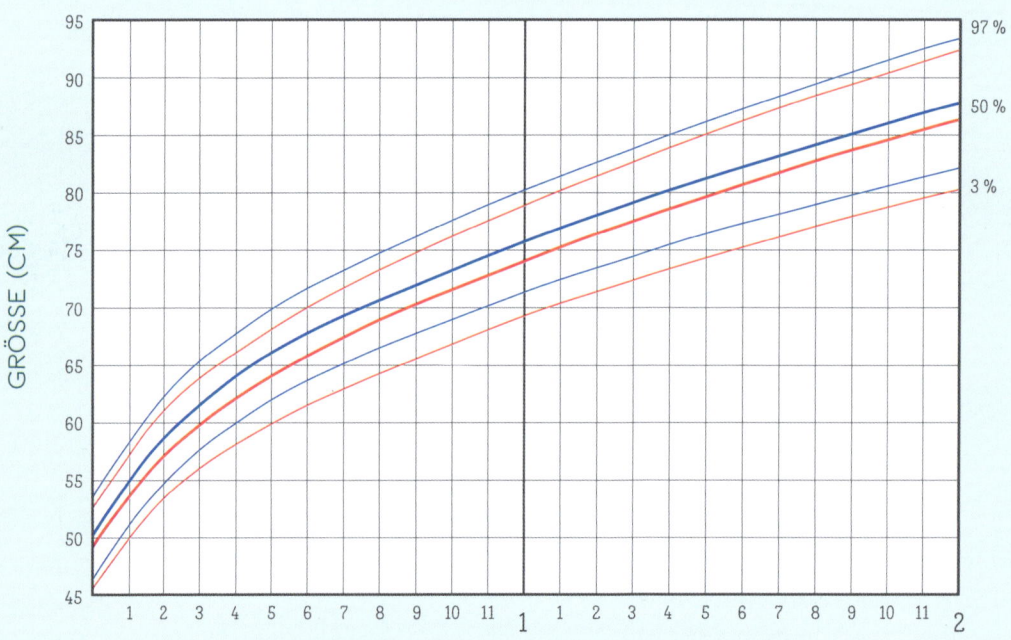

ALTER (VOLLENDETE MONATE UND JAHRE)

HALLO BABY!

Nicht jedes Kind wächst im gleichen Rhythmus, weswegen sich mitunter auch unter Gleichaltrigen bezüglich Größe und Gewicht große Unterschiede feststellen lassen. Abweichungen nach oben und unten sind also nichts Ungewöhnliches – und die meisten Kinder holen irgendwann auf beziehungsweise Wachstum und Gewichtszunahme stagnieren irgendwann, sodass die anderen aufschließen.

Bei jeder Vorsorgeuntersuchung hält der Arzt die Werte Ihres Babys im Kinderuntersuchungsheft fest, sodass sich gut beobachten lässt, ob sich Ihr Kind seinem eigenen Tempo entsprechend weiterentwickelt. Genauso können Sie selbst zwischendurch einen Blick auf die Kurven werfen, um das Wachstum Ihres Babys zu beurteilen.

KÖRPERGEWICHT JUNGEN
KÖRPERGEWICHT MÄDCHEN

Geburt bis 2 Jahre (Perzentile)

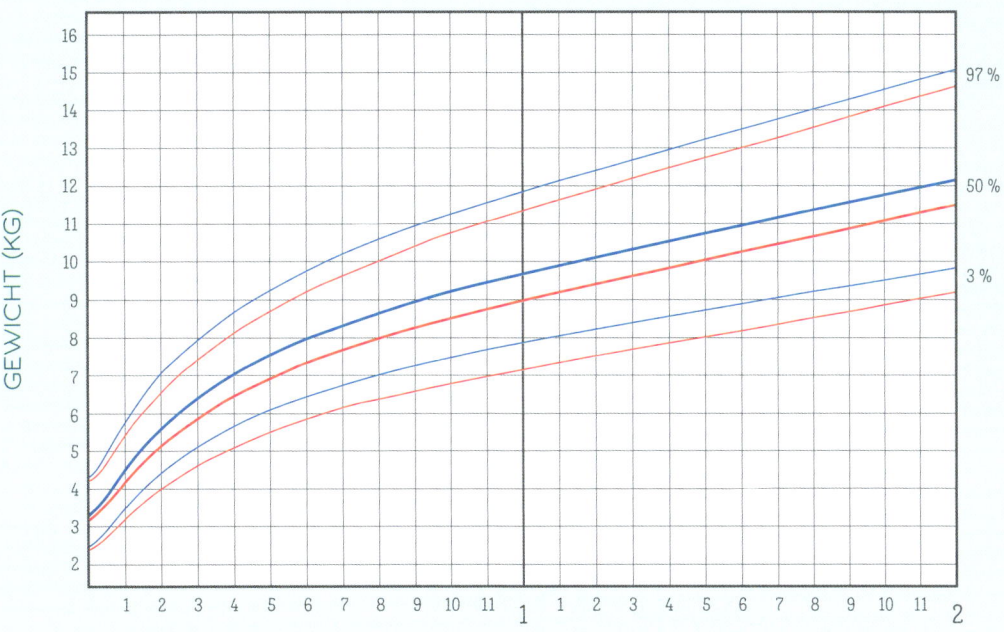

► HALLO BABY! ◄

Vorübergehende Anpassungsprobleme

Auch an einem gesunden Neugeborenen geht die Reise aus Mamas Bauch rein ins Leben nicht immer spurlos vorüber. Viele Babys reagieren auf die Veränderungen mit sogenannten Anpassungsstörungen. Einige davon wirken auf ihre Eltern erst einmal besorgniserregend, wie die Neugeborenengelbsucht. Doch Sie werden sehen: Sobald sich der kindliche Organismus an die neuen Bedingungen angepasst hat, regelt sich das meiste ganz von allein.

GESCHWOLLENE BRÜSTE

Dass während der ersten zehn Lebenstage die Brust des Babys anschwillt, liegt an einem Überschuss an Mama-Hormonen. Sie regen die an sich noch unreifen Geschlechtsorgane an – manchmal so sehr, dass eine muttermilchähnliche farblose oder milchig-gelbe Flüssigkeit aus der Brust austritt. Diese Hexenmilch ist harmlos und sollte nicht ausgedrückt werden, weil sich dadurch die Brustdrüsen entzünden können. Auch die Schwellung ist meist nicht groß behandlungsbedürftig und legt sich in den ersten zwei bis drei Wochen von allein wieder. Eine Lage Watte zwischen Brust und Body verhindert bis dahin, dass sich das Baby wundreibt.

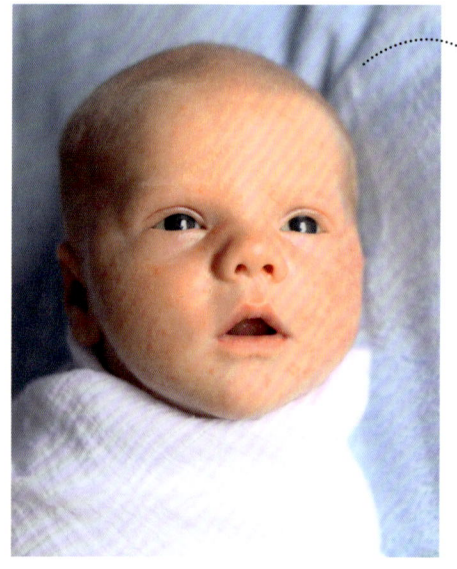

NEUGEBORENENAKNE
An der Stirn und im Bereich der Wangen zeigen sich knötchenförmige Veränderungen, die Haut ist manchmal gerötet.

KLEINER STREUSELKUCHEN

Bei fast jedem fünften Neugeborenen – Jungs sind häufiger betroffen als Mädchen – sprießen auf der zarten Babyhaut plötzlich kleine Pickelchen wie bei einem Teenager. Schuld daran sind wieder einmal mütterliche Hormone, die noch im Blutkreislauf zirkulieren. Da die Pusteln der Neugeborenenakne weder jucken noch schmerzen, ist keine Behandlung nötig. Sie verschwinden in den nächsten Wochen ganz von allein wieder, wenn sich der Hormonhaushalt des Babys einpendelt. Drücken Sie bis dahin auf keinen Fall an den Pickelchen herum, sonst können sie sich entzünden oder es bleiben Narben zurück.

ROTE FLECKEN IN DER WINDEL

Wenn sie beim Wickeln rote Flecken in der Windel entdecken, erschrecken viele Eltern erst einmal gehörig. Sorge ist zwar meist nicht nötig, denn fast immer handelt es sich nicht um Blut. Die Flecken stammen von rötlichen Harnkristallen, die in den Nieren gebildet und mit dem Urin ausgeschieden werden. Dennoch sollten Sie sicherheitshalber den Kinderarzt kontaktieren. Bei Mädchen kann das Blut auch aus der Scheide kommen, falls diese aufgrund der noch im Blut befindlichen mütterlichen Hormone stark geschwollen ist. In diesem Fall ist auch leichter Ausfluss zu beobachten. Normalerweise besteht jedoch auch hier kein Behandlungsbedarf.

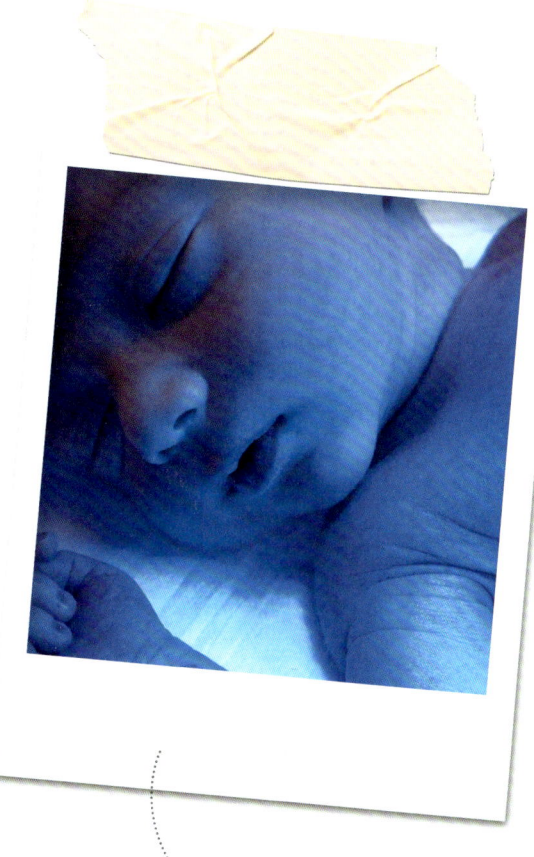

GELBSUCHT
In ausgeprägten Fällen wird eine Fototherapie mit blauem Licht durchgeführt. Das kurzwellige Licht baut den gelben Blutfarbstoff ab.

GELBSUCHT

In Ihrem Bauch braucht das Baby mehr rote Blutkörperchen, um ausreichend mit Sauerstoff versorgt zu werden. Wenn es nach der Geburt selbst atmen kann, zerfallen diese überschüssigen Erythrozyten. Dadurch steigt die Menge des Blutfarbstoffs Hämoglobin im Blut an und wird nach und nach über die Leber wieder abgebaut. Allerdings ist die Leber eines Neugeborenen häufig noch nicht ausgereift. Dann wird der Blutfarbstoff in einen anderen Stoff umgewandelt und erst mal in der Haut zwischengelagert. Die Folge: Das Baby sieht plötzlich gar nicht mehr rosig aus, sondern eher quittengelb bis orange. Sogar die Augäpfel sind durch das Bilirubin, so heißt der neue Farbstoff, gelb.

Doch so befremdlich es zuweilen aussieht: In den meisten Fällen ist die Gelbsucht harmlos. Häufig genügt es schon, dass das Baby viel im natürlichen Sonnenlicht liegt – im Freien oder auch hinter dem geschlossenen Fenster (Vorsicht: keine direkte Sonneneinstrahlung). Denn Licht zersetzt das Bilirubin.

Wenn Sie stillen, kann die Gelbsucht übrigens länger anhalten. Solange die Werte jedoch nicht bedenklich sind, ist das kein Grund zum Abstillen. Fragen Sie im Zweifelsfall Ihren Kinderarzt um Rat.

▶ HALLO BABY! ◀

STORCHEN^{BISS}

„Da hat der Klapperstorch wohl zu fest zugepackt", hieß es früher gern, wenn die Haut eines Neugeborenen rote Male aufwies. Tatsächlich jedoch handelt es sich bei den rosa- bis purpurfarbenen flachen Flecken um eine dicht unter der Haut liegende Ansammlung von Blutgefäßen. Etwa jedes dritte Baby hat so einen Storchenbiss, meist an der Stirn oder am Haaransatz im Nacken. Besonders deutlich wird er, wenn das Baby schreit, denn dadurch wird die Durchblutung richtig angeregt. Gefährlich sind die Flecken in aller Regel trotzdem nicht und sie werden auch nicht größer. Im Gegenteil: Oft verschwinden sie in den ersten Lebensjahren sogar wieder ganz, das gilt vor allem für „Bisse" an der Stirn.

BLUTSCHWÄMMCHEN

Im Gegensatz zum Storchenbiss sind die bis zu mehreren Zentimeter großen, rot bis bläulich schimmernden, an Himbeeren erinnernden Blutschwämmchen (Hämangiome) nicht immer angeboren, sondern können sich auch in den ersten Lebenswochen entwickeln. Verantwortlich dafür sind vermutlich bestimmte Erbanlagen oder Hormone. Die gutartige Wucherung der Blutgefäße ist jedoch in den meisten Fällen harmlos. Sie wächst eine Weile, bleibt dann eine Zeit lang unverändert und bildet sich anschließend wieder zurück. Auch wenn das weniger schnell vonstatten geht als das Wachstum, sind die meisten Blutschwämmchen bis zum zehnten Lebensjahr vollständig verschwunden. Bei kleinen Blutschwämmchen können Sie daher einfach abwarten. Nur wenn die Schwämmchen besonders, nach innen oder direkt an den Augen, der Nase, dem Mund, den Ohren oder den Genitalien wachsen oder die Form verändern, sollten Sie Ihren Arzt um Rat fragen. Dasselbe gilt bei größeren Hämangiomen.

WASSER IN DEN HODEN

Bei etwa sechs Prozent aller Jungs verschließt sich eine Ausstülpung in der Bauchwand im Mutterleib nicht vollständig, sodass Flüssigkeit aus der Bauchhöhle in den Hodensack gelangen kann. Man bezeichnet das als Wasserbruch: Der Hoden des Neugeborenen ist prall geschwollen, aber elastisch. Bei den meisten Jungen entwickelt sich der Wasserbruch im ersten Lebensjahr von allein zurück. Nur wenn das nicht geschieht, ist ein operativer Eingriff nötig.

KRUMME FÜSSCHEN

Die Füße eines neugeborenen Babys sind kaum entwickelt. Die Knochen sind noch weich und verformbar, das Fußgewölbe ist kaum ausgebildet. Fußfehlstellungen sind daher weit verbreitet – und in den wenigsten Fällen sind sie genetisch bedingt. Bei den meisten Babys ist ein Platzmangel im Mutterleib dafür verantwortlich. Abgesehen davon kann sich eine Fehlstellung auch noch in den ersten Lebenswochen entwickeln, etwa wenn das junge Baby oft auf dem Bauch liegt.

Fehlstellungen wie ein Sichel- oder Hackenfuß bereiten zwar keine Schmerzen. Aber sie erschweren dem Baby in ein paar Monaten das Laufenlernen: Bei einem Sichelfuß sind Zehen und Vorfuß deutlich einwärts gedreht. Beim Hackenfuß knickt der Fuß nach oben und die Sohle dreht sich nach außen, wodurch das Kind nur auf den Fersen laufen kann. Ausgeprägte Formen können zudem zu einer Überlastung des Fuß-, Knie- und Hüftgelenks führen.

Die Erfahrung zeigt jedoch, dass die wenigsten Kinder mit Gipsverbänden oder Schienen behandelt werden müssen. Vielmehr geben sich die meisten Fehlstellungen von ganz allein. Mit Massagen können Sie diesen Prozess liebevoll unterstützen. Vor allem beim Sichelfuß ist das äußerst wirkungsvoll.

Sanfte Fußmassage

Am besten massieren Sie die Füßchen bei jedem Wickeln. Achten Sie dabei auf die Reaktion Ihres Babys. Es zeigt Ihnen ziemlich unmissverständlich, ob es sich dabei wohlfühlt.

- Legen Sie Ihre Hand unter das Füßchen, sodass der Außenknöchel nach oben zeigt.
- Mit dem Daumen oder Zeigefinger der anderen Hand streichen Sie nun etwa eine Minute lang zart immer wieder über die Außenkante der kleinen Sohle.
- Anschließend umfassen Sie mit einer Hand die Ferse, mit der anderen den Ballen. Dann biegen Sie den Fuß mit viel Gefühl leicht nach außen in Richtung Normalstellung.

GREIFREFLEX
Eigentlich „nur" ein Relikt der Evolution. Aber die Geste zeigt bis heute, wie sehr Ihr Baby Ihren Halt braucht.

SAUGREFLEX
Egal, ob kleiner Finger oder Brust: Sobald man die Lippen des Babys berührt, beginnt es, wie wild zu nuckeln.

Die Neugeborenenreflexe

So klein und hilflos ein Neugeborenes auch sein mag: Es ist von Geburt an mit erstaunlichen Fähigkeiten ausgestattet. Niemand muss ihm zum Beispiel zeigen, wie es atmet. Schon kurz nach der Geburt sucht es zielstrebig die Brust, wenn es auf dem Bauch der Mutter liegt. Und wenn es schließlich fündig geworden ist, saugt es, als hätte es die vergangenen neun Monate nichts anderes getan. Von da an wird es sich (mehr oder weniger lauthals) bemerkbar machen, wenn es Hunger hat … All das muss ein gesundes Baby nicht erst lernen. Es reagiert einfach von Natur aus auf bestimmte innere oder äußere Reize – ohne zu überlegen und immer auf dieselbe Art. Diese unwillkürlichen Reaktionsmuster bezeichnet man als Reflexe. Durch sie ist das Baby vom ersten Lebenstag an aktiv. Wenn sie funktionieren, zeigt das, dass Ihr Schatz gesund ist.

Suchreflex

Die Bewegungen Ihres Babys werden in den ersten Wochen und Monaten vor allem über Reflexe gesteuert. Es wendet Ihnen zum Beispiel automatisch sein Köpfchen zu, wenn Sie ihm über die Wange streicheln. Die zarte Berührung löst nämlich den angeborenen Suchreflex aus, weil das Baby sie als Signal dafür deutet, dass es ganz in der Nähe etwas zu essen gibt.
In den ersten Tagen erscheint die Bewegung noch wenig koordiniert. Das ist sie auch, erst nach etwa drei Wochen wird die Suche des Babys nach der Milchquelle weniger hektisch und stattdessen sicherer, bis der Säugling die Brust etwa im Alter von drei Monaten dann bewusst ansteuert.

Saug- und Schluckreflex

Nahrung ist für den Säugling lebenswichtig. Daher öffnet er in den ersten Monaten reflexartig den Mund, sobald Sie ihn mit dem Finger, der Brustwarze oder dem Fläschchen berühren, und beginnt zu saugen. Das Baby umschließt dabei den potenziellen „Nahrungsspender" fest mit den Lippen und erzeugt in seinem Mund einen Unterdruck, indem es die Zunge zurückzieht. Das setzt den Milchfluss in Gang. Schon ganz Neugeborene sind hier übrigens überraschend kräftig. Kein Wunder, des hat das Ganze schließlich schon oft im Bauch geübt – indem es immer wieder ausgiebig an seinem Daumen genuckelt hat.
Dass das Trinken trotz des angeborenen Saugreflexes nicht immer von Anfang an einwandfrei funktioniert, liegt am Zusammenspiel von Saugen, Schlucken und Atmen. Ihr Baby muss erst lernen, diese drei Dinge harmonisch zu koordinieren. Aber das geht überraschend schnell. Und bis dahin sollten Sie Ihr Baby liebevoll und geduldig bei seinen Versuchen unterstützen

Greifreflex

Dass das Neugeborene alles packt, was es in die Finger bekommt, ist ebenfalls ein Reflex. Menschenbabys mussten sich über Jahrtausende an ihren Müttern festklammern, während diese herumzogen, um Nahrung oder einen sicheren Schlafplatz zu finden. Für sichereren Halt krallten sich die Kleinen dabei auch mit den Füßen fest. Aus diesem Grund ziehen Babys auch heute noch reflexartig die winzigen Zehen ein, wenn man die Fußsohle darunter sanft berührt.
Erst wenn das Baby nach vier bis fünf Monaten langsam lernt, gezielt nach etwas zu greifen und es auch wieder loszulassen, lässt der Handgreifreflex mehr und mehr nach. Anderenfalls würde er die Entwicklung stören. Der Fußreflex bleibt noch etwas länger erhalten. Aber auch er verschwindet, ehe das Baby zu laufen beginnt.

Schreitreflex

Dieser Reflex kann ebenfalls nur in den ersten Lebensmonaten ausgelöst werden – und zwar indem man das Baby unter den Achseln hält und aufrichtet. Sobald seine Füße in dieser Haltung eine Fläche berühren, beginnt es, Schrittbewegungen zu machen. Auch wenn es so aussieht: Das heißt nicht, dass das Kleine theoretisch schon laufen könnte. Im Gegenteil: Die Tatsache, dass der Schreitreflex schon nach etwa zwei Monaten verschwindet, deutet eher darauf hin, dass er überhaupt nichts mit dem Laufenlernen zu tun hat. Vermutlich ist er ein Relikt aus der Zeit im Mutterleib: Das Baby strampelte, wenn seine Füße die Gebärmutterwand berührten. Dadurch wurde unter anderem die Beinmuskulatur kräftiger.

Nackenreflex

In den ersten Wochen liegen Babys wie kleine Fechter im Bettchen: den Kopf zur Seite gedreht, den Arm auf dieser Seite gestreckt, die Hand meist geöffnet. Den anderen Arm halten sie gebeugt und die Hand ist zur Faust geschlossen. Auf der „gestreckten" Seite ist auch das Bein gerade, während es auf der anderen wie der Arm gebeugt ist. Verantwortlich für diese Haltung ist der asymmetrisch-tonische Nackenreflex, kurz ATNR, der sich bereits im Mutterleib beobachten lässt. Durch die automatische Bewegung verbessert sich nämlich die Beweglichkeit der Hüfte und Schultern, was dem Baby später den Weg durch den Geburtskanal erleichtert.

Mororeflex

Wie im Mutterleib nimmt das Neugeborene auch in den ersten Wochen noch eine Beugehaltung ein, indem es Arme und Beine zum Körper zieht. Die Hände sind meist zu Fäusten geschlossen. Erschrickt Ihr Baby aufgrund einer ungewohnten Bewegung, sehr hellen Lichts, lauter Geräusche oder anderer starker Reize, reißt es reflexartig kurz seine Arme auseinander, spreizt seine Finger und schlingt dann die Ärmchen gleich wieder eng um sich. Dasselbe geschieht, wenn sein Köpfchen nach hinten kippt.
Im Gegensatz zu anderen Reflexen, die Sie auch mal bewusst herbeiführen dürfen, sollten Sie den Mororeflex nicht absichtlich auslösen. Das wäre purer Stress für Ihr Baby. Nehmen Sie es daher auch immer langsam hoch und legen Sie es genauso achtsam ab.

REFLEXE DES NEUGEBORENEN

Verschiedene Reflexe sichern dem Neugeborenen das Überleben. Allerdings würden sie auf Dauer auch verhindern, dass sich das Baby weiter entwickelt. Daher bilden sie sich im Lauf der folgenden Monate von allein wieder zurück.

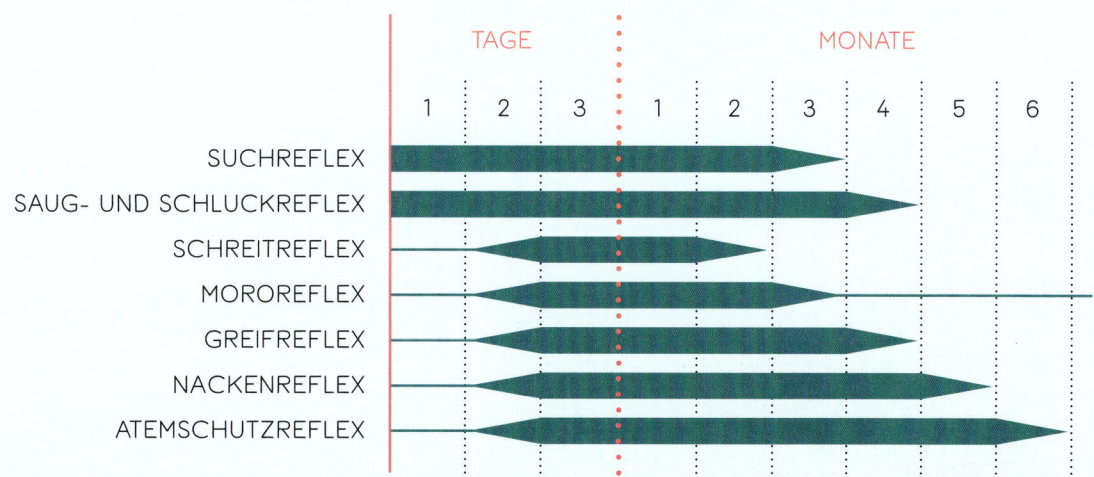

▌DIE ERSTEN VIER WOCHEN ▌

Das Abenteuer
         Familie beginnt

▶ DIE ERSTEN VIER WOCHEN ◀

Ist alles vorbereitet?

Abgesehen von der Liebe und Aufmerksamkeit seiner Eltern braucht ein Neugeborenes nicht viel. Trotzdem gibt es schon für die Kleinsten ein unglaubliches Angebot. Auch wenn man dazu nicht immer Nein sagen kann: Im Grunde genügen diese paar Dinge.

ZUM WICKELN

- Wickelkommode; zur Not lassen sich auch die Waschmaschine oder ein Tisch zweckentfremden. Damit Sie keine Rückenschmerzen bekommen, muss aber die Höhe passen.
- Dicke, wasserfeste Wickelauflage. Damit das Baby angenehm liegt, kommt darauf noch ein Handtuch. Das lässt sich bei Bedarf auch schnell auswechseln.
- Wasserschüssel und Waschlappen, denn klares, lauwarmes Wasser ist zum Reinigen der zarten Babyhaut am besten geeignet. Dazu trockene Pflegetücher für das Gröbste und ein kleines Handtuch zum Abtrocknen.
- Feuchttücher, wenn es mal ganz schnell gehen soll
- Wärmestrahler, damit das Baby nicht frieren muss
- Windeln (kleinste Größe)
- Windeleimer
- Wundschutzcreme

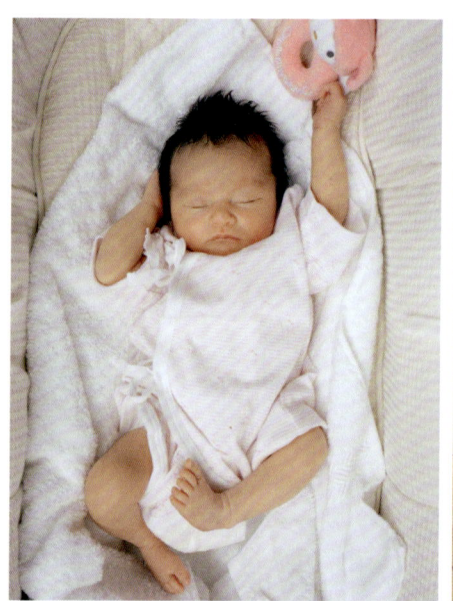

ZUM SCHLAFEN

- Stubenwagen, Wiege oder Babybett
- Gute Matratze, die die Wirbelsäule stützt
- Wasserdichte Unterlage
- 2–3 Spannbettlaken
- Ein paar Moltontücher für unter den Kopf. Wenn das Baby mal spuckt, müssen Sie dann nicht das ganze Bett neu beziehen.
- Schlafsack – für Sommerbabys ein bisschen dünner, für Winterbabys dicker

ZUM ANZIEHEN

- 4–6 Bodys
- 4–6 Strampler (weil ein Baby sich noch nicht schmutzig macht, kann es die ruhig tagsüber und nachts tragen)
- 2 Strickjäckchen
- Je 2 Paar dünne und dicke Socken; die Füßchen kühlen auch im Sommer schnell aus
- Leichtes Mützchen
- Im Winter Overall, Fäustlinge und dicke Mütze
Wichtig: Waschen Sie alle Kleidungsstücke vorher (am besten mehrmals), um mögliche Schadstoffrückstände zu entfernen.

ZUM BADEN UND PFLEGEN

- Badewanne oder Eimer
- Badethermometer
- Waschlappen
- 2 Kapuzenhandtücher
- Seifenfreier, rückfettender Badezusatz
- Pflegeöl, damit die empfindliche Haut nach dem Baden nicht austrocknet und zum Massieren

FÜR DEN ALLTAG

- Kinderwagen oder Tragehilfe
- Babyschale fürs Auto
- Babydecke für unterwegs
- Fußsack für den Kinderwagen (je nach Jahreszeit)
- Wickeltasche
- Ungefähr 10 Mullwindeln als Spucktücher

FÜR ALLE NOTFÄLLE

Legen oder hängen Sie einen Zettel neben das Telefon, auf dem Sie alle wichtigen Nummern notieren:
- Kinderarzt
- Kindernotruf
- Giftnotruf
- Frauenarzt
- Nachsorgehebamme
- Partner, Oma/Opa, beste Freundin (kein Witz! Auch solche Nummer vergisst man in der Aufregung ganz schnell einmal)

UND FÜR DIE MAMA

Nicht vergessen:
- Still-BHs
- Stilleinlagen
- Stillkissen

Plötzlich eine Familie

Endlich wieder zu Hause in den eigenen vier Wänden: Auf diesen Moment haben sich alle gefreut. Genießen Sie die ersten Tage, in denen der Alltag Sie noch nicht ganz wiederhat und es nur Sie und Ihre kleine Familie gibt.

Flitterwochen mit dem Baby

Sie brauchen kein schlechtes Gewissen haben, wenn Sie die meiste Zeit gemeinsam im Bett kuscheln. Sie befinden sich gerade in einer Art Zeitblase, in der Sie sich ganz nach dem Rhythmus und den Bedürfnissen des neuen Familienmitglieds richten und sich gegenseitig noch besser kennenlernen können. Nutzen Sie diese kostbaren Momente! Sie sind leider nur allzu schnell wieder vorbei.

Damit Urvertrauen wachsen kann

Ein neugeborenes Baby hat eigentlich wenige Bedürfnisse: Es will essen und schlafen und vor allem will es sich angenommen, geliebt und geborgen fühlen.
Die innere emotionale Sicherheit ermöglicht es dem Kind, Bindungen einzugehen, Nähe zuzulassen und Vertrauen zu schenken. Wer sich von Geburt an geliebt und angenommen fühlt, entwickelt zudem ein größeres Selbstvertrauen und mehr innere Stärke, die später helfen, Konflikte, Misserfolge und Niederlagen zu bewältigen.
Wenn Eltern ihrem Baby viel Liebe schenken und rasch auf seine Signale reagieren, zum Beispiel auf sein Schreien, erschaffen sie einen geschützten Raum, in dem sich das Urvertrauen entwickeln kann. Haben Sie keine Angst: Sie können Ihr Baby gar nicht genug „verwöhnen". Alles, was Sie ihm geben, macht es später selbstsicher und stark. Ihr Kind wird also sein Leben lang von Ihrer liebevollen Zuneigung profitieren.

Aus Partnern werden Eltern

Für die Partnerschaft bedeutet die Geburt eine Riesenumstellung. Alles verändert sich. Sie sind jetzt nicht mehr nur ein Liebespaar, sondern auch Eltern. Und in diese neue Rolle müssen Sie erst finden. Lassen Sie sich Zeit und schrauben Sie die Ansprüche nicht zu hoch – weder die an sich selbst noch die an den Partner. Anderenfalls sind Spannung und Streit vorprogrammiert und das belastet nicht nur die Beziehung, sondern auch das Kind, denn schon Neugeborene haben feine Antennen. Also nicht immer gleich meckern, sondern auch einfach mal laufen lassen.

Die ersten vier Wochen

Geschwister an Bord

Für Kinder sind die Schwangerschaft und Geburt in erster Linie unglaublich aufregend. Wie ist das Baby in den Bauch gekommen? Wie kommt es wieder raus? Geht es der Mutter gut? Und wie wird sich das Leben mit einer Schwester oder einem Bruder verändern? Eine Frage beschäftigt Kinder dabei am meisten: Werden Mama und Papa mich noch genauso lieb haben, wenn das Baby erst mal da ist?

Als Eltern können Sie viel dazu beitragen, dass sich die Eifersucht in Grenzen hält – und der Grundstein dazu wird schon in den ersten Wochen gelegt. Das größere Geschwisterkind kann zum Beispiel von Anfang an kleine Aufgaben übernehmen: beim Wickeln assistieren, den Strampler heraussuchen, den das Baby heute tragen soll, die Füßchen oder den Bauch eincremen ... Damit zeigen Sie, dass Sie ihm zutrauen, Verantwortung zu übernehmen.

Noch wichtiger ist gemeinsame Zeit mit dem Baby. Holen Sie das Erstgeborene einfach zum Kuscheln mit ins Bett. Etablieren Sie zum Beispiel gemeinsame Vorlesestündchen. Lassen Sie sich ausführlich berichten, was es tagsüber erlebt hat. Wie seine Pläne für den Rest des Tages aussehen. Das Große fühlt sich dadurch wertgeschätzt und das Baby freut sich, die geliebten Stimmen zu hören.

Wenn es ans Schlafen geht, quälen sich manche Kinder besonders, weil es ihnen ohnehin schon schwerfällt, sich abends von den Eltern zu trennen. Wenn das Baby dann in deren Zimmer schlafen darf, sind sie doppelt traurig. Vielleicht mag sich das Geschwisterkind aber ja auch vorübergehend einen Schlafplatz im Elternschlafzimmer herrichten? Dann sind alle zusammen.

Besuch fürs Baby

Natürlich ist es schön, wenn alle sich über das Baby freuen und es möglichst schnell selbst bestaunen wollen. Aber es bringt eben auch sehr viel Unruhe mit sich. Der Mann muss ständig ans Telefon, obwohl er eigentlich seine Frau und das Baby verwöhnen will. Die Frau kann nicht so ausruhen oder stillen, wie sie möchte, weil ständig Besuch da ist. Statt ruhig und gemütlich ins Familienleben zu starten, ist Papa überfordert, Mama bekommt einen Milchstau und das Baby weint viel zu viel, weil die Eltern sich ihm nicht in dem Maße widmen können, wie sie es sollten.

Lassen Sie es erst gar nicht so weit kommen: Sie können zum Beispiel den Anrufbeantworter besprechen und den Anrufern mitteilen, dass Sie gerade nicht selbst rangehen können, weil Ihr wunderbares Baby auf die Welt gekommen ist. Wer will, kann ja noch verraten, wie der Schatz heißt, wie groß und schwer er bei der Geburt war und dass Mutter und Kind wohlauf sind.

Bitten Sie enge Freunde und Verwandte, statt Geschenken lieber ein vorbereitetes Essen mitzubringen oder ein bisschen im Haushalt anzupacken, damit Sie mehr Zeit fürs Baby haben. Schämen Sie sich nicht, um Unterstützung zu bitten. Die meisten Menschen freuen sich, wenn sie helfen können. Ganz besonders natürlich die Großeltern.

DIE ERSTEN VIER WOCHEN

Ich bin jetzt Papa

Frauen haben neun Monate Zeit, sich auf die neue Rolle als Mama einzustellen, und daher auch von Anfang an eine sehr innige Beziehung zu dem kleinen Menschen, der in ihrem Bauch herangewachsen ist. Männer haben es da nicht ganz so einfach. Vielen von ihnen fällt es schwer, sich an die neue Konstellation zu gewöhnen. Bisher konnten sie die Liebe ihrer Partnerin exklusiv für sich beanspruchen. Jetzt müssen sie sie teilen, und dabei ziehen sie nicht selten tatsächlich den Kürzeren. Gerade in den ersten Tagen und Wochen gilt die Aufmerksamkeit der Frau in erster Linie dem Baby – 24 Stunden, sieben Tage in der Woche. Das ist aber völlig normal. Anstatt sich vernachlässigt zu fühlen, sollten Männer versuchen, ihre neue Rolle zu genießen. Vater zu sein, ist eine große Verantwortung, aber auch ein tolles Abenteuer. Sie sind in den nächsten Jahren mit der wichtigste Mensch für Ihr Kind. Das ist doch großartig! Haben Sie Verständnis für Ihre Frau und überlegen Sie, wie Sie sie bestmöglich unterstützen können. Haben Sie bereits ein älteres Kind, kommt Ihnen als Vater jetzt zudem noch eine ganz besondere Rolle zu: Wenn die Mutter sich mehr ums Baby kümmern muss, sollten Sie erst recht immer ein offenes Ohr für das Große haben und viel Zeit mit ihm verbringen.

Und was passiert mit Mama?

Eine Geburt ist mit das Anstrengendste, was Frauen in ihrem Leben durchmachen. Deshalb braucht der Körper danach erst einmal eine Pause. Um die acht Wochen dauert es, bis er sich einigermaßen erholt hat, bei Mehrlingsgeburten noch länger. In der Zeit des Wochenbetts gilt daher die gesetzliche Mutterschutzfrist.
Keine Sorge, Sie müssen nicht acht Wochen nonstop im Bett liegen bleiben. Aber gerade in den ersten 14 Tagen, dem frühen Wochenbett, hat eines Priorität: sich schonen! Genießen Sie es einfach mal, (fast) nichts zu tun, und lassen Sie sich von Ihrem Partner, Ihrer Familie und guten Freunden verwöhnen. Ihr Körper hat genug damit zu tun, die Geburt zu verarbeiten.

NACHWEHEN

Am Ende der Schwangerschaft ist die normalerweise etwa birnengroße Gebärmutter auf das Ausmaß einer Wassermelone herangewachsen. Jetzt kann sie sich wieder auf ihre ursprüngliche Größe zurückbilden. Das geschieht leider nicht immer völlig unbemerkt. Erstgebärende spüren zwar häufig nur ein leichtes Zwicken im Bauch. Beim zweiten oder dritten Kind aber treten dabei durchaus den Geburtswehen ähnelnde Schmerzen auf. Und die machen sich vor allem beim Stillen bemerkbar. Denn wenn das Baby an der Brust saugt, produziert der Körper vermehrt Oxytocin, das wiederum die Muskelkontraktion in der Gebärmutter anregt und so deren Heilung und Rückbildung fördert. Die spürbaren Begleiterscheinungen: Nachwehen. Zum Glück ist das Schlimmste nach ein paar Tagen aber wieder vorbei. Bis dahin hilft es, den Schmerz wie bei der Geburt wegzuatmen.

Die einmalige Gabe von Arnica C30 unterstützt die Heilung eines Dammschnitts oder anderer Geburtsverletzungen, genauso wie Spülungen mit Calendula-Essenz. In Stoff gewickelte Coolpacks wirken abschwellend.

DIE NACHSORGE-HEBAMME

Die Nachsorgehebamme ist in den ersten Tagen und Wochen nach der Geburt die wichtigste Ansprechpartnerin. Sie hilft bei allen Fragen rund ums Baby, beobachtet, wie das Neugeborene gedeiht, wie sich die Gebärmutter zurückbildet und ob die Wundheilung gut verläuft. Auch wenn es anfangs mit dem Stillen nicht so recht klappen mag, hat die Nachsorgehebamme unzählige Tipps parat – und leistet so zuweilen einen nicht unwesentlichen Beitrag zur Mutter-Kind-Bindung.
In den ersten zehn Lebenstagen schaut die Nachsorgehebamme täglich vorbei, bis zum Ende der achten Woche weitere 16-mal. Danach sind bei Still- und Ernährungsproblemen noch bis zu acht Besuche oder Beratungstermine am Telefon möglich. Die Kosten für das alles übernehmen die gesetzlichen Krankenkassen. Wenn Sie privat versichert sind, erfragen Sie bitte bei Ihrer Kasse, ob und welche Kosten übernommen werden.

WOCHENFLUSS

An der Stelle, wo die Plazenta mit der Gebärmutter verbunden war, entsteht bei der Geburt eine relativ große Wunde, die nun wieder verheilen muss. Ungefähr sechs Wochen fließt daher über den noch leicht geöffneten Muttermund ein erst bräunlich-rotes, später gelblich-weißes Wundsekret ab – zunächst mehr, dann immer weniger.
Im Drogeriemarkt gibt es spezielle Wochenbetteinlagen, die sich, weil sie besonders saugfähig sind, gut für die ersten Tage eignen. Später können sie gegen normale Damenbinden für die Nacht ausgetauscht werden. Tampons dagegen sind in dieser Zeit tabu, um Infektionen zu vermeiden.

BABY BLUES

Erst himmelhoch jauchzend, dann zu Tode betrübt? Stimmungsschwankungen wie zu besten Teenagerzeiten etwa eine Woche nach der Geburt sind nichts Ungewöhnliches. Schließlich befindet man sich im Ausnahmezustand. Alles ist neu, der Körper hat viel geleistet und konnte sich noch nicht erholen, die Brust schmerzt aufgrund des Milcheinschusses und der Schlaf ist auch nicht mehr das, was er war. Zu all dem kommt die Ungewissheit, ob man überhaupt jemals so eine gute Mutter sein wird, wie man es sein möchte. Und dass der Hormonhaushalt verrückt spielt, weil Östrogen- und Progesteronspiegel mit der Geburt schlagartig sinken, der Prolaktinwert im Blut dagegen nach oben schnellt, ist wohl auch nicht förderlich für ein ausgeglichenes Gemüt. Lassen Sie sich nicht runterziehen, Millionen anderer Frauen geht es genauso. Betrachten Sie den Babyblues als Signal Ihres Körpers, dass er jetzt einfach Ruhe braucht. Sprechen Sie mit Ihrer Nachsorgehebamme und Ihrem Partner über Ihre Ängste und Sorgen. Wenn das seelische Tief länger anhält und die Stimmung zusehends sinkt, sollte man sich professionelle Hilfe suchen, damit sich der Babyblues nicht zu einer Wochenbettdepression auswächst.

BECKENBODEN

So kurz nach der Geburt ist der Beckenboden noch stark beansprucht. Kein Wunder, schließlich mussten die Muskeln, die normalerweise „nur" die Blase, die Gebärmutter und den Enddarm oben halten, in den vergangenen Monaten ein Vielfaches tragen.
Daher geht es jetzt erst mal darum, den Beckenboden, wo es geht, zu entlasten. Wenn es Ihr Busen mitmacht, legen Sie sich dazu immer mal wieder bäuchlings auf ein dickes, gefaltetes Handtuch. Auch die Umkehrhaltung entlastet. Schieben Sie dazu einfach ein festes Kissen unter den Po, damit er etwas erhöht liegt. Tragen Sie außerdem nicht schwer, Ihr Baby ist das Maximum an Gewicht, das Sie sich momentan zumuten sollten.

ERSTE RÜCKBILDUNGSGYMNASTIK

Mit Beckenbodengymnastik lässt sich die Rückbildung sehr effektiv unterstützen. Ganz sanfte Übungen können Sie schon ab dem zweiten Tag nach der Geburt ausprobieren. Starten Sie aber wirklich soft, am Anfang haben Schonung und Entlastung oberste Priorität. Sprechen Sie im Zweifelsfall mit Ihrer Nachsorgehebamme darüber, was Sie schon machen dürfen. Wenn sie noch kein grünes Licht gibt, beginnen Sie eben etwas später. Setzen Sie sich nicht unter Druck: Selbst wenn Sie erst zwischen der vierten und sechsten Woche mit der Rückbildungsgymnastik beginnen, kann sich Ihr Beckenboden ausreichend erholen.
Am Anfang genügt es schon, sich mit gestreckten Beinen flach auf den Rücken zu legen und die Füße entspannt zur Seite fallen zu lassen. Legen Sie Ihre Hände auf den Bauch, schließen Sie die Augen und beginnen Sie, ruhig und tief zu atmen – durch die Nase ein, durch den Mund wieder aus. Genießen Sie das Gefühl, dass sich die Organe in Brust- und Bauchraum den nötigen Platz verschaffen.
Nach und nach können Sie dann versuchen, sich aufzusetzen. Strecken Sie die Beine aus und stützen Sie sich hinter dem Körper mit den Armen ab. Und jetzt lassen Sie gemütlich das Becken kreisen – mal im Uhrzeigersinn, mal dagegen.

Übungen to go

Diese „Übungen" können Sie den ganzen Tag über immer wieder in Ihren Alltag einbauen:
- *Aktivieren Sie, bevor Sie aus dem Bett, vom Sofa oder von einem Stuhl aufstehen, erst den Beckenboden und versuchen Sie, die Spannung zu halten, bis Sie stehen.*
- *Jedes Mal, wenn Sie Ihr Baby hochnehmen, spannen Sie erst den Beckenboden an. Genauso wenn Sie husten oder niesen müssen.*
- *Vor allem im Stehen lastet viel Gewicht auf dem Beckenboden. Lassen Sie sich von Ihrer Hebamme zeigen, wie Sie sich am besten hinstellen, um den Beckenboden möglichst gut zu entlasten. Nehmen Sie diese Position dann zum Beispiel immer beim Wickeln ein.*

CAT & COW

Etwa nach einer Woche geht es dann mit dem gezielten Beckenbodentraining los.
- Gehen Sie in den Vierfüßlerstand, die Knie sind hüftbreit auseinander, die Hände direkt unter den Schultern. Der Kopf hängt locker herab. Atmen Sie ein paarmal tief zum Beckenboden hin.
- Beim nächsten Ausatmen spannen Sie die Beckenbodenmuskulatur an und runden Ihren Rücken wie eine Katze nach oben.
- Beim Ausatmen lassen Sie sich sanft ins Hohlkreuz sinken und lösen gleichzeitig die Spannung im Unterleib wieder auf.
- Wiederholen Sie die Bewegung ein paarmal im Wechsel.

BECKENSCHAUKEL

- Legen Sie sich mit gebeugten Beinen auf den Rücken und stellen Sie die Füße etwa hüftbreit möglichst nah zum Po auf. Atmen Sie wieder einige Male tief zum Beckenboden.
- Beim nächsten Ausatmen spannen Sie die Beckenbodenmuskulatur an und kippen das Becken in Richtung Brust.
- Beim Ausatmen lösen Sie die Spannung und kippen das Becken in die andere Richtung, ohne dabei ins Hohlkreuz zu fallen.
- So geht es wieder ein paarmal hin und her.

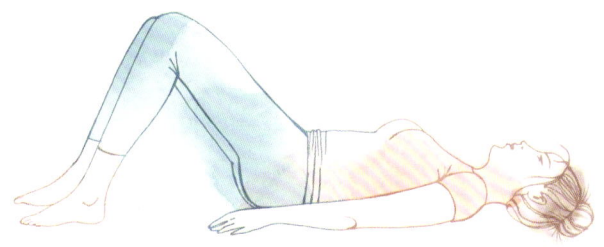

Das Baby hochnehmen

Viele frischgebackene Eltern, besonders die Papas, sind zunächst ein wenig unsicher, wie sie ihr Baby am besten hochheben und tragen, ohne ihm wehzutun – die winzigen Neugeborenen wirken manchmal aber auch wirklich zerbrechlich. Doch auch das Hochheben ist, wie so vieles, bald pure Gewohnheit und geschieht dann quasi nebenbei. Trotzdem gibt es ein paar Dinge, die man immer beachten sollte:

- Heben Sie das Baby langsam hoch und erklären Sie ihm, was Sie tun. Es versteht zwar nicht den Sinn Ihrer Worte, aber es kann sich darauf einstellen, dass gleich irgendetwas mit ihm geschieht, und erschrickt dann nicht.
- Ziehen Sie Ihren kleinen Schatz nicht an den Unterarmen hoch, denn das Ellbogengelenk ist noch nicht stabil.
- Die Halswirbelsäule eines Neugeborenen kann den Kopf noch nicht tragen. Stützen Sie diesen daher vor allem in den ersten vier bis acht Wochen immer gut mit den Fingern im Nacken, damit er nicht nach hinten kippt.

Hochheben aus der Seitlage

Wenn das Baby auf der Seite liegt, greifen Sie mit einer Hand zwischen seinen Beinen durch bis zur Achsel. Mit der anderen Hand halten Sie die andere Schulter. Drehen Sie das Baby langsam erst auf den Bauch und heben Sie es dann hoch. Das Köpfchen müssen Sie in diesem Fall nicht extra abstützen.
Wichtig: Um beide Körperseiten anzusprechen, drehen Sie das Baby mal über die linke, dann wieder über die rechte Seite auf den Bauch.

Hochheben aus der Bauchlage

Schlafen sollte ein Baby auf dem Bauch nicht, weil dies das Risiko für den plötzlichen Kindstod erhöht (siehe Seite 92). Tagsüber dürfen die Kleinen aber schon mal auf dem Bauch liegen, zum Beispiel beim Eincremen oder bei der Babymassage. Das ist sogar sehr wichtig, weil es die Rücken- und Nackenmuskulatur stärkt. Denn in der Bauchlage wird selbst ein Neugeborenes schon mal versuchen, sein Köpfchen zu heben – wenn auch nur für einen kurzen Moment.
Um das Baby anschließend aus der Bauchlage wieder hochzuheben, greifen Sie mit einer Hand unter der Schulter hindurch, um den Brustkorb abzustützen – auch hier wieder mal von links, mal von rechts. Mit der anderen Hand greifen Sie zwischen den Beinchen nach oben und heben das Baby dann vorsichtig auf.

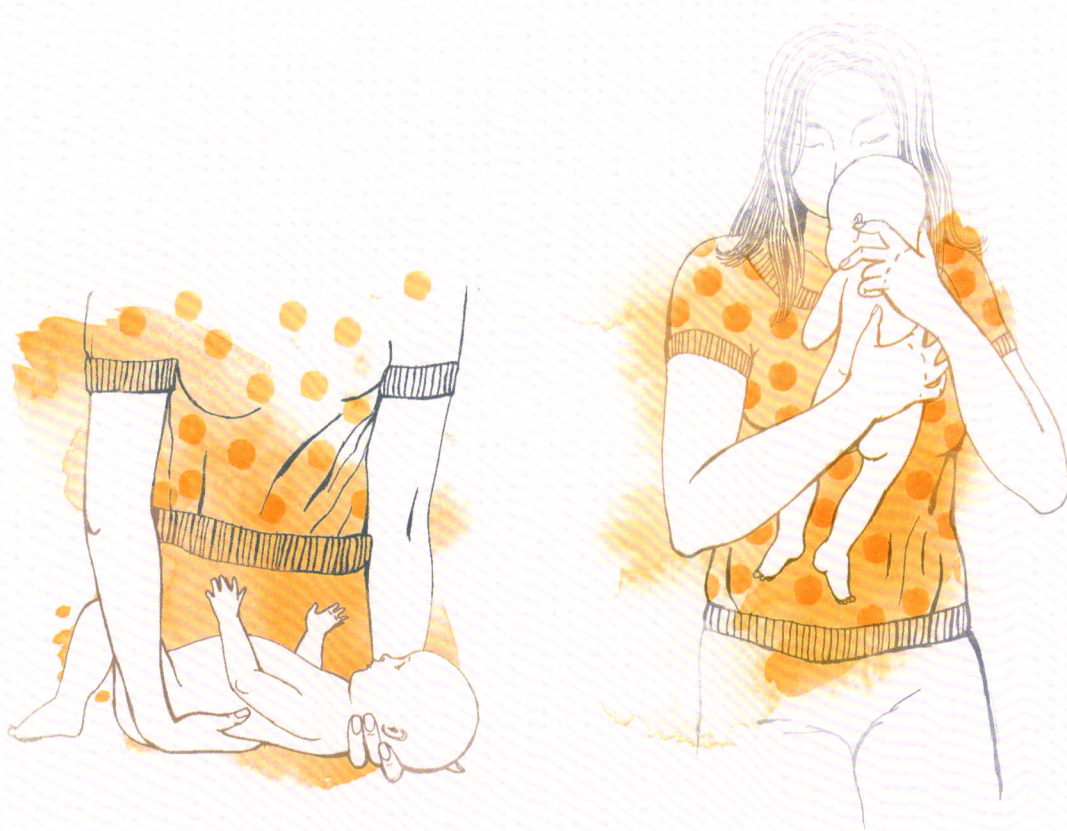

Hochheben aus der Rückenlage

Bei ganz kleinen Neugeborenen genügt es, eine Hand unter den oberen Rücken und den Nacken, die andere unter den Po zu schieben und das Baby dann hochzuheben. Je größer das Kind ist, desto weniger können Sie es dabei jedoch stabilisieren.
Bei größeren und auch bei lebhafteren Babys ist es deshalb besser, die Hände links und rechts an den Oberkörper zu legen – die Daumen liegen etwa zwei Fingerbreit unter den Achseln auf dem Brustkorb, die anderen Finger gefächert am Rücken und Nacken. Drehen Sie das Baby dann erst leicht zur Seite, ehe Sie es endgültig hochnehmen. Heben Sie das Baby dabei mal über rechts, mal über links hoch. Dadurch bekommt es unterschiedliche Impulse und sein Körper wird gleichmäßig gefördert.

Tragen

Unwillkürlich abrufbare Reaktionen wie der Greif- oder Mororeflex sind Relikte der Evolution. Und auch wenn sie heute nicht mehr lebensnotwendig sind, erinnern sie doch daran, dass Babys echte „Traglinge" sind. Man erkennt das auch daran, dass ein Neugeborenes sofort Froschbeinchen macht, wenn man es hochhebt. Es bringt seinen Körper damit automatisch in die ursprüngliche Tragehaltung.

Ruhige Babys

Vor allem Neugeborene hätten am liebsten den ganzen Tag über Kuschelkontakt. Ihnen tut es daher besonders gut, wenn man sie möglichst oft herumträgt. Wenn Sie diesem Bedürfnis so häufig wie möglich nachkommen, fördert das die Bindung – auch weil man die kindlichen Signale viel unvermittelter empfangen und so rascher auf sie reagieren kann. Studien zeigen sogar, dass Babys, die in den ersten drei Monaten viel getragen werden, rund 40 Prozent weniger weinen als andere. „Echten" Schreibabys tut das Getragenwerden ebenfalls gut, auch wenn es die Schreidauer selbst leider nicht reduziert. Weil sie aber die Nähe zu ihren Eltern spüren, Halt und Geborgenheit erfahren, fällt es ihnen leichter, sich zu regulieren, und der Stresspegel sinkt.

Tragen fördert die Entwicklung

Jedes Baby hat seine Vorlieben. Tragen Sie Ihr Kind trotzdem immer wieder anders – mal an Ihrer Schulter, mal auf dem Rücken, mal auf dem Bauch liegend. Das ist nicht nur für Sie selbst angenehmer und weniger anstrengend. Es ist auch wichtig für die Entwicklung des Babys, weil es so immer neue Impulse erhält. Überhaupt ist Getragenwerden weitaus weniger passiv, als manche meinen. Es fördert schon bei ganz kleinen Babys die Motorik, weil sie auf jede Bewegung mit Ausgleichbewegungen reagieren müssen.

Gleichmäßig belasten

Tragen Sie Ihr Baby abwechselnd auf beiden Körperseiten, also mal mit dem linken, mal mit dem rechten Arm. So wird sein Skelett nicht einseitig belastet, sondern beide Seiten werden ausgewogen gefördert.
Halten Sie das Baby immer nah am Körper und lieber hoch als tief. Zum einen, weil es dann nicht hin- und herschwankt, vor allem aber, weil es für Sie selbst viel bequemer ist. Anderenfalls haben Sie bald Probleme mit dem Rücken.

Armhaltung

Das Baby liegt in Ihrer Armbeuge, sodass sein Köpfchen vom Oberarm gestützt wird, der Rücken vom Unterarm. Mit dem anderen Arm stützen Sie die kleinen Beine und den Popo. In dieser Haltung können Sie Blickkontakt zu Ihrem Baby halten und sehr gut mit ihm kommunizieren. Haben Sie das Gefühl, dass es ihm zu viel wird und es ein wenig Ruhe braucht, können Sie die Haltung leicht variieren, indem Sie das Baby so zu sich drehen, dass sein Bauch an Ihrem Bauch und seine Brust an Ihrer Brust liegen.

Schulterhaltung

Sie tragen das Baby aufrecht dicht vor Ihrer Brust, sodass sein Kinn auf Ihrer linken oder rechten Schulter liegt. Wenn das Kind schläfrig ist, kann es den Kopf auch seitlich auflegen. Mit einer Hand stützen Sie den kleinen Rücken, den Nacken und das Köpfchen, die andere hält von unten den Po. Soll das Baby nach dem Stillen sein Bäuerchen machen, unterstützt die aufrechte Haltung es dabei, vor allem wenn Sie zudem sanft auf seinen Rücken klopfen oder diesen reiben.

Fliegergriff

Bei dieser Variante liegt das Baby bäuchlings auf Ihrem Unterarm und hat sein Kinn in die Armbeuge gebettet (der Kopf kann aber auch leicht zur Seite gedreht sein). Mit der Hand halten Sie den Oberschenkel, die freie Hand kann am Rücken sichern – muss sie aber nicht, was praktisch ist, weil man dann eine Hand frei hat.

ÜBER DEN WOLKEN

Der Fliegergriff entspannt bei Bauchweh und hilft, Blähungen zu lösen. Zudem lässt sich das Baby in der Bauchlage gut schunkeln. Auch das beruhigt – oft so gut, dass das Kleine einfach einschläft.

▶ DIE ERSTEN VIER WOCHEN ◀

Tragehilfen

Bei aller Liebe: Selbst ein Neugeborenes kann auf Dauer ganz schön schwer werden. Eine Tragehilfe entlastet Ihre Arme und Ihren Rücken. Sie haben außerdem die Hände frei und Ihr Baby trotzdem ganz nah bei sich.

Es gibt heute viele gute Tragehilfen, in denen das Baby festen Halt hat, ohne gequetscht zu werden, und die seine Wirbelsäule nicht in eine Fehlhaltung zwingen. Die Wirbelsäule eines Neugeborenen ist nämlich nicht S-förmig wie bei einem Erwachsenen, sondern leicht gerundet. Schließlich hat das Kind fast zehn Monate gekrümmt in der engen Gebärmutter verbracht. Seine Muskeln sind noch schwach, die Knochen weich. Das Tragen in der Tragehilfe unterstützt somit die natürliche Körperhaltung des Babys.

Gut gewickelt

Am individuellsten lässt sich ein Baby im Tuch tragen, da sich dieses mit der entsprechenden Bindetechnik optimal an sein Alter und seine Bedürfnisse anpasst – genauso wie an die Statur der Eltern. Für Neugeborene ist eine Wickeltechnik ideal, bei der sie vor dem Bauch im Tuch liegen. Vorteil: Ist das Baby eingeschlafen, können Sie es mitsamt dem Tuch ins Bettchen legen, ohne es aufzuwecken. Mit etwa zehn Wochen dann können Sie beginnen, Ihr Baby aufrecht vor der Brust zu tragen. So ist es immer noch ganz dicht bei Ihnen, bekommt aber etwas mehr mit, weil es direkten Blickkontakt mit Ihnen aufnehmen kann. Die aufrechten Wickeltechniken unterstützen zudem die natürliche Spreizhaltung der Beinchen. Je älter Ihr Kind wird, desto freier sind Sie beim Binden. Sie können das Kleine dann nicht nur vor dem Bauch, sondern auch auf der Hüfte oder dem Rücken tragen und ihm so mehr und mehr von der Welt zeigen.

TRAGETUCH
Es gibt Tragetuchkurse, in denen man Wickeltechniken für jedes Alter erlernen kann. Fragen Sie Ihre Hebamme.

Wirbelsäulenentwicklung

Anfangs ist die Wirbelsäule eines Babys noch gerade. Sobald es aber beginnt, in der Bauchlage den Kopf zu heben, bildet sich im Hals eine S-förmige Rundung. Mit dem Aufrichten entsteht nach und nach eine zweite S-Kurve im Bereich der Lendenwirbelsäule.

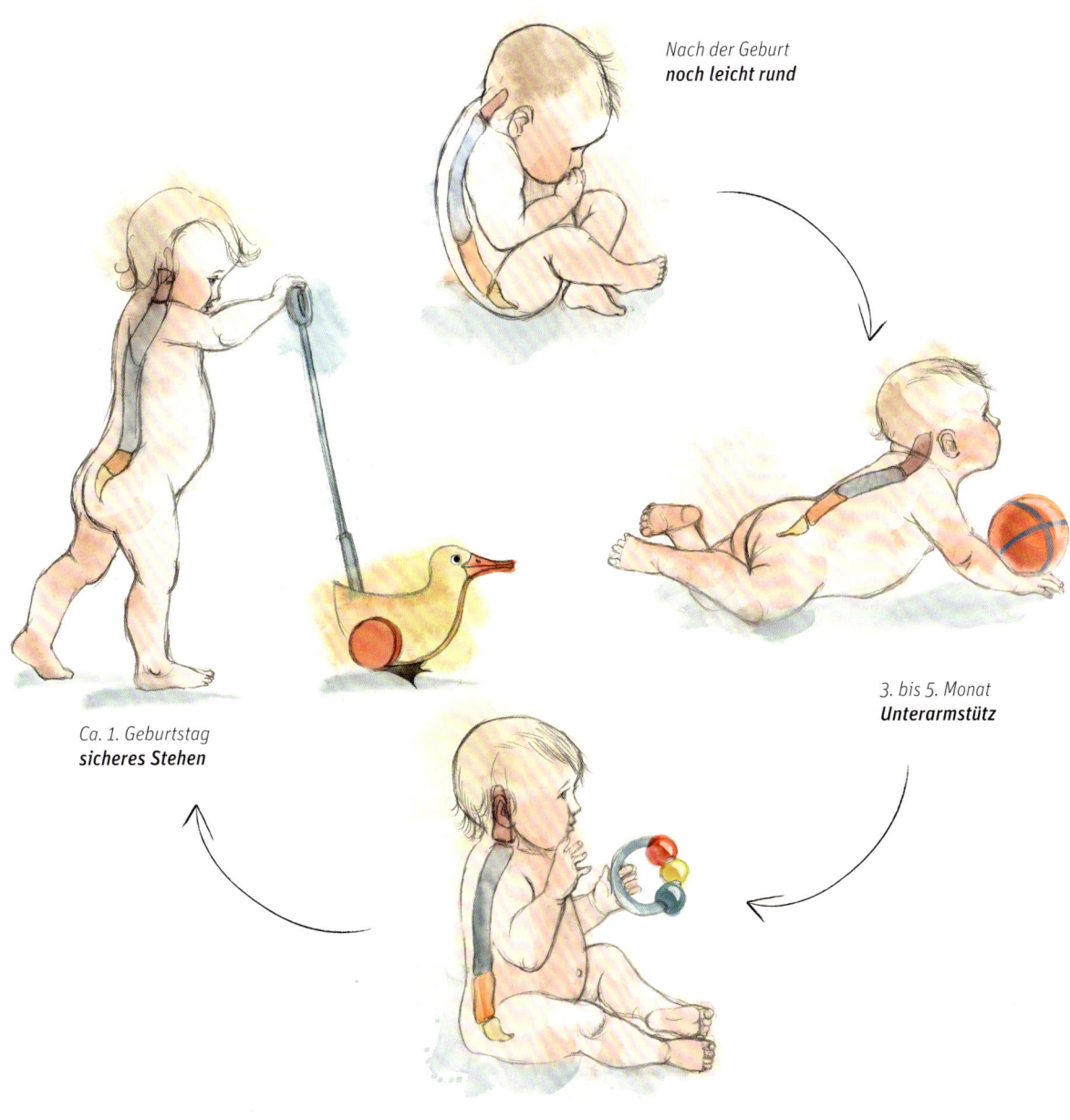

Nach der Geburt
noch leicht rund

3. bis 5. Monat
Unterarmstütz

7. bis 10. Monat
selbstständiges Sitzen

Ca. 1. Geburtstag
sicheres Stehen

■ DIE ERSTEN VIER WOCHEN ■

Der Wickelplatz

Acht bis zehn Windeln verbraucht ein Neugeborenes durchschnittlich am Tag und das heißt: Sie werden acht- bis zehnmal am Wickeltisch stehen, um sie zu wechseln. Schon deswegen sollten Sie diesen Platz nicht stiefmütterlich behandeln. Schließlich soll sich Ihr Baby wohlfühlen – und Sie auch.

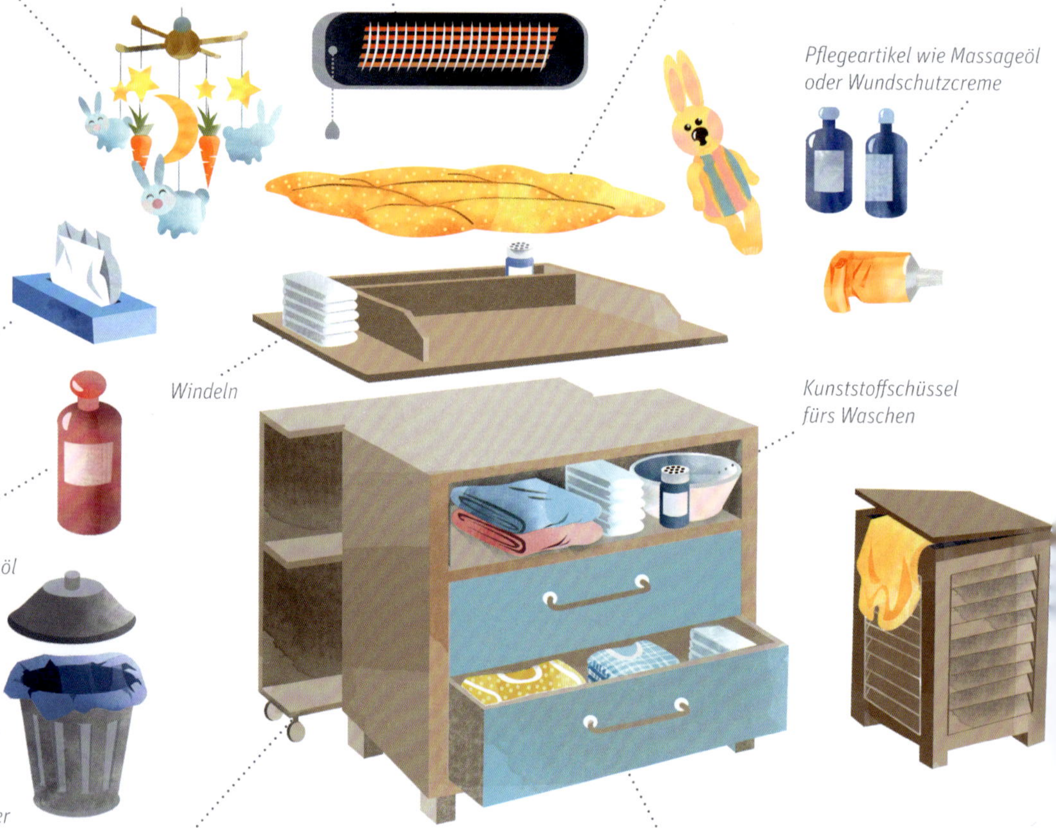

Mobile; sorgt für Ablenkung, wenn das Baby mal nicht so viel Lust auf Stillliegen hat

Wärmelampe oder Heizstrahler; unbedingt den vom Hersteller angegebenen Mindestabstand einhalten

Dicke, wasserfeste Wickelauflage, ohne PVC und Weichmacher; darüber am besten noch ein Handtuch

Pflegeartikel wie Massageöl oder Wundschutzcreme

weiche Papiertücher

Windeln

Kunststoffschüssel fürs Waschen

Mandel- oder Olivenöl

verschließbarer Abfalleimer

Reicht die Kommode nicht bis an die Wand, sorgt ein Rollregal für zusätzlichen Stauraum

Wickelkommode; ideale Größe: 70 x 90 cm, dann wird es auch fürs Kleinkind nicht zu eng und Sie haben genug Stauflächen; achten Sie auf eine rückenfreundliche Höhe; eine Umrandung an den Seiten bietet leichten Sturzschutz

◤ DIE ERSTEN VIER WOCHEN ◥

Volle Windel!

Das Windelwechseln gehört vermutlich nicht zu den Dingen, worauf werdende Eltern sich besonders freuen. Trotzdem werden Sie sich, wenn das Baby da ist, erst einmal ein paar Jahre mehrmals am Tag dafür Zeit nehmen müssen. Zum Glück stellen die meisten schnell fest, dass alles halb so schlimm ist – und genießen die Zeit zu zweit sogar richtig.

Was ist das denn?

Die Ausscheidungen eines Neugeborenen sind eine Welt für sich. Der erste grünschwarze, teerartig-klebrige Brei, Kindspech oder Mekonium genannt, enthält alles, was das Baby noch im Mutterleib geschluckt hat: Fruchtwasser, Hautzellen, Haare … Weil er nicht riecht, bemerken ihn viele Eltern erst, wenn sie die Windel öffnen.
Nach zwei bis vier Tagen verändern sich dann Konsistenz und Farbe des Stuhls. Der grünliche bis senfgelbe Übergangsstuhl riecht zwar ebenfalls kaum, erinnert aber eher an Durchfall, weil er ziemlich flüssig, manchmal auch leicht körnig ist. Das ist jedoch normal und bedeutet nicht, dass das Baby Verdauungsstörungen hat. Im Gegenteil: Es ist ein Zeichen dafür, dass der Verdauungstrakt damit beginnt, die Muttermilch zu verdauen. Der reine Muttermilchstuhl ab der dritten Woche ist weiterhin flüssig bis körnig, aber beigefarben. Auch er hat einen neutralen Geruch.
Bei Babys, die mit Muttermilchersatz gefüttert werden, ist der Stuhl hellgelb bis lehmfarben, manchmal auch dunkelgrün. Die Konsistenz ist weniger flüssig, zum Teil ist der Stuhl sogar bereits leicht geformt. Flaschenkinder scheiden außerdem größere Mengen aus als Stillkinder und ihr Stuhl riecht stärker.

Wie oft muss man eigentlich wickeln?

Sehr, sehr oft: Insgesamt kommen Sie sicher auf mehr als 2000-mal im Jahr. Wechseln Sie die Windel nach jedem Stuhlgang und auch dazwischen möglichst oft – am besten immer gleich dann, wenn Sie merken, dass sie nass ist.
Kleine Babys machen oft während des Trinkens in die Windel. Sie werden daher am besten direkt nach dem Stillen gewickelt. Dreimal Stuhlgang am Tag ist in den ersten vier bis sechs Wochen gang und gäbe. Nicht wenige Eltern befürchten daher, dass ihr Baby unter Verstopfung leidet, wenn es nach ein paar Wochen plötzlich die Windel viel seltener voll hat. Diese Sorge ist jedoch meist unbegründet, denn die Stuhlhäufigkeit ist individuell äußerst unterschiedlich: Dreimal am Tag ist genauso normal wie dreimal in der Woche. Viel wichtiger ist es, dass die Windel sechs- bis achtmal am Tag nass ist.

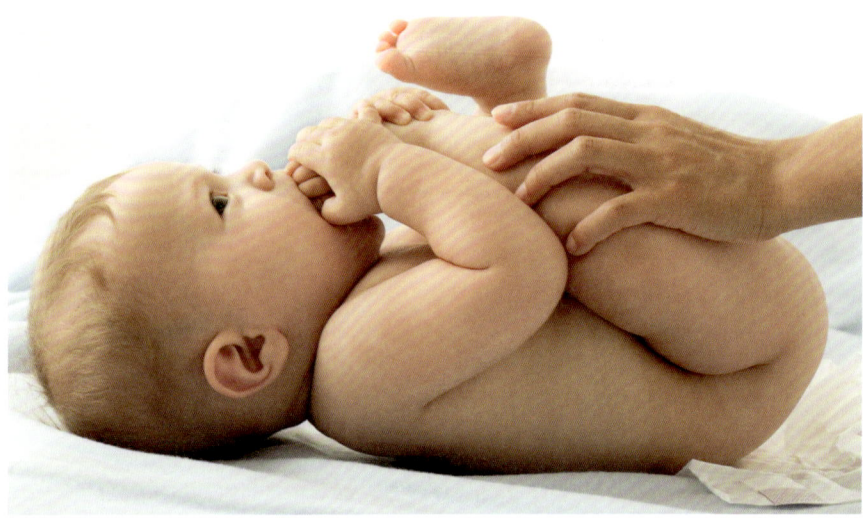

Sauber machen

Die Haut eines Neugeborenen ist sehr empfindlich, daher verzichten Sie am besten auf alle Zusätze und reinigen sie nur mit klarem, warmem Wasser. Seife trocknet die Haut aus, genauso wie feuchte Reinigungstücher, die man daher nur im Notfall unterwegs verwenden sollte.
Nachdem Sie das Gröbste mit einem trockenen Papiertuch entfernt haben, waschen Sie den Windelbereich mit einem feuchten Waschlappen. Beginnen Sie an den Genitalien und wischen Sie von dort in Richtung Po. Das ist vor allem bei Mädchen wichtig, damit keine Keime in die Scheide gelangen. Vergessen Sie auch die Fältchen zwischen den Beinen nicht, bei Jungen nicht die Falten am Hodensack. Damit Sie überall gut hinkommen und Ihr Baby das Gefühl hat, sicher gehalten zu sein, umgreifen Sie einen Oberschenkel und winkeln das Bein im Hüftgelenk ab.
Tupfen Sie die Haut anschließend mit einem Handtuch vorsichtig, aber gründlich trocken. Auch hier die Falten nicht vergessen.

Eincremen

Eigentlich ist es ganz einfach, auch wenn man beim Anblick der gut gefüllten Babypflegeartikel-Regale im Drogeriemarkt anderer Meinung sein könnte: Solange die Haut am Po nicht gerötet ist, braucht sie keine Creme. Die Funktion der Schutzbarriere ist zwar noch lange nicht vollständig ausgebildet. Bleibt die Haut aber immer schön trocken, wird sie auch nicht wund. Zu viel Pflege stört die Haut sogar dabei, das richtige Gleichgewicht zu entwickeln. Selbst natürliche Zusatzstoffe wie Calendula oder Kamille können Reaktionen auslösen.

Wunder Po

Die zarte Haut am Po muss ganz schön viel aushalten. Sie ist die meiste Zeit über luftdicht verpackt und neben dem feuchtwarmen Klima können ihr auch noch aggressive Inhaltsstoffe aus Urin und Stuhl zusetzen. Wenn dann noch die Haut aneinander- oder auch Haut auf Windel reibt, wird sie zusätzlich gereizt.
Kein Wunder, dass der kleine Po hin und wieder gerötet ist. Doch wenn Sie rasch handeln, kriegen Sie die Sache bald wieder in den Griff und Ihr Schatz hat keine Schmerzen.

Natürliche Hilfsmittel

Das beste Hilfsmittel ist Luft. Lassen Sie Ihr Baby daher nach dem Säubern und Trocknen mit nacktem Popo noch ausgiebig auf der Wickelkommode strampeln. Oder legen Sie es ohne Windel auf ein weiches Handtuch auf dem Boden. Wenn Sie auf Nummer sicher gehen wollen, legen Sie darunter noch eine wasserfeste Unterlage, falls mal was danebengeht. Sie können die strapazierte Haut auch vorsichtig und mit ausreichend Abstand ein paar Minuten mit dem lauwarmen (nicht heißen!) Föhn anpusten. Drehen Sie das Baby dazu aber unbedingt auf den Bauch, damit es nicht in den Föhn pinkelt. Eine andere Möglichkeit: Tupfen Sie ein paar Tropfen Muttermilch auf die gerötete Haut. Sie hilft beim Abheilen, weil sie aufgrund der in ihr enthaltenen Fette und Antikörper reizlindernd wirkt. Lassen Sie auch die Muttermilch an der Luft vollständig trocknen, ehe Sie Ihrem Schatz wieder eine Windel anlegen.

- Wechseln Sie die Windel spätestens alle zwei bis drei Stunden; wenn Sie merken, dass sie voll ist, natürlich auch früher.
- Stärker gerötete Haut vorübergehend nicht mit Wasser reinigen, weil dieses ihr zusätzlich Feuchtigkeit entzieht. Besser ist jetzt ein Wattebausch mit Mandel-, Oliven- oder Sonnenblumenöl. Auf keinen Fall Feuchttücher oder fertige Öltücher verwenden. Sie reizen die Haut zu sehr.
- Zinksalbe kann bei anhaltender Rötung die Heilung unterstützen. Sie sollte jedoch immer nur kurzfristig angewendet werden.

Wenn sich der Zustand trotz verschiedener Maßnahmen nach ein paar Tagen nicht bessert, sollten Sie vorsichtshalber zum Kinderarzt gehen. Dasselbe gilt, wenn Sie kleine Eiterbläschen, nässende oder gar blutende Stellen entdecken. Möglicherweise hat das Baby dann nämlich eine Pilz- oder Bakterieninfektion.

SCHWARZTEE
Ein bis zwei „Sitzbäder" am Tag in handwarmem Schwarztee helfen der Haut, sich möglichst schnell wieder zu regenerieren.

DIE ERSTEN VIER WOCHEN

Her mit der Windel!

Das eigentliche Windeln geht mit etwas Übung dann wie von selbst, vor allem bei Wegwerfwindeln, wie sie die meisten Eltern benutzen. Sie heben den Po an und platzieren die aufgeklappte Windel mittig darunter, sodass die Kanten hinten und vorn bis an die Taille reichen. Dann schließen Sie die seitlichen Verschlüsse. Die Windel muss gut sitzen, darf sich nicht zwischen den Beinen aufbauschen und sollte rundum dicht abschließen, ohne das Baby einzuengen oder beim Strampeln zu behindern. Es stimmt, wenn gerade noch Ihr kleiner Finger unter den Verschluss passt.
Wichtig: Ziehen Sie auch beim Windelanlegen nicht nur am Füßchen, um den Po des Babys anzuheben. Fassen Sie immer den Oberschenkel, um das noch instabile Fuß- und Kniegelenk zu entlasten.

Und welche Größe brauche ich?

Am besten orientieren Sie sich dabei an den Angaben auf der Packung. Wenn sich die Angaben zum Körpergewicht darauf überschneiden, helfen die Nummern weiter: Größe 1 ist für Neugeborene, Größe 6 für Kindergartenkinder.
Womöglich braucht das Baby tagsüber und nachts auch unterschiedliche Größen, zum Beispiel wenn es schon mehrere Stunden am Stück schläft und die Windel daher mehr auffangen muss. Zu groß darf die Windel allerdings auch nicht sein, sonst läuft sie an den Beinchen und am Bauch aus.

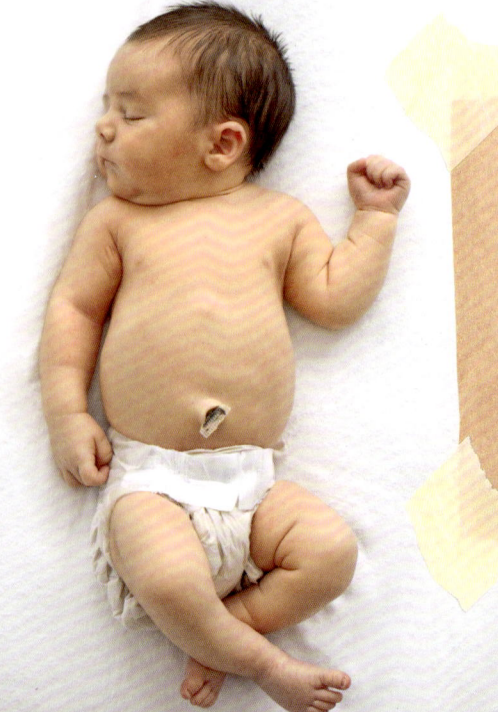

Achtung, Nabel

Krempeln Sie in den ersten zwei Wochen die Windel vorn immer etwas nach unten um, damit die Klemme und der Nabelschnurrest frei liegen. So lange dauert es nämlich, bis dieser vollständig abgeheilt ist und von allein abfällt. Damit die Nabelwunde gut heilt, ist es wichtig, dass der Bereich um den Nabel bis dahin immer schön trocken ist. Wird der Nabel härter und ist der Stumpf dunkel, ist das ein Zeichen dafür, dass er trocknet. Nässt er dagegen, ist er weich und rot, sollten Sie Ihre Nachsorgehebamme oder den Kinderarzt um Rat fragen. Um die Heilung zu unterstützen, können Sie außerdem den Nabel zwischendurch mit Desinfektionspuder bestäuben und eine sterile Mullkompresse auflegen.

WICKELN
UNTERWEGS

Auch unterwegs sind Sie nicht gegen das ein oder andere Malheur gewappnet. Deshalb sollten Sie bei allen längeren Unternehmungen eine Wickeltasche dabeihaben. Das gehört hinein:

Fürs Baby
- Wickelunterlage für unterwegs
- Taschentücher
- Feuchttücher (eine Minipackung genügt)
- Windeln
- Zinksalbe (bei wundem Po)
- Kleine Plastiktüten zur Entsorgung gebrauchter Windeln
- Wechselwäsche (Body und Strampler)
- Spucktuch

Für die Mama
- Desinfektionsgel für die Hände
- Stilleinlagen
- Wechsel-T-Shirt, falls die Brust ausläuft
- Tuch zum Abdecken beim Stillen
- Wasser – je nachdem wie lang Sie unterwegs sind, eine kleine oder große Flasche

WICKELTASCHE
Checken Sie vor jedem Ausflug, ob Sie alles dabeihaben oder ob Sie irgendetwas nachfüllen müssen.

Sicherheit geht vor

Statistisch gesehen fällt jedes dritte Kind einmal vom Wickeltisch. Auch wenn man sich das überhaupt nicht vorstellen kann, sind solche Stürze eine der häufigsten Unfallursachen im Säuglingsalter. Leider reicht nämlich schon eine unbedachte Sekunde aus und das Unglück geschieht. Lassen Sie daher immer eine Hand am Kind, auch wenn Ihre Wickelkommode einen seitlichen Sturzschutz hat oder Sie sich nur kurz wegdrehen, um zum Beispiel die volle Windel in den Mülleimer zu werfen oder einen frischen Body aus der Schublade zu holen.

Wenn das Telefon klingelt oder es an der Tür läutet, lassen Sie es bimmeln oder nehmen Sie das Baby mit. Dasselbe gilt, wenn ein älteres Geschwisterkind quengelt oder weint. Wenn Sie das Kleine nicht mitnehmen möchten, legen Sie es kurz auf dem Boden auf eine Krabbeldecke oder den Teppich – auch dann, wenn es noch ganz klein ist und bisher keinerlei Anstalten macht, sich von allein irgendwohin zu bewegen. Entwicklungssprünge geschehen, wie das Wort schon sagt, sprunghaft und unerwartet. Gehen Sie also lieber auf Nummer sicher.

Wickeln ist viel mehr als das bloße Austauschen von nassen gegen trockene Windeln. Ihr Baby genießt dabei Ihre Aufmerksamkeit und Zuwendung. Es spürt den Hautkontakt, kann Sie gut sehen und noch dazu mit nacktem Unterkörper oder ganz nackig herumstrampeln. Alles das ist förderlich für seine Entwicklung. Betrachten Sie das Wickeln daher nicht als lästige Pflicht, sondern als gemeinsame Kuschelzeit.

*Liegt ein kleiner Nackedei
ohne Windeln, völlig frei.
Bläst der Wind*
(sanft ins Gesicht pusten),
kommt der Floh
(mit den Fingern übers Bäuchlein krabbeln),
zwickt den Nacktfrosch in den Po
(zart kneifen).
Ei, da lacht das Kind!

■ DIE ERSTEN VIER WOCHEN ■

Muttermilch

Wäre es nicht toll, wenn wir unser Essen immer dabeihätten und uns nur zu bedienen bräuchten, wenn sich der Hunger meldet? Ohne einzukaufen, lange zu kochen und danach abzuspülen. Genauso ist es bei der Muttermilch. Mit ihr haben Sie die Babynahrung immer dabei – in der passenden Menge, mit der richtigen Temperatur und noch dazu ganz kostenlos. Die Natur hat es einfach mal wieder perfekt eingerichtet.

Warum ist Muttermilch so gut fürs Baby?

Die Antwort auf diese Frage ist ganz einfach: Sie ist von Natur aus für Babys gemacht. Muttermilch ist …
• flüssig, man braucht also keine Zähne;
• warm und kostet dadurch den kleinen Körper keine Energie, sie aufzuwärmen;
• äußerst nahrhaft, sodass auch kleine Mengen gut sättigen;
• leicht verdaulich, sodass der winzige Verdauungstrakt nicht überstrapaziert wird.
Viele Hunderte Inhaltsstoffe der Muttermilch konnten Wissenschaftler bisher identifizieren – und vermutlich sind es noch deutlich mehr. Diese Mischung sorgt dafür, dass ein Baby alles bekommt, was es braucht, um zu gedeihen und sich optimal zu entwickeln. Und genau das ist auch der Grund, warum alle führenden Ernährungs- und Gesundheitsorganisationen das Stillen empfehlen.

Mehr als Nahrung

Stillen garantiert jedoch nicht nur die Versorgung mit lebenswichtigen Nährstoffen. Es ist auch für die seelische Entwicklung des Babys von großer Bedeutung. An Mamas Brust gekuschelt, kann es die Geborgenheit mit allen Sinnen spüren. Es riecht und fühlt Mamas Haut, schmeckt die Milch, kann Blickkontakt aufnehmen … Das festigt die Bindung, was durch die Ausschüttung von Oxytocin zusätzlich hormonell verstärkt wird. Doch das ist im Hinblick auf die zukünftige Entwicklung noch längst nicht alles. Das Baby saugt ja nicht nur an der Brust wie an einem Strohhalm, sondern melkt durch geschickten Einsatz von Zunge, Lippen, Gaumensegel, Wangen- und Kiefermuskulatur die Milch regelrecht heraus. Das Trinken ist deshalb zugleich ein ausgeklügeltes Training für die Mundmuskulatur und die Mundmotorik, außerdem fördert es die Entwicklung des Kiefers. Stillen schafft somit die besten Voraussetzungen für eine gesunde Zahnstellung und das Sprechenlernen. Schneller lernen Babys das Sprechen nur durch das Stillen aber nicht. Bis es so weit ist, vergehen noch einige Monate (siehe auch Seite 174–179).

Vorteile für die Mama

Das Argument, das Essen fürs Baby immer dabei zu haben, ist fast schon unschlagbar. Darüber hinaus wirken Oxytocin und Prolaktin, das Milchbildungshormon, auch noch beruhigend. Beide Hormone helfen so, die oft turbulente, von wenig Schlaf, viel Aufregung und Unsicherheiten geprägte Anfangszeit mit dem Baby besser zu bewältigen. Darüber hinaus unterstützt Stillen die Rückbildung der Gebärmutter. Wissenschaftler haben sogar herausgefunden, dass es das Risiko für Brust- und Eierstockkrebs reduziert, genauso wie das Risiko für Herz-Kreislauf-Erkrankungen und Depressionen. Weil Stillen den Fettstoffwechsel anregt und ziemlich viel Energie verbraucht, hilft es zudem einigen Frauen auch dabei, wieder ihr Vor-Schwangerschaftsgewicht zu erreichen.

MILCH IST NICHT GLEICH MILCH

Die Zusammensetzung der Muttermilch verändert sich in den ersten drei Lebenswochen des Babys und passt sich so nach und nach seinen Bedürfnissen an.

VORMILCH (KOLOSTRUM)

Die dicke, gelbe Vormilch steht gleich nach der Geburt zur Verfügung. Sie enthält besonders viel Eiweiß, weshalb schon kleinste Mengen gut sättigen. Die Vormilch ist zudem reich an Immunglobulin A (IgA). Dieser Antikörper sorgt im Verdauungstrakt des Neugeborenen für eine Art Schutzbarriere und wird daher gern als erste „Neugeborenenschutzimpfung" bezeichnet.

REIFE FRAUENMILCH

Etwa ab der dritten Woche fließt dann die reife Frauenmilch, die in den nächsten Monaten die einzige Nahrung des Säuglings sein wird. Auch wenn die weißlich-bläuliche Flüssigkeit jetzt deutlich wässriger ist, enthält sie das Doppelte an Fett und nur noch wenig Eiweiß. Weil der Milchzuckeranteil ebenfalls gestiegen ist, schmeckt die Milch leicht süßlich.

Nach Geburt

3. bis 14. Lebenstag

Etwa ab Woche drei

ÜBERGANGSMILCH

Etwa zwischen dem dritten und 14. Lebenstag bildet der Körper statt Kolostrum die sogenannte Übergangsmilch. Sie ist bereits weniger gelb, auch ihre Konsistenz ist milchiger. Fett- und Milchzuckergehalt sind höher, dafür nimmt der Eiweißanteil ab.

◣ DIE ERSTEN VIER WOCHEN ◥

Wie wird Muttermilch überhaupt gebildet?

Die Brust einer Frau ist schon von der eigenen Geburt an darauf vorbereitet, irgendwann einmal selbst ein Baby zu stillen. Schon bei kleinen Mädchen verläuft unterhalb der Fettzellen und des sich erst in der Pubertät bemerkbar machenden Drüsengewebes der Brust ein engmaschiges Netz an zukünftigen potenziellen Milchkanälen. Unter dem Einfluss der Schwangerschaftshormone wachsen diese Kanäle noch weiter und verzweigen sich zu immer feineren Milchgängen (Ductuli), die schließlich nahe der Brustwand in traubenförmigen Säckchen enden, den Milchbläschen oder Alveolen. In ihnen wird die Muttermilch gebildet.

Mehrere Alveolen zusammen bilden einen Lobulus (Läppchen), der dann wiederum gemeinsam mit anderen Lobuli den Lobus (Lappen) bildet. Insgesamt 15 bis 20 solcher Lappen finden sich in jeder Brust und jeder verfügt über eine eigene Milchleitung.Die Milchbläschen in den Lappen sind von kleinen Muskeln umgeben, die die Drüsen zusammenpressen und so die Milch herauspumpen. Sie fließt über das Kanalnetz in Richtung Brustwarze und sammelt sich dort in den sogenannten Milchseen. Wenn das Baby an der Brust saugt, strömt die Milch aus diesen „Speicherseen" über winzige Öffnungen in der Brustwarze direkt in seinen Mund.

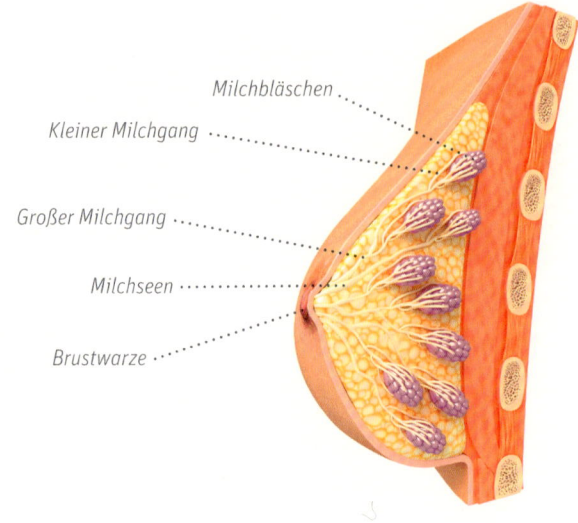

Milchbläschen
Kleiner Milchgang
Großer Milchgang
Milchseen
Brustwarze

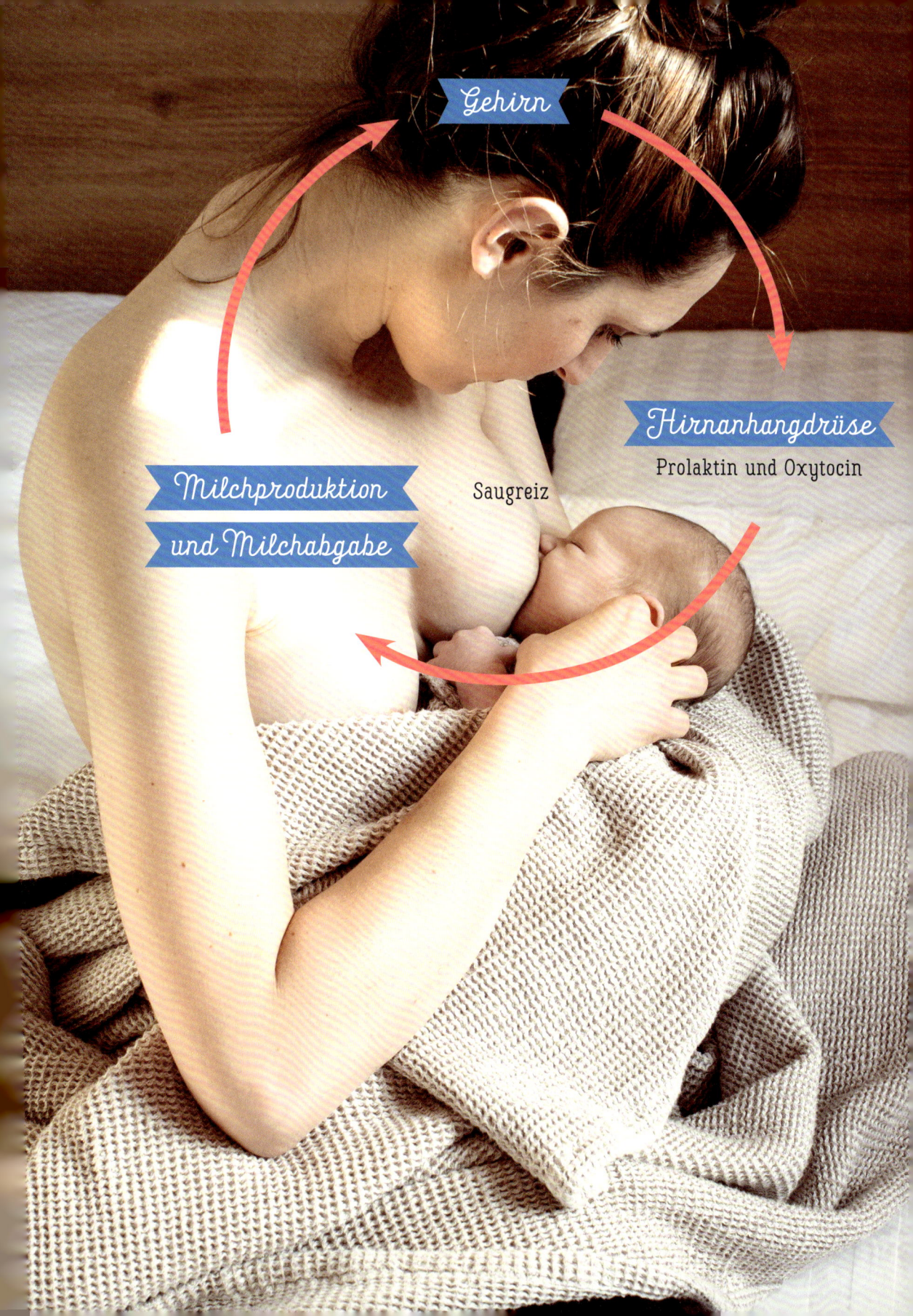

Fragen rund ums Stillen

Stillen ist zwar die natürlichste Sache der Welt, aber es will trotzdem gelernt sein – und zwar nicht nur vom Baby, sondern auch von Mama. Es ist ganz normal, erst mal viele Fragen zu haben. Schließlich will man alles richtig machen.

STILLEN NACH DER UHR ODER NACH BEDARF?

Die Erfahrung zeigt, dass es mit dem Stillen leichter klappt, wenn man sich an den Bedürfnissen des Babys orientiert, anstatt strikte Zeiten einzuhalten. Das Füttern nach Verlangen (Feeding on Demand) reguliert ganz natürlich den Milchfluss: Hat das Baby viel Hunger, legt man es öfter an und fördert so die Milchbildung. Ist es weniger hungrig, kommt es seltener an die Brust, was die Milchbildung drosselt. Abgesehen davon haben frischgebackene Mütter meist schon genug Stress und wollen nicht auch noch ständig auf die Uhr schielen müssen, wann es wieder Zeit ist, das Baby zu stillen.

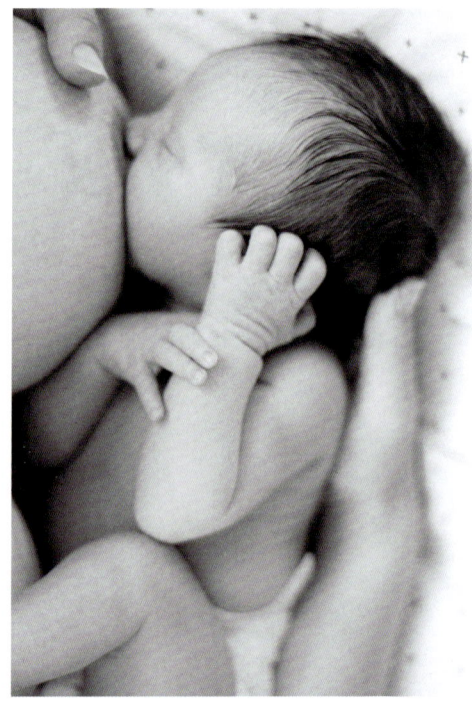

WOHER WEISS ICH, OB DAS BABY HUNGER HAT?

Das schon mal vorweg: Schreien ist das letzte Mittel, zu dem ein Baby greift, um zu zeigen, dass es hungrig ist. Erste Hinweise darauf kann man schon viel früher beobachten: Der Säugling dreht sein Köpfchen immer wieder hin und her, weil er die Brust sucht. Er leckt sich die Lippen, macht Saugbewegungen und schmatzt oder gluckst. Er strampelt mit den Armen und Beinen, ballt die Hände zu Fäusten oder nuckelt sogar daran. Hilft das alles nicht, fängt er an zu schreien.

WIE OFT SOLL ICH MEIN BABY ANLEGEN?

Am Anfang lieber zu oft als zu selten. Ein Neugeborenes erhält in den ersten 14 Tagen innerhalb von 24 Stunden am besten acht- bis zwölfmal die Brust. Denn sein winziger Magen kann noch gar nicht viel aufnehmen. Außerdem wirkt sich häufiges Anlegen positiv auf die Mutter-Kind-Bindung aus und kurbelt noch die Milchproduktion richtig an. Aus demselben Grund empfiehlt es sich, anfangs bei jedem Stillen beide Brüste anzubieten. Sobald es mit der Milchbildung klappt, können Sie die Stillmahlzeiten herunterfahren. Oft genügen dann sechs bis acht Portionen. Das Baby braucht auch nur noch an einer Brust zu trinken, die andere ist erst beim nächsten Mal dran.

FÖRDERT STILLEN DIE GESUNDHEIT?

Das körpereigene Immunsystem eines Neugeborenen ist noch nicht ausgereift. Über die Muttermilch erhält das Baby jedoch Abwehrstoffe des mütterlichen Immunsystems. Besonders wertvoll ist in dieser Hinsicht die Vormilch (Kolostrum), die neben Antikörpern viele weiße Blutkörperchen und Fresszellen enthält, die das Baby vor Infekten schützen. Stillen scheint sich aber auch langfristig positiv auf die Gesundheit auszuwirken. So haben Stillkinder später zum Beispiel seltener Übergewicht und tragen ein geringeres Risiko für Diabetes und chronisch entzündliche Darmerkrankungen.

Ganz besonders profitieren offensichtlich allergiegefährdete Babys von der Muttermilch. Verschiedene Studien bestätigen, dass sie die ideale Nahrung ist, um Allergien vorzubeugen. Viele Ärzte empfehlen bei erhöhtem Allergierisiko (also wenn Mama, Papa oder andere nahe Vewandte eine Allergie haben), sogar volle sechs Monate zu stillen und weiter anschließend noch das ganze erste Lebensjahr und länger begleitend zur Beikost weiter zu stillen.

UND WENN DIE MILCH NICHT REICHT?

Die Sorge, sein Baby nicht ernähren zu können, ist verständlich. Sie ist aber in den allermeisten Fällen auch völlig unbegründet. Nur fünf Prozent der betroffenen Frauen können tatsächlich aufgrund medizinischer Probleme keine Milch bilden. In den meisten Fällen liegt es an ungünstigen Still-Startbedingungen nach der Geburt und im Wochenbett und/oder am ungünstigen Stillmanagement zu Hause.

Pumpen auf Vorrat? Das geht! Muttermilch hält sich im Kühlschrank bei 4 bis 6 Grad bis zu drei Tage, im Drei-Sterne-Gefrierfach bei mindestens –18 Grad sogar bis zu sechs Monate.

WARUM HAT DAS BABY EIGENTLICH AUCH NACHTS HUNGER?

Das liegt zum einen natürlich daran, dass sein Magen noch sehr klein ist und es deshalb nicht „auf Vorrat" trinken kann. Abgesehen davon haben Babys aber auch noch kein Zeitgefühl, ihr Schlaf-wach-Rhythmus läuft noch nicht im selben Takt wie unserer. Am besten stellen Sie das Babybettchen oder die Wiege nah an Ihre eigene Schlafstätte, damit Sie nachts keine langen Wege haben. Versuchen Sie auch, möglichst wenig Licht zu machen, und verhalten Sie sich insgesamt recht ruhig. Dann begreift Ihr Baby am schnellsten, dass es nach dem Trinken gleich wieder weiterschlafen soll.

Mamas Ernährung

Damit ein Baby alle Nährstoffe bekommt, die es braucht, muss sich natürlich auch seine Mutter ausgewogen und vielseitig ernähren. Möglichst vollwertige Kohlenhydrate (Vollkornbrot, -nudeln, Kartoffeln und Reis), viel Eiweiß, gesunde Pflanzenöle sowie reichlich Obst und Gemüse sichern die Versorgung mit allen lebenswichtigen Nähr- und Vitalstoffen. Zusätzliche Nahrungsergänzungsmittel sind dann in der Regel nicht notwendig. Aber nicht nur was Sie zu sich nehmen, ist wichtig, sondern auch wie viel. Wenn Sie zu wenig essen, muss Ihr Körper seine eigenen Reserven knacken, um die Energie zu decken, die er für die Produktion der Muttermilch braucht. Dabei jedoch können Schadstoffe freigesetzt werden, die dann über die Milch auch in Babys Organismus gelangen. Ganz wichtig: Trinken Sie reichlich. Ein bis zwei Tassen Kaffee vertragen übrigens die meisten Babys gut. Am besten genießen Sie ihn direkt nach dem Stillen.

WIE LANGE DAUERT DAS STILLEN?

In den ersten Wochen trinkt das Neugeborene an beiden Brüsten jeweils etwa zehn bis 20 Minuten – insgesamt können dabei also schon mal um die 40 Minuten vergehen. Mit der Zeit dauert es aber immer kürzer. Irgendwann, wenn Ihr Baby größer ist, wird das Stillen oft einfach so nebenher geschehen. Dann ist es häufig auch nur eine Sache von wenigen Minuten.

KANN ZU SCHNELLES „NACHSTILLEN" BAUCHWEH VERURSACHEN?

Wenn frische Milch auf halb verdaute trifft, bekommt das Baby Blähungen oder Koliken: Das hat man unseren Müttern und Großmüttern gern noch weisgemacht. Stimmt aber gar nicht. Muttermilch ist sehr leicht verdaulich und daher ist es nicht schlimm, wenn ein Säugling in kürzeren Abständen an die Brust will. Im Gegenteil, gerade am Anfang ist es besser, öfter eine kleine Menge zu trinken als ab und zu eine große.

BRAUCHT EIN SÄUGLING IM SOMMER ZUSÄTZLICH FLÜSSIGKEIT?

Meistens reicht es selbst bei hohen Temperaturen zu stillen. Es kann aber sein, dass Ihr Baby öfter nach der Brust verlangt als sonst. Sie können ihm dann stattdessen auch zusätzlich Wasser oder Tee anbieten.

HAT STILLEN AUCH NACHTEILE?

Mediziner sind sich einig: Muttermilch ist die beste Nahrung für ein Baby. Allerdings bedeutet die Entscheidung fürs Stillen auch, dass die Mutter erst einmal ganz allein für die Ernährung zuständig ist. Wollen der Vater oder andere nahestehende Menschen zumindest hin und wieder in den Genuss kommen, das Baby zu füttern, müssen Sie Milch abpumpen.
Abgesehen davon sollten sich stillende Mütter darüber bewusst sein, dass Alkohol, Koffein, Nikotin und Medikamentenwirkstoffe über die Muttermilch auch in den Körper des Babys gelangen, und sich entsprechend verantwortungsvoll verhalten.
Genauso können verschiedene Nahrungsmittel beim Baby Bauchweh und Blähungen auslösen. Allerdings reagiert diesbezüglich jedes Kind anders. Es ist wenig sinnvoll, bestimmte Lebensmittel von Anfang an zu meiden. Sie können den Speiseplan immer noch ändern, wenn Sie merken, dass Ihr Baby irgendetwas nicht verträgt.

BÄUERCHEN MACHEN

Wenn ein Baby sehr schnell saugt, weil es gierig ist oder die Milch sehr stark fließt, schluckt es beim Trinken viel Luft. Die kann später Bauchweh verursachen. Um Koliken vorzubeugen, legen Sie das Baby nach dem Stillen aufrecht an Ihre Schulter und streichen oder klopfen ihm sanft den Rücken, bis es aufstößt. Vergessen Sie aber nicht, ein Spucktuch unterzulegen. Da der Ventilmechanismus am Magen bei Neugeborenen noch nicht ausgereift ist, kommt mit der Luft gern auch ein Schwall Milch mit nach oben.

Auch wenn Bäuerchen guttun, Pflicht sind sie nicht. Schläft Ihr Baby beim Stillen ein, brauchen Sie es nicht aufzuwecken. Auch nachts verzichten viele Eltern aufs Aufstoßen-Lassen, um ihr Kind nicht wacher zu machen als nötig. Meist trinken die Kleinen nachts aber ohnehin deutlich ruhiger und schlucken deshalb gar nicht so viel Luft.

◾ DIE ERSTEN VIER WOCHEN ◾

So gelingt das Stillen

Sie werden in den kommenden Monaten viel Zeit beim Stillen verbringen. Daher sollten Sie diese Stunden gemeinsam mit Ihrem Schatz auch genießen und darauf achten, dass es Ihnen selbst dabei gutgeht.

Alles vorbereitet?

Bis ein Neugeborenes seinen Hunger gestillt hat, können schon einmal 40 Minuten vergehen. Darauf sollten Sie sich einstellen, denn nichts stört dann mehr, als wenn man dringend auf die Toilette muss oder unbedingt etwas zu trinken braucht. Bereiten Sie daher alles vor: Gehen Sie noch einmal aufs Klo, schalten Sie den Anrufbeantworter ein und die Klingel aus und stellen Sie ein großes Glas Wasser oder eine Tasse Tee an den Stillplatz. Vielleicht legen Sie auch ein Buch, eine Zeitschrift oder das Handy dazu. Falls das Baby nach dem Stillen in Ihrem Arm einschläft, können Sie dann auch einfach sitzen bleiben und lesen oder mit einer Freundin chatten. Beim Stillen selbst sollte die Aufmerksamkeit jedoch dem Baby gehören.

Schön gemütlich

Weil das Stillen so lang dauert, dürfen Sie es sich natürlich so gemütlich wie möglich machen. Vor allem wenn Sie im Sitzen stillen, sollten immer ein paar Kissen bereit liegen, um sie sich zum Beispiel unter die Knie zu schieben oder in den Rücken zu stopfen. Das Stillkissen sollte nicht unter dem Baby liegen, sondern unter dem Arm, in dem Sie das Baby halten. Dann entlastet es die Schulter und beugt Verspannungen vor.

Richtig anlegen

Alles bereit? Dann kann das Baby „andocken". Während Sie es in einem Arm halten, fassen Sie mit der anderen Hand die Brust, mit der Sie beginnen wollen, sodass der Daumen über dem Warzenhof liegt und die anderen Finger darunter. Drücken Sie den Warzenhof etwas zusammen und ziehen Sie das Baby an sich heran, damit es ihn mit dem Mund umschließt. Wenn das Baby (noch) nicht verstanden hat, dass es jetzt trinken soll, streichen Sie mit der Brustwarze leicht über seine Unterlippe. Dadurch öffnet es das Mündchen reflexartig. Erwischt es nur die Brustwarze, schieben Sie zart Ihren kleinen Finger in seinen Mundwinkel. Dadurch öffnet es seinen Mund noch einmal und Sie können es erneut anlegen, diesmal so, dass es möglichst viel Brust im Mund hat.

SO IST ES RICHTIG:

Der kleine Mund umschließt den Warzenhof möglichst großflächig, Ober- und Unterlippe stülpen sich nach außen. Trotzdem bekommt das Baby noch genug Luft durch die Nase. Ist das einmal nicht der Fall, drücken Sie die Brust am Näschen mit der freien Hand einfach ein wenig nach unten.

Wiegehaltung

Seitenlage

Rückenhaltung

Die ersten vier Wochen

Stillpositionen

Welche Stillposition man wählt, hängt natürlich immer auch von der Situation ab. Unterwegs wird man sich kaum hinlegen. Nachts dagegen stillen vielen Frauen am liebsten liegend, weil sie dann einfach weiterdösen können, während das Baby trinkt. Allerdings sollten Sie auch sonst die Stillposition immer wieder mal abwechseln. Zum einen, weil das dem Rücken guttut, zum anderen aber auch, weil Sie dadurch einem Milchstau vorbeugen. Und nicht zuletzt fördern Sie auch Ihr Baby, weil es sich immer wieder auf andere Gegebenheiten einstellen muss.

Seitenlage

Für den Anfang ideal, weil man im Wochenbett ohnehin die meiste Zeit liegt. Sie liegen dazu ausgestreckt und Bauch an Bauch mit Ihrem Baby auf der Seite. Den unteren Arm winkeln Sie ab, legen ihn von oben um das Baby und stützen so seinen Rücken. Mit der Hand des oberen Arms umfassen Sie die untere Brust im C-Griff und ziehen dann das Baby an sich. Wenn das Baby trinkt, können Sie mit der freien Hand den Po stabilisieren.

Wiegehaltung

Wenn Sie im Sitzen stillen, liegt das Baby klassischerweise auf einem Arm – den Kopf in der Armbeuge, während Rücken und Po von Unterarm und Hand gestützt werden. Der Kopf schaut genau auf Ihre Brust, sodass Sie diese nur noch mit der freien Hand umgreifen und das Baby an sich heranziehen müssen. Wenn es richtig „angedockt" hat, lehnen Sie sich gemeinsam langsam zurück.

Rückenhaltung

In dieser Position zeigen die Füße des Babys nach hinten. Es liegt nämlich auf dem Stillkissen an Ihrer Seite, Ihr Unterarm stützt den kleinen Rücken, die Hand das Köpfchen. Das mag zunächst vielleicht recht ungewohnt sein, ist aber gerade nach einem Kaiserschnitt sehr angenehm, weil weniger Gewicht auf der Narbe lastet. Und Zwillingsmütter können so beide Babys gleichzeitig stillen.
Allerdings verführt gerade diese Haltung dazu, vornübergebeugt zu stillen. Und das ist gar nicht gut für den Rücken. Lehnen Sie sich unbedingt immer entspannt zurück, wenn das Baby angefangen hat zu trinken.

◤ DIE ERSTEN VIER WOCHEN ◥

Probleme beim Stillen

Nicht immer klappt es mit dem Stillen auf Anhieb so, wie man es sich als frischgebackene Mama erträumt hat. Statt liebevoller Kuschelzeiten zu zweit wird dann jedes Anlegen zu einer Herausforderung. Die Mutter ist gestresst, das Baby weint ... Zum Glück lassen sich die meisten Hindernisse mit ein paar Veränderungen aus der Welt schaffen. Und so steht einer innigen Stillbeziehung bald nichts mehr im Weg.

AU, DAS TUT WEH!

Am Anfang ist ein unangenehmes Ziehen nicht ungewöhnlich. Ihre Brust muss sich schließlich erst an die neue Situation gewöhnen. Auch Bauchschmerzen sind normal. Denn wenn das Baby an der Brust saugt, wird die Produktion von Oxytocin angeregt, was wiederum Nachwehen auslöst, damit sich die Gebärmutter auf ihre ursprüngliche Größe zurückbildet. Wenn die Milch einschießt, kann die Brust außerdem sehr stark anschwellen. Abgesehen vom schmerzhaften Druck flacht dadurch die Brustwarze ab und das Baby kann sie nicht richtig fassen. Wenn der kleine Mund nicht die ganze Warze und Teile des Warzenhofs umschließt, sondern nur die Spitze erwischt, wird die Brustwarze zwischen Zunge und Gaumen stark gequetscht und hin und her gerieben. Autsch! Aber auch wenn es sich unangenehm anfühlt: Seien Sie geduldig und bleiben Sie dran. Nach ein paar Tagen wird es ganz von allein besser und Sie können das Stillen genauso genießen wie Ihr Baby.

WUNDE BRUSTWARZEN

Ist die Brust durch längeres falsches Saugen schon wund? Dann wischen Sie Muttermilchreste nach dem Stillen nicht ab, sondern lassen sie auf der Haut trocknen. Sie haben eine wundheilende Wirkung. Licht und Luft tun den Brustwarzen ohnehin gut. Daher dürfen Sie zu Hause ruhig auch einmal oben ohne herumlaufen. In schwereren Fällen dürfen Sie zur Not auch einmal zu Schmerzmitteln greifen, um weiter stillen zu können. Fragen Sie Ihre Hebamme oder Ihren Arzt, welche Arznei dem Baby nicht schadet. Vorsicht heißt es dagegen bei Rotlicht, alkoholhaltigen und desinfizierenden Lösungen. Denn sie trocknen die Haut noch zusätzlich aus. Auch Hausmittel wie Schwarzteebeutel fördern den Schmerz eher, als ihn zu lindern. Denn durch die Feuchtigkeit weicht die zarte Haut auf und wird noch empfindlicher.

Stillhütchen können bei Schmerzen die Brustwarze entlasten. Man sollte sie jedoch nicht zu lang verwenden, weil das Baby an ihnen anders saugen muss und sich nur schwer wieder umgewöhnt.

ZU VIEL MILCH

Wenn Sie sehr viel Milch bilden, hat Ihr Baby womöglich ebenfalls Schwierigkeiten, die Brustwarze gut zu umschließen, und erwischt stattdessen wieder nur die Spitze. Manche Babys erschrecken auch oder protestieren, wenn ihnen gleich ein richtiger Schwall Milch ins Mündchen spritzt, und wollen dann nicht mehr trinken. Um beidem vorzubeugen, streichen Sie vor dem Anlegen mit der flachen Hand schon ein wenig Milch aus der Brust. Lassen Sie Ihr Baby dann bei jeder Mahlzeit nur an einer Brust trinken, die andere Seite ist eben beim nächsten Mal dran. Vermutlich wird dadurch bei der unentleerten Brust während des Stillens, vielleicht auch danach, von allein Milch fließen. Das ist normal, legen Sie einfach eine Stoffwindel unter und verwenden Sie Stilleinlagen. Auch gut: Die Abstände zwischen den Mahlzeiten verringern, damit sich erst gar nicht so viel Milch anstaut. „Überschüssige" Milch abzupumpen, ist dagegen keine gute Idee, denn das regt die Milchproduktion nur noch stärker an. Trinken Sie außerdem ein bis zwei Tassen Pfefferminz- oder Salbeitee am Tag. Auch das hemmt die Milchbildung.

Werden Sie nicht nervös, wenn das Stillen nicht auf Anhieb klappt. Das überträgt sich nämlich schnell aufs Baby und macht das Ganze nur noch schwieriger.

UNGÜNSTIGE SAUGTECHNIK

Etwas anderes ist es, wenn die Brustwarzen beim Stillen immer wehtun. Dann verlieren Mütter sehr schnell die Lust. Tatsächlich sind die Schmerzen sogar der häufigste Grund für frühzeitiges Abstillen. Dabei liegt das Problem fast immer „nur" an der falschen Stillposition oder Anlegetechnik, bei der das Baby lediglich an der Spitze der Brustwarze nuckelt. Lassen Sie sich daher am besten gleich am Anfang von Ihrer Hebamme zeigen, wie es richtig geht.

MILCHSTAU

Vormittags war noch alles normal, aber abends ist die Brust plötzlich gerötet und geschwollen. Vielleicht lassen sich sogar feste Stellen ertasten und es tut richtig weh? Noch schlimmer ist es, wenn Sie das Baby anlegen wollen? Klarer Fall von Milchstau! Fast immer ist Stress der Auslöser, bedingt zum Beispiel durch zu wenig Schlaf, zu viel Hektik oder Streit in der Familie. Manchmal hat auch das Baby weniger getrunken als sonst, etwa weil es besonders lang und viel geschlafen hat. Die Erfahrung zeigt jedoch, dass die Beschwerden mit der richtigen „Behandlung" meist so schnell wieder verschwinden, wie sie kamen (siehe Seite 70).

SCHLUPF- UND HOHLWARZEN

Bei flachen oder eingestülpten Brustwarzen kann das Baby nicht richtig „zupacken" und saugen. Fragen Sie daher Ihre Hebamme, welche Anlegetechnik sie Ihnen empfiehlt, um das Kind zu unterstützen. Damit ihr Baby die richtige Trinktechnik üben kann, sollten betroffene Mütter es außerdem von Anfang an sehr oft anlegen, bevor um den dritten Tag die Milch richtig einschießt. Solange die Brust noch weicher ist, fällt es dem Kleinen deutlich leichter, daran zu saugen.

Bei Schlupf- und Hohlwarzen ist es besonders wichtig, die Brust nach dem Stillen vorsichtig trocken zu tupfen beziehungsweise an der Luft vollständig trocknen zu lassen. Denn Milchreste in Hautfalten weichen die sensible Haut auf, was sie empfindlicher macht und Infektionen begünstigt.

KURZES ZUNGENBÄNDCHEN

Hat das Baby ein zu kurzes Zungenbändchen, ist die Zunge wenig beweglich und lässt sich kaum über die Lippe schieben? Das wirkt sich auch auf sein Saugverhalten aus, weil es häufig nur die Brustwarze zu fassen bekommt. In einigen Fällen lässt sich das Durchtrennen des Zungenbändchens nicht verhindern. Oft aber hilft bereits eine spezielle Anlegetechnik wie das Laid-back-Nursing in halb sitzender Position. Sie hilft dem Baby, die Brust besser zu umfassen. Lassen Sie sich von Ihrer Hebamme oder einer Stillberaterin zeigen, wie Sie Ihren Schatz optimal unterstützen können.

MILCHSTAU BEHEBEN

Auch wenn es wehtut: Stillen Sie bei einem Milchstau so oft, wie es geht. Wärmen Sie dazu vorher die betroffene Brust mithilfe eines feuchtwarmen Tuchs oder eines Kirschkernsäckchens beziehungsweise einer warmen (nicht heißen!) Wärmflasche. Legen Sie dann das Baby an, am besten so, dass es mit dem Unterkiefer die schmerzende Stelle massiert. Halten Sie durch, auch wenn es anfangs wehtut. Sobald der Stau gelöst ist, wird es besser.

Unterstützend streichen Sie Ihre Brust vor und nach dem Stillen mit der flachen Hand sanft aus oder pumpen zusätzlich etwas Milch ab.

Quarkwickel

Ein kalter Quarkwickel, am besten frisch aus dem Kühlschrank, kühlt die Brust nach dem Stillen, Ausstreichen oder Abpumpen und mindert Schwellungen. Bestreichen Sie dazu eine Stoffwindel zur Hälfte mit einer dicken Schicht kaltem Quark, schlagen Sie den restlichen Stoff darüber und legen Sie den Wickel auf die betroffene Brust. Die Brustwarze sparen Sie dabei am besten aus, damit die dünne Haut nicht aufweicht und noch empfindlicher wird. Der Wickel bleibt drauf, bis der Quark sich erwärmt hat. Dann kann er nach Belieben durch einen neuen ersetzt werden. Und wenn Sie genug haben, wischen Sie Quarkreste einfach mit einem feuchten Tuch ab.

So viel trinkt Ihr Baby

Ab Ende des vierten Monats kann mit dem Zufüttern begonnen werden. Anfangs wird dabei wie gewohnt weitergestillt. Aber weil das Baby nach und nach immer mehr Brei isst, nimmt die Milchmenge ungefähr ab dem sechsten Monat ab.

Menge	Alter
250 – 910 ml	10 – 12 Monate
550 – 910 ml	8 – 9 Monate
600 – 910 ml	6 – 7 Monate
760 – 910 ml	4 – 5 Monate
550 – 800 ml	9 – 12 Wochen
500 – 750 ml	4 – 8 Wochen
450 – 700 ml	2 – 3 Wochen
200 – 350 ml	Neugeborenes

Ernährung mit dem Fläschchen

Der Druck, stillen zu müssen, um eine gute Mutter zu sein, belastet enorm. Dabei sollte sich keine Frau rechtfertigen müssen, wenn sie ihrem Baby das Fläschchen gibt. Die Entscheidung für oder gegen die Brust ist sehr persönlich und vielen individuellen Umständen geschuldet. Wofür sich die junge Mutter auch entscheidet, ihr Umfeld sollte es akzeptieren. Denn eins ist sicher: Fläschchen-Mamas lieben ihre Babys genauso wie Still-Mamas – und ihre Babys lieben sie genauso zurück.

Pre-Milch

Pre-Milch ist Fertignahrung für die ersten vier Lebensmonate. Sie ähnelt in ihrer Zusammensetzung am stärksten der Muttermilch. Sie enthält alle Fett-, Eiweiß- und Mineralstoffe, die ein Baby braucht, um sich gesund zu entwickeln. Weil sie außer dem natürlichen Milchzucker Laktose keine Kohlenhydrate enthält, ist sie wie Muttermilch sehr dünnflüssig und leicht verdaulich. Und genau wie Muttermilch kann das Baby mit ihr nicht „überfüttert" werden. Sie können es also ganz nach seinen individuellen Bedürfnissen füttern und müssen sich nicht an einen strengen Zeitplan halten. Wenn Sie unsicher sind, ob Ihr Baby genug trinkt, fragen Sie Ihre Hebamme oder den Kinderarzt um Rat. Auch die Übersicht auf Seite 71 hilft bei der Orientierung.

Füttern nach Bedarf

Richten Sie sich nach dem Hunger Ihres Babys. Wenn Sie das Gefühl haben, dass es nach dem ersten Fläschchen noch nicht satt ist, können Sie eine weitere Portion zubereiten. Im Gegenzug hören Sie auf zu füttern, wenn es keine Anstalten mehr macht zu trinken – auch wenn das Fläschchen noch nicht leer ist. Wie beim Stillen sollten die Pausen zwischen den einzelnen Mahlzeiten anfangs nicht zu lang sein. Als ungefähre Richtlinie in Bezug auf Menge und Häufigkeit gilt:

- In den ersten acht Wochen sollte das Baby über den Tag verteilt etwa sechs Flaschen à 80 bis 120 Milliliter trinken. Es bekommt also etwa alle vier Stunden etwas zu essen.
- Im dritten und vierten Lebensmonat braucht das Kind dann durchschnittlich bereits 120 bis 200 Milliliter pro Mahlzeit, dafür aber nur noch etwa fünf Fläschchen.

Wenn Sie sich beim Füttern Zeit nehmen, können Sie Ihrem Baby genauso viel Liebe und Geborgenheit schenken wie an der Brust. Betrachten Sie das Fläschchengeben als zusätzliche Kuscheleinheit – vor allem wenn Sie dabei noch viel Hautkontakt haben. Denn dann gibt es für beide zusätzlich eine Extraportion Bindungshormon Oxytocin.

DIE ERSTEN VIER WOCHEN

Fragen zur Fertignahrung

Zugegeben: Beim Stillen muss man nicht groß nachdenken und viel vorbereiten, wenn sich das hungrige Baby meldet. Das ist beim Fläschchen anders. Allerdings spielt sich auch hier alles schnell ein. Und einen Vorteil hat das Ganze auf jeden Fall: Sie sind nicht allein verantwortlich fürs Füttern. Papa kann es genauso gut! Und die meisten „neuen" Väter genießen die zusätzliche Kuschelzeit mit dem Baby.

WELCHES WASSER KANN ICH VERWENDEN?

Üblicherweise ist das Leitungswasser hierzulande so sauber, dass es sich gut zur Zubereitung von Babymilch eignet; im Zweifelsfall können Sie beim zuständigen Wasserwerk nachfragen. Dort oder beim Verbraucheramt nennt man Ihnen auch Firmen, die den Schwermetallgehalt im Wasser ermitteln. Denn das an sich saubere Wasser kann auch durch alte Leitungen verunreinigt werden. Falls die Belastung zu hoch sein sollte, können Sie das Milchpulver mit stillem Mineralwasser anrühren, das den Hinweis „Geeignet für die Zubereitung von Säuglingsnahrung" auf dem Etikett trägt. Allerdings haben Untersuchungen ergeben, dass auch diese Wässer nicht immer frei von Keimen und Pestiziden sind.

MUSS ICH DAS WASSER ABKOCHEN?

Weil ein Neugeborenes noch nicht genug eigene Abwehrkräfte hat, haben Keime natürlich leichtes Spiel. Daher raten Experten noch immer dazu, das Wasser in den ersten Monaten abzukochen. Sie müssen es aber nicht ewig kochen lassen. Es genügt, wenn Sie den Hahn laufen lassen, bis das Wasser spürbar kalt ist, und es dann in einem Topf oder Wasserkocher einmal kräftig zum Sprudeln bringen.

ABMESSEN

Halten Sie sich beim Anrühren genau an die Angaben auf der Verpackung. Pressen Sie das Pulver nicht in den Messbehälter, sondern füllen Sie es nur locker hinein und streichen Sie das, was übersteht, mit einem Messerrücken ab. Ist der Anteil an Milchpulver zu hoch, kann das zu Verdauungsproblemen führen und die Nieren belasten. Zu viel Wasser ist aber auch nicht gut. Denn dann bekommt Ihr Baby zu wenig Nährstoffe und wird nicht richtig satt.

ANRÜHREN

Füllen Sie erst die benötigte Wassermenge ins Fläschchen und geben Sie dann das Milchpulver hinzu. Andersherum bilden sich zu viele Klümpchen. Schütteln Sie das Fläschchen achtsam, damit sich das Pulver auflöst. Warten Sie kurz, bis sich Luftbläschen zurückbilden, die Blähungen verursachen.

WARUM MUSS DAS WASSER NACH DEM KOCHEN WIEDER ABKÜHLEN?

Einige Mineralstoffe in der Fertigmilch sind hitzeempfindlich. Sie würden daher verloren gehen, wenn Sie das Pulver mit kochend heißem Wasser anrühren. Lassen Sie das Wasser daher immer auf 40 bis 50 Grad abkühlen, ehe Sie es weiterverwenden.

FLASCHEN SAUBER MACHEN

Beim Stillen kommt die Milch immer frisch aus der Brust, sie hat also gar keine Gelegenheit, durch Keime verunreinigt zu werden. Bei Fläschchen ist das anders. Sie müssen entsprechend gesäubert werden. Spülen Sie Flasche und Sauger direkt nach Gebrauch gründlich mithilfe einer Flaschenbürste ab und lassen Sie sie dann umgedreht auf einem sauberen Geschirrtuch abtropfen. Auch wenn Sie die Flaschen in die Geschirrspülmaschine geben wollen, müssen Sie nach dem Füttern erst mal mit der Bürste vorreinigen. Denn wegen des schmalen Flaschenhalses werden in der Maschine nicht immer alle Reste sauber entfernt. Nach dem Trocknen stecken Sie den Sauger kopfüber in die Flasche und drehen sie zu.

Die Flaschen zu sterilisieren, ist nur nötig, wenn Sie die Milchreste nicht gleich entfernen konnten. In diesem Fall ist es sinnvoll, die Flasche nach dem Spülen noch fünf Minuten in sprudelndem Wasser auszukochen oder in einem speziellen Sterilisationsgerät aus dem Babyfachgeschäft zu reinigen.

KANN ICH RESTE AUFHEBEN?

Nein, denn in der Milch bilden sich schnell Keime – und zwar auch dann, wenn das Baby noch gar nicht am Fläschchen genuckelt hat. Deshalb dürfen Sie die Milch auch nicht auf Vorrat vorbereiten.
Wenn es mal schnell gehen soll, kochen Sie morgens eine größere Menge Wasser und halten dieses in einer Thermoskanne, die Sie nur fürs Baby verwenden, warm. Bei Bedarf können Sie das heiße Wasser mit Mineralwasser dann „runterkühlen".

Experten empfehlen Sauger mit kiefergerechter Form mit abgeflachter Rundung und Loch am Gaumenbereich. Sie bringen die Zunge in eine natürliche Form und fördern die Entwicklung des Kiefers. Das Loch sollte für Pre-Nahrung nicht zu groß sein, sonst verschluckt sich das Baby leicht, weil die Milch sehr dünn ist.

WELCHE FLASCHE IST DIE RICHTIGE?

Ob Glas oder Plastik ist eigentlich Geschmackssache. Denn Ihr Baby hält in diesem Alter das Fläschchen noch nicht selbst und kann es daher nicht kaputt machen. Wenn Sie sich für Plastikfläschchen entscheiden, sollten Sie unbedingt auf den Hinweis „BPA-frei" achten. Nur dann enthalten sie garantiert keine gesundheitsschädlichen Weichmacher.
Beim Sauger können Sie zwischen Latex und Silikon wählen. Ersteres ist ein reines Naturprodukt, das aus Kautschuk gewonnen wird. Aber Vorsicht: Nicht alle Babys mögen dessen typischen Eigengeruch und manche reagieren sogar allergisch auf das Material. Latexsauger werden zudem mit der Zeit recht unansehnlich und klebrig und sollten daher etwa alle vier Wochen ausgetauscht werden. Silikonsauger riechen und schmecken dagegen nach nichts. Wenn das Baby größer ist und die ersten Zähnchen durchblitzen, kann es sie aber schneller kaputt beißen. Spätestens dann muss ein neuer Sauger her. Ansonsten sollten Sie auch Silikonsauger etwa alle sechs Wochen ersetzen.

DIE ERSTEN VIER WOCHEN

Die Sache mit der Verdauung

Es dauert ein bisschen, bis sich ein neugeborenes Baby an die Bedingungen außerhalb des Mutterleibs angepasst hat. Auch sein Verdauungssystem ist so frisch nach der Geburt noch nicht voll einsatzbereit und reagiert daher ab und zu empfindlich.

Blähungen

Bauchweh ist schon für uns Große unangenehm. Kein Wunder also, dass die Kleinen schnell unleidig werden und weinen, wenn es im Bäuchlein zwickt. Zum Glück ist das Ganze zwar unangenehm, aber in der Regel wenig besorgniserregend. Es drückt zum Beispiel häufig nur deshalb, weil das Baby zu schnell getrunken und dabei Luft geschluckt hat. Bei Stillkindern können die Blähungen auch durch Mamas Ernährung ausgelöst werden, etwa durch Zwiebeln, Kohl, Hülsenfrüchte oder frisches Brot. Das ist aber kein Grund, generell alle potenziell blähenden Nahrungsmittel vom Speiseplan zu streichen. Probieren Sie lieber gezielt ein Lebensmittel nach dem anderen aus und testen Sie, ob und in welchen Mengen Sie es essen können, ohne dass Ihr Baby darauf reagiert.

Dreimonatskoliken

In den ersten drei Lebensmonaten sind viele Babys besonders empfindlich. Oft scheinen ihre Bäuchlein direkt nach einer Mahlzeit, gerade am frühen Abend, gebläht. Die Kleinen ziehen die Beine an und strecken sie dann wieder, ganz so, als wollten sie den Schmerz rausdrücken. Sie weinen bitterlich und lassen sich nur schwer oder gar nicht beruhigen. Eine mögliche Ursache: Das Darmsystem des Neugeborenen ist noch unreif, seine Darmflora noch nicht voll ausgebildet. Allerdings sind nicht immer tatsächlich Verdauungsschwierigkeiten die Ursachen für die sogenannten Dreimonatskoliken. Häufig werden sie auch durch wenig Schlaf, Überreizung oder allgemeine Regulationsstörungen ausgelöst. Das Wichtigste ist daher, dem Baby viel Liebe und Geborgenheit zu vermitteln – und die Nerven zu bewahren. Nach drei Monaten ist der „Spuk" fast immer plötzlich vorbei.

Verstopfung

In den ersten Lebenswochen ist die Windel meist dreimal und öfter am Tag voll. Das ändert sich erst um die sechste Woche. Dann kann es schon mal vorkommen, dass das Baby auch drei oder vier Tage überhaupt keinen Stuhlgang hat. Allerdings ist auch das ganz normal. Von Verstopfung spricht man erst, wenn das Baby sehr selten (etwa

ERSTE HILFE GEGEN BAUCHWEH

- **Fliegergriff:** Tragen Sie Ihr Baby bäuchlings auf dem Unterarm (siehe Seite 43), durch den Druck kann sich die Luft besser lösen.
- Verwöhnen Sie Ihren Schatz mit einer sanften **Bauchmassage,** indem Sie ein paar Minuten mit warmen Händen und ganz leichtem Druck im Uhrzeigersinn über sein Bäuchlein kreisen. Wer mag, verwendet dazu ein Vier-Winde-Öl. Die darin enthaltenen ätherischen Öle helfen, Krämpfe zu lösen.
- **Warmes Reissäckchen:** Das Säckchen im Ofen oder auf der Heizung leicht erwärmen (Temperatur unbedingt am Handgelenk prüfen). Auf Babys Bäuchlein legen und die Reiskörner mit den Fingern wellenartig nach unten und oben bewegen, um so den Bauch zu massieren.
- Auch eine **Fußmassage** kann über die Reflexzonen helfen, Blähungen zu lösen: Zunächst beim rechten Fuß an der Außenseite von der Ferse zum kleinen Zeh streichen, dann auf Ballenhöhe quer zum großen Zeh hinüber. Nach zehn- bis 15-mal sanft von oben nach unten ausstreichen. Dann ist der linke Fuß dran.

einmal in der Woche) und harten beziehungsweise trocken-bröseligen Stuhl hat. Häufig hilft es schon, einfach mehr zu trinken, das Baby also öfter anzulegen oder ihm zusätzlich Wasser anzubieten. Bei Flaschenkindern unbedingt auf die exakte Dosierung des Milchpulvers achten. Zu viel davon kann eine Verstopfung begünstigen.
Weil das Darmsystem oft noch unreif ist, können aber auch schon Neugeborene ab und zu bereits an Verstopfung leiden. Und auch Allergien können diese verursachen. Zur Unterstützung der Darmflora empfehlen Kinderärzte bestimmte Probiotika (Lactobacillus reuteri), die gleich auch noch das Immunsystem unterstützen. Von Hausmitteln wie zum Beispiel Milchzucker sollten Sie dagegen lieber die Finger lassen. Sie blähen oft ganz fürchterlich und machen dadurch alles nur noch schlimmer.

Durchfall

Der Stuhl eines Stillbabys ist zwar mitunter leicht wässrig und leicht schaumig. Aber das ist seine ganz normale Konsistenz. Er riecht auch nicht unangenehm. Bei Flaschenkindern kann zu flüssiger Stuhl ebenso wie die Verstopfung durch die falsche Dosierung des Milchpulvers hervorgerufen werden.
Richtigen Durchfall erkennt man an schleimiger oder sehr wässriger Konsistenz. Er wird im Babyalter meist durch eine Vireninfektion ausgelöst. Und kann dann schnell gefährlich werden, weil der Körper in kurzer Zeit sehr viel Flüssigkeit verliert. Zögern Sie daher nicht, den Kinderarzt um Rat zu fragen (siehe auch Seite 162–163).

▶ DIE ERSTEN VIER WOCHEN ◀

Kleines Pflege-Einmaleins

HAARE
In den ersten Wochen genügt es völlig, beim Waschen und Baden mit dem feuchten Waschlappen über den Kopf zu fahren. Ein Shampoo brauchen so kleine Babys noch nicht. Dafür können Sie das Köpflein von Anfang an mit einer ganz weichen Babybürste gegen den Strich bürsten. Das regt die Durchblutung der Kopfhaut an und fördert den Haarwuchs.

OHREN
Auch hier reicht es aus, mit dem feuchten Waschlappen über und hinter die Ohren zu wischen. Das Ohrinnere reinigt sich von selbst, sodass das Ohrenschmalz ganz von allein nach außen transportiert wird. Ohrenstäbchen sind also nicht nur überflüssig, weil man mit ihnen das Ohrschmalz zurück in den Gehörgang drückt. Sie sind außerdem gefährlich, weil immer die Gefahr besteht, dass das Trommelfell verletzt wird.

AUGEN
Verklebte Augen sind in der Regel kein Grund zur Sorge. Babys produzieren mehr Tränenflüssigkeit als Erwachsene und die hinterlässt eben auch mal Spuren. Um den „Schlaf" zu entfernen, tunken Sie ein Wattepad in ein Schüsselchen warmes, abgekochtes Wasser und wischen das Auge dann vorsichtig von außen nach innen sauber. Harte Krüstchen weichen Sie vorher kurz ein, indem Sie das Pad etwas länger auflegen. Um eine mögliche Schmierinfektion zu vermeiden, verwenden Sie für jedes Auge ein eigenes Wattepad. Und: Hält die Rötung an und/oder sind die Augen häufig stark verklebt, fragen Sie Ihren Kinderarzt um Rat.

NASE
Die Nase reinigt sich genauso von selbst wie die Ohren. Es genügt, wenn Sie Schleim und Krüstchen vorsichtig mit einem feuchten Tuch abwischen. Bei einer „echten" Rotznase können Sie das Sekret mit einem speziellen Nasensauger aus der Nase ziehen und so die Atemwege befreien (siehe Seite 158–159).

Zu viel Pflege ist nicht gut für die empfindliche Haut, denn häufiges Baden und Cremen schaden dem natürlichen pH-Wert. Babys machen sich ja auch gar nicht schmutzig und sie schwitzen nicht. Es reicht daher völlig, wenn Sie neben dem Windelbereich morgens oder abends Köpfchen, Hände und Füße vorsichtig mit einem feuchten Waschlappen sauber machen. Nehmen Sie sich Zeit dafür und erklären Sie Ihrem Baby, was Sie tun. Sie können die „Katzenwäsche" auch mit einem Abzählreim oder einem Lied begleiten, dann wird daraus bald ein Ritual, auf das sich Ihr Schatz jeden Tag freut.

NABEL
Bis der Nabelschnurrest nach etwa zehn Tagen abfällt, muss die Region möglichst trocken gehalten werden. Die Nachsorgehebamme überprüft dabei täglich, ob alles gut verheilt. Der Nabel bleibt aber auch anschließend noch ein paar Monate empfindlich und sollte daher nach dem Waschen und Baden immer sorgfältig getrocknet werden.

WINDELBEREICH
In der Windel herrscht ein optimales Mikroklima für Bakterien und Pilze. Umso wichtiger ist es, dass das Baby möglichst trocken liegt. Also: Windeln häufig wechseln und die Haut nach dem Reinigen immer schön abtrocknen lassen, auch im Intimbereich, denn gerade zwischen Fältchen kann die Haut schnell wund werden. Bei Mädchen immer von der Scheide zum Po wischen, damit keine Keime in die Harnröhre gelangen. Bei Jungen die Vorhaut nicht zurückziehen.

NÄGEL
Babynägel sind so weich, dass sie sich in der Regel von allein abwetzen. Vor der vierten bis sechsten Woche müssen Sie daher überhaupt nicht schneiden. Danach verwenden Sie eine Babynagelschere mit abgerundeten Spitzen. Am besten schneiden Sie die Nägel, wenn Ihr Schatz schläft. Dann bekommt er es gar nicht mit und es ist im Nu erledigt.

◤ DIE ERSTEN VIER WOCHEN ◥

Die zarte Babyhaut

Die Haut ist das größte und anfangs auch das am stärksten ausgeprägte Sinnesorgan Ihres Babys. Über Berührungen spürt es Ihre Zuwendung und Liebe. Halten, Streicheln oder sanftes Massieren aktivieren über die Nervenenden in der Oberhaut Signalstoffe, die wiederum die Ausschüttung von Wohlfühl- und Wachstumshormonen anregen und so das Befinden Ihres Kindes maßgeblich steuern.

Über die Haut nimmt das Baby aber nicht nur Kontakt zur Umwelt auf. Genauso wichtig ist sie für die Regulierung der Körpertemperatur und den Schutz vor schädlichen Einflüssen von außen. Allerdings ist die zarte Babyhaut bis zu fünfmal dünner als die eines Erwachsenen und somit viel empfindlicher. Weil der Barrierefilm zwischen den Zellen noch instabil und die Schutzfunktion der Haut dadurch weniger stark ausgeprägt ist, können schädliche Substanzen und Krankheitserreger leichter in den Körper eindringen. Das gilt insbesondere für Schadstoffe, mit denen Ihr Baby tagtäglich in Kontakt kommt, etwa in Pflegeprodukten oder Bekleidung. Weil das Fettgewebe in der Unterhaut noch nicht vollständig entwickelt ist, läuft auch die Wärmeregulation noch nicht auf vollen Touren. Babys kühlen daher rasch aus, auch bei Temperaturen, die Sie selbst vielleicht noch als angenehm empfinden. Genauso produziert der kleine Körper noch kaum Melanin, das die Haut auf natürliche Art vor UV-Strahlung schützt. In den ersten zwölf Lebensmonaten sollten Babys daher am besten gar nicht der direkten Sonne ausgesetzt werden und im Freien entsprechend geschützt werden (siehe auch Seite 85).

Trocken und empfindlich

Sehr trockene Haut kann, gerade bei genetischer Veranlagung für Allergien, ein Zeichen für eine Neurodermitis sein. Sprechen Sie daher möglichst früh mit Ihrem Kinderarzt, damit er notfalls entsprechende Behandlungsschritte einleitet, um den Lipid- und Feuchtigkeitsgehalt der Haut zu verbessern und die Symptome zu lindern.

In den meisten Fällen jedoch besteht kein Grund zur Sorge. In den ersten Wochen zum Beispiel ist die Haut immer trocken, weil sie sich schält. Und weil die Babyhaut auch später noch unzureichend Hautfette bildet, kann sie nur wenig Wasser binden. Es ist daher normal, dass sie durch ungeeignete Pflegemaßnahmen und -produkte schnell trocken und rau wird. Zu heißes Wasser beim Baden beispielsweise entzieht ihr noch mehr Feuchtigkeit, dasselbe gilt für seifenhaltige, nicht rückfettende Badezusätze. Darüber hinaus können verschiedene Inhaltsstoffe allergische Reaktionen auslösen. Besonders empfindlich ist natürlich auch die zarte Haut im Windelbereich. Sie bedarf daher spezieller Pflege (siehe Seite 50–51).

LEDERHAUT (OBERE SCHICHT)
Die mittlere Hautschicht (Dermis) besteht aus lockerem Bindegewebe, das nach außen fest mit der Oberhaut verbunden und von Blut- und Lymphbahnen durchzogen ist – auch um diese mit Nährstoffen zu versorgen. Hier befinden sich auch die meisten Tastrezeptoren, die Reize von außen wahrnehmen und über Nerven an das Gehirn weiterleiten.

OBERHAUT
Die Hauptaufgabe der Oberhaut (Epidermis) besteht darin, den Körper vor Mikroorganismen und schädlichen Fremdstoffen, Wasser sowie UV-Strahlung zu schützen. Zugleich sorgt sie aber auch dafür, dass der Körper nicht austrocknet.

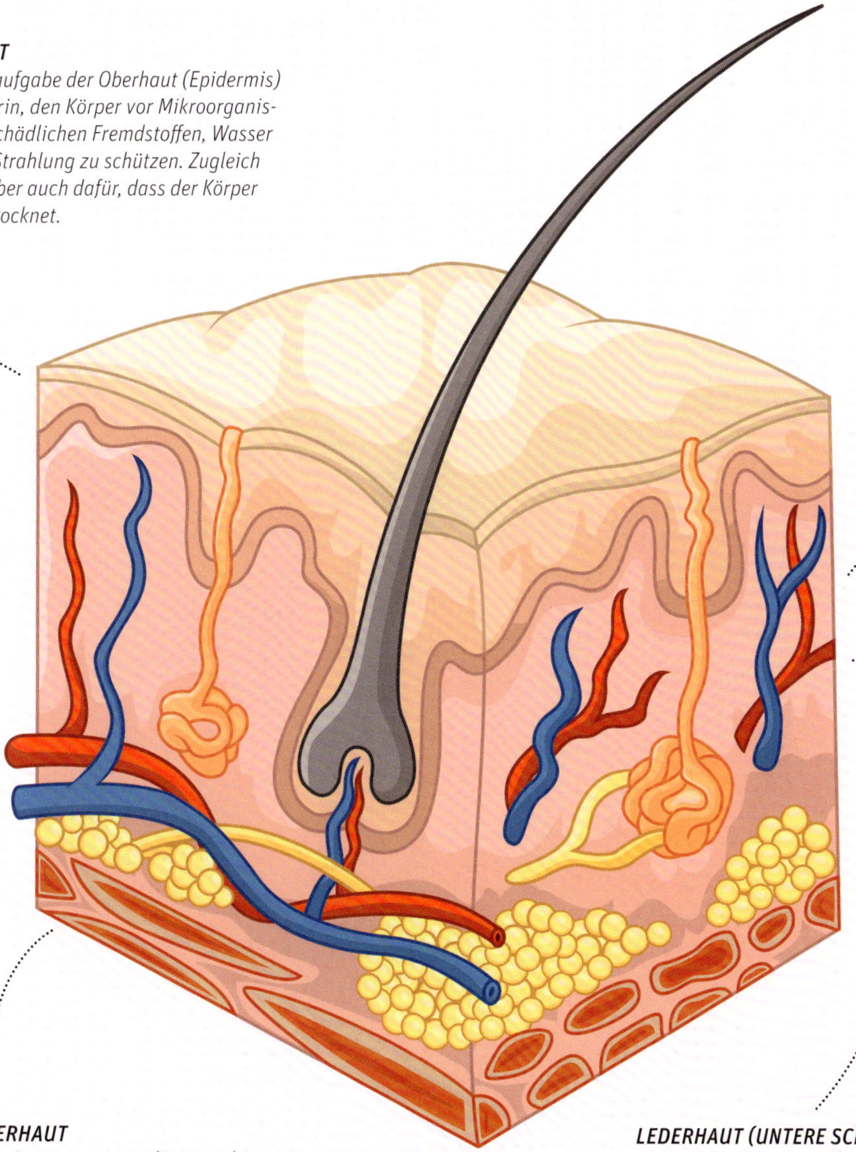

UNTERHAUT
Die tiefste Hautschicht (Subcutis) besteht aus lockerem Bindegewebe, in das mehr oder weniger Fett eingelagert ist. Sie dient dem Wärmeschutz, als „Stoßdämpfer" und als körpereigenes Energiedepot.

LEDERHAUT (UNTERE SCHICHT)
In der unteren Schicht der Lederhaut befinden sich Muskeln, Nerven, Schweiß-, Talgdrüsen und Haarwurzeln. Über die Poren beziehungsweise Haarschäfte gelangen Schweiß und Talg an die Hautoberfläche.

Hautirritationen

Weil Babys Haut sehr empfindlich ist, reagiert sie schnell mit Rötungen, Ausschlag und Entzündungen auf Reize – nicht nur am Popo. Zum Glück sind solche Irritationen in den wenigsten Fällen ein Zeichen schwerer Hauterkrankungen, sondern gehen mit der richtigen Pflege bald wieder vorüber.

Kopfgneis

In den ersten Lebensmonaten läuft die Produktion in den Talgdrüsen der Kopfhaut auf Hochtouren. Deshalb können sich talgige, gelbliche bis bräunliche Schuppen bilden. Weil diese irgendwann von allein wieder verschwinden, müssen sie nicht unbedingt behandelt werden. Sie können den Prozess jedoch unterstützen, indem Sie abends ein bisschen Baby- oder Mandelöl vorsichtig in die Kopfhaut einmassieren und die aufgeweichten Schuppen am nächsten Tag sanft abwischen (nicht abkratzen!) oder die Haare mit einem Klecks Babyshampoo waschen.

Milchschorf

Im Gegensatz zum harmlosen Kopfgneis bilden sich beim Milchschorf an behaarter Kopfhaut gerötete, nässende, oft auch juckende Krusten. Außerdem kommt der Ausschlag auch noch nicht so kurz nach der Geburt vor.
Bei leichten Formen ist in der Regel keine spezielle Behandlung nötig. Baden Sie Ihr Baby jedoch lieber seltener, um die Haut nicht noch zusätzlich auszutrocknen. Verwenden Sie möglichst sanfte, parfümfreie Pflegeprodukte und Mützchen aus Seide oder Baumwolle. Damit sich das Baby die juckende Haut nicht aufkratzt, schneiden Sie seine Nägel kurz und ziehen ihm eventuell dünne Baumwollfäustlinge über. Wenn Sie unsicher sind, fragen Sie den Kinderarzt um Rat. Er kann bei Bedarf entsprechende Mittel verschreiben und feststellen, ob der Milchschorf eventuell ein erster Hinweis auf eine Allergie oder Neurodermitis ist.

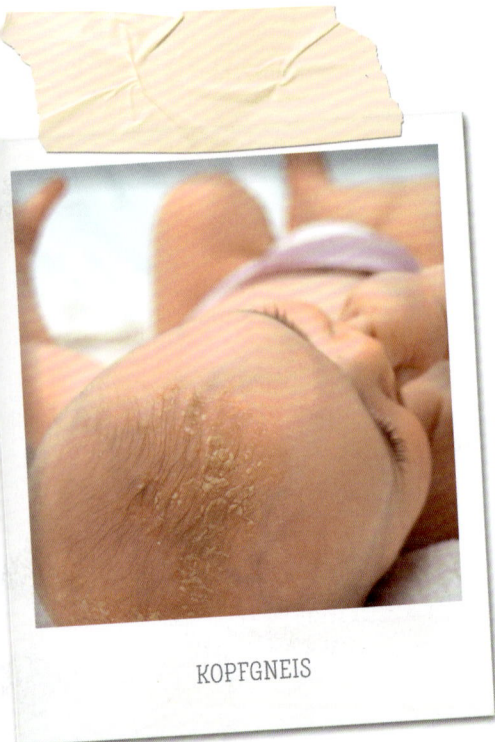

KOPFGNEIS

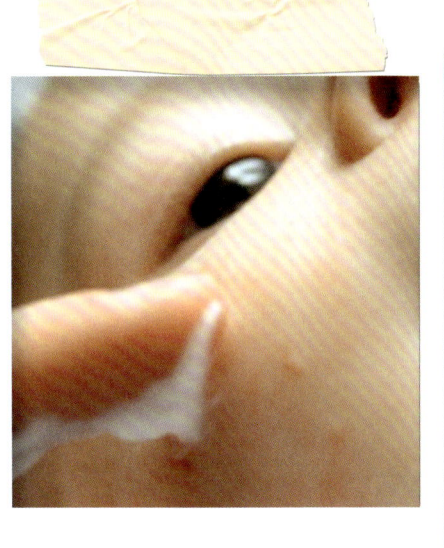

HITZEPICKELCHEN

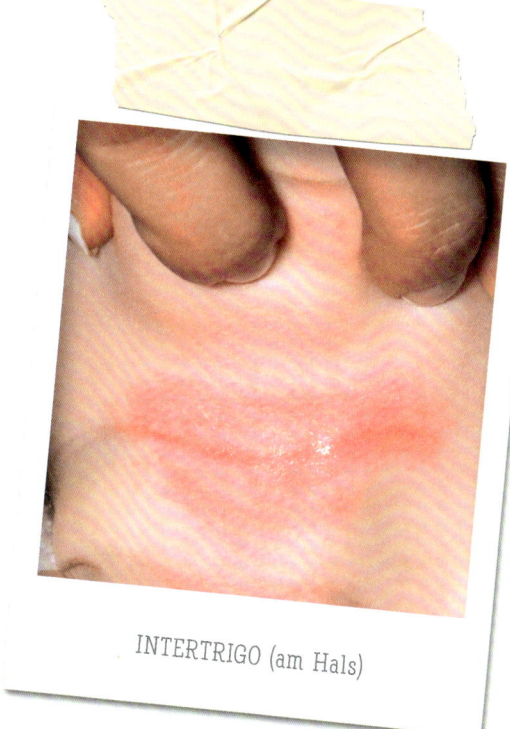

INTERTRIGO (am Hals)

Hitzepickelchen

Vor allem im Sommer kann der kleine Körper durch zu eng anliegende oder zu dicke Kleidung oder zu warme Schlafsäcke leicht überhitzen und das Baby schwitzt stark. Wenn dadurch die Schweißdrüsen verstopfen, kann der Schweiß nicht richtig abfließen und es bilden sich Hitzepickel (Miliaria) – vor allem im Gesicht, auf dem Hals, in den Armbeugen, an der Brust, den Schultern und in der Leistengegend. Die Haut ist zudem leicht gerötet und das Baby wirkt generell erhitzt.

Ein lauwarmes Bad wirkt in diesem Fall oft wahre Wunder. Anschließend tupfen Sie die Haut sanft ab, lassen sie abkühlen (nicht auskühlen!) und ziehen Ihrem Schatz luftige Kleidung an. Nur wenn alles nichts hilft und die Pickelchen nicht im Lauf eines Tages wieder abklingen, sollten Sie mit Ihrem Kind zum Arzt gehen.

Intertrigo

In Speckfältchen am Hals oder an den Händen und Füßen, aber auch in den Achseln, den Leisten oder hinter den Ohren sammelt sich gern Feuchtigkeit, die die empfindliche Haut angreift. Reibung tut das ihre dazu, sodass die Partie rot wird und sich entzündet. Im Fachjargon bezeichnet man diese Hautirritation als Intertrigo.

Tupfen Sie die betroffenen Stellen mehrmals täglich mit einem in Schwarztee getauchten Wattebausch ab und lassen Sie die Haut anschließend ganz abtrocknen. Auch ein paar Tropfen Muttermilch unterstützen die Heilung (ebenfalls an der Luft trocknen lassen). Tragen Sie anschließend eine dünne Schicht Zinksalbe auf.

Um die wunden Stellen zukünftig bestmöglich zu vermeiden, nach dem Waschen und Baden die Partien besonders gut trocken tupfen. Dasselbe gilt, wenn das Baby schwitzt.

Die ersten vier Wochen

Windeldermatitis

Luftdicht verpackt, warm und feucht, das sind natürlich beste Voraussetzungen für gereizte Haut. Hin und wieder ein roter Po lässt sich daher eigentlich gar nicht verhindern. Bisweilen aber ist die Haut wirklich wund und entzündet. Sie ist dann hochrot, auch glänzend und kann nässen. Immerhin zwei Drittel aller Säuglinge sind auch davon mindestens einmal betroffen.
Allerdings ist auch so eine akute Windeldermatitis bei richtiger Pflege bald wieder überwunden. Das Wichtigste: häufig wickeln, die Haut sanft reinigen und sanft, aber gründlich trocken tupfen und viel Luft ranlassen. Verwenden Sie statt der normalen Fettpflege eine Wundsalbe. Sie nimmt die Wundflüssigkeit besser auf und unterstützt damit die Heilung. Bessern sich die Beschwerden nicht, sollten Sie zum Kinderarzt gehen.

Soor

Pusteln und Pickel oder gar rote, schuppige Flecken im Windelbereich sind meist ein Zeichen dafür, dass sich auf der gereizten und wunden Haut Pilze angesiedelt haben. Dieser sogenannte Windelsoor beginnt immer im Mundraum (Mundsoor). Die Besiedelung der Mundschleimhaut mit gesunden Keimen ist bei Neugeborenen noch nicht stabil, was Pilzinfektionen begünstigt. Man erkennt Mundsoor an grauweißen Flecken an den Wangeninnenseiten – und daran, dass das Trinken dem Baby scheinbar wehtut. Vom Mund aus breitet sich der Pilz dann über den Magen-Darm-Trakt bis in den Windelbereich aus. In der Regel ist Soor zwar unangenehm, aber ungefährlich. Wird er rechtzeitig erkannt und nach einem Besuch beim Kinderarzt entsprechend behandelt, klingt er innerhalb von ein bis zwei Wochen ab und das Baby ist wieder beschwerdefrei.

Pilzinfektion

Da das Immunsystem eines Babys noch nicht ausgereift ist, haben für Soor verantwortliche Hefepilze wie Candida albicans leichtes Spiel. Bis zu fünf Prozent aller Babys stecken sich dabei schon bei der Geburt bei ihrer Mutter an, beispielsweise durch einen unerkannten Scheidenpilz. Ältere Babys infizieren sich meist am Speichel der Eltern, etwa wenn diese den Schnuller ablecken. Denn der Pilz siedelt oft auch auf der Haut, der Schleimhaut oder im Darm gesunder Menschen. Dort halten ihn aber deren Immunsystem und andere Mikroorganismen in Schach.

SONNEN- UND KÄLTESCHUTZ

Wer ohnehin schon empfindliche Haut hat, braucht bei extremen Temperaturen natürlich ganz besondere Aufmerksamkeit.

Im Sommer

Weil das Leben im Sommer vorwiegend im Freien stattfindet, direkte Sonneneinstrahlung im ersten Lebensjahr aber generell tabu ist, müssen Sie Ihr Baby entsprechend schützen. Leichte Textilien aus Naturmaterialien, Hütchen oder Kappen mit großem Schirm und Nackenlatz sowie ein Sonnenschirm oder -segel am Kinderwagen sind ein Muss. Passen Sie auch auf, dass die kleinen Füße und Hände nicht unbedeckt sind. Sonnencremes sollten Sie im ersten Jahr möglichst gar nicht verwenden – und falls doch, nur Cremes mit Mikropigmenten sowie UVA- und UVB-Filter. Beim Urlaub im Süden können Sie sich dafür mit spezieller Kleidung mit UV-Protektionsfilter (30+) behelfen. Ansonsten gilt: lieber im Schatten bleiben.

Im Winter

Auch in der kalten Jahreszeit braucht Babys Haut speziellen Schutz, vor allem im Gesicht. Cremes auf Wasserbasis sind jetzt ungeeignet, weil sie bei niedrigen Temperaturen auf der Haut gefrieren. Ideal für draußen ist daher eine Wind-und-Wetter-Creme mit hohem Anteil an pflegenden Fetten und Ölen. Nicht vergessen: Auch im Winter hat die Sonne zuweilen viel Kraft. Denken Sie an solchen Tagen an entsprechenden Lichtschutz. Drinnen kann Heizungsluft die Haut zusätzlich austrocknen. Cremen Sie daher ruhig noch ein bisschen mehr als normalerweise und verwenden Sie beim Baden rückfettende Zusätze. Wasserschälchen auf der Heizung erhöhen die Luftfeuchtigkeit im Raum. Auch das tut der zarten Babyhaut gut.

◤ DIE ERSTEN VIER WOCHEN ◥

Baden

Die meisten Babys baden gern. Und auch die, die dem Ganzen am Anfang eher kritisch gegenüberstehen, ändern ihre Meinung in der Regel rasch. Es ist ja auch noch gar nicht so lang her, dass sie, umgeben von wohlig warmem Nass, in Mamas Bauch „herumschwammen". Allzu eilig ist es mit dem Baden aber auch wieder nicht. Lassen Sie Ihren Schatz erst einmal in Ruhe ankommen und sich an die neue Umgebung gewöhnen. Sowieso muss erst der Nabel vollständig abheilen, ehe das erste Bad ansteht.

WIE OFT?

*In den ersten paar Wochen genügt es, alle sieben Tage zu baden. Mehr trocknet die Haut aus. Später sind dann auch mehr Bäder in der Woche in Ordnung. Das Baby sollte aber nicht länger als fünf bis sieben Minuten im Wasser bleiben, damit es nicht auskühlt und die Haut nicht auslaugt.
Je öfter Ihr Baby badet, umso mehr empfehlen sich zudem rückfettende medizinische Badezusätze. Sie bewahren den natürlichen Säureschutzmantel der Haut.*

WASSER-TEMPERATUR

Das Badewasser sollte 37 oder 38 Grad warm sein. Um zu prüfen, ob das Badethermometer die richtige Temperatur anzeigt, überprüfen Sie beim ersten Mal das Wasser zusätzlich auch noch mit einem normalen Fieberthermometer. Das ist auf jeden Fall genau. Von da an können Sie, falls nötig, die entsprechenden Grade beim Badethermometer dazuzählen oder abziehen.

ALLES BEREIT?

Damit das Baby nicht auskühlt, sollte es im Badezimmer kuschelig warm sein. Drehen Sie die Heizung rechtzeitig auf mindestens 22 Grad und vermeiden Sie Zugluft. Legen Sie außerdem schon alles bereit, was Sie beim Baden brauchen: Waschlappen, Badezusatz, Shampoo, vielleicht ein kleines Spielzeug ... Ist das Baby erst mal in der Wanne, dürfen Sie es nicht mehr allein lassen, auch wenn das Wasser nur wenige Zentimeter hoch ist.

WIE VIEL WASSER?

10 bis 15 Zentimeter genügen fürs Erste. Wenn Ihr Baby später allein sitzen kann, darf das Wasser bis zur Taille gehen.

Viele Babys fühlen sich im Badeeimer besonders wohl, weil sie der begrenzte Raum an den Mutterleib erinnert. Zudem wirken die entlastende Haltung und das warme Wasser gut gegen Blähungen.

AB IN DIE WANNE...

Wenn Sie das Baby am Wickeltisch ausgezogen und gesäubert haben, hüllen Sie es in ein vorgewärmtes Handtuch und tragen es zur Wanne. Vorher machen Sie am Wickelplatz schon mal den Heizstrahler an, damit es nachher schön kuschelig ist. Im Bad packen Sie das Baby aus und lassen es langsam ins Wasser gleiten – erst die Füße, dann die Beine und den Oberkörper. Sprechen Sie mit ihm und erklären Sie ihm alles, was Sie tun. Ihr Kind versteht zwar nicht Ihre Worte, aber es merkt, dass gleich irgendetwas passieren wird.

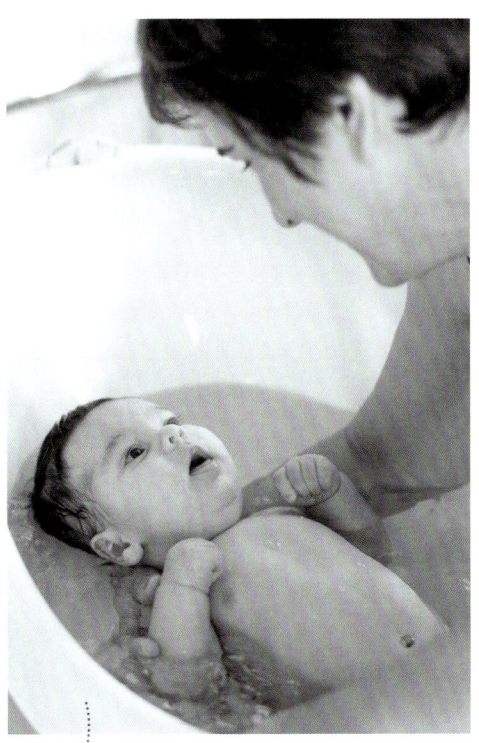

SICHER HALTEN

Damit sich Ihr Baby im Wasser ganz sicher fühlt, müssen Sie es gut festhalten. Am besten liegt dazu Ihr Arm parallel zu seiner Schulter, sodass sein Köpfchen auf Ihrem Unterarm ruht. Mit der Hand greifen Sie von hinten unter seiner Achsel hindurch, um seinen Arm zu stabilisieren. Die andere Hand stützt den Popo, bis das Baby im Wasser liegt und darin „schwebt". Jetzt haben Sie die Hand frei zum Waschen, Kitzeln, Spielen...

Tandem-Bad

Gemeinsam baden ist schön und verstärkt die Bindung! Allerdings darf Mama erst dann mit ins Wasser, wenn der Wochenfluss ganz versiegt ist. Bis dahin kann aber auch der Papa übernehmen. Viel voller darf die Wanne aber selbst dann nicht sein, wenn ein Elternteil dabei ist. Für Sie selbst ist das Ganze also eher ein Sitzbad. Sie sollten auch immer zu zweit sein: Einer badet mit, der andere hebt das Baby hinein und holt es wieder heraus.

...UND WIEDER RAUS

Wenn Sie das Baby nach dem Bad wieder aus der Wanne heben, mummeln Sie es sofort wieder in das Handtuch und tragen es zurück zum Wickelplatz. Dort ist es jetzt schön warm und Sie können es sorgfältig abtrocknen (oder besser: trocken tupfen). Weil das Bad die Haut austrocknet, wird anschließend der ganze kleine Körper mit einer leichten Lotion oder einem Babyöl eingecremt. Diese zusätzlichen Streicheleinheiten wirken zudem beruhigend. Das tut gut, denn gerade die ersten Male ist Baden doch noch neu und daher bedeutet es eben auch ein bisschen Stress. Zum Schluss noch ein bisschen schmusen und herumblödeln, anziehen, fertig!

BESTER ZEITPUNKT

Das Wichtigste ist, dass Sie eine Zeit finden, in der Sie genug Ruhe und Muße haben und selbst nicht gestresst sind. Das Baby selbst sollte weder müde noch hungrig sein. Sonst kann es das Bad nicht genießen. Der Abend bietet sich an, weil dann meist auch der Partner zu Hause ist. Dadurch haben Sie Unterstützung und das Baden wird gleich noch zu einem echten Familienereignis. Außerdem sind Babys nach dem Bad meistens schön müde und schlafen schnell ein.

Babys Schlaf

Ist ein Baby erst mal auf der Welt, macht es zunächst vor allem eins: schlafen! 14 bis 18 Stunden am Tag sind es bei den meisten Neugeborenen in den ersten vier Wochen. Allerdings ist das Ruhebedürfnis der Kleinen nicht weniger individuell als das der Erwachsenen. Und so ist es auch nicht ungewöhnlich, wenn ein Baby 20 Stunden am Tag verschläft, während ein anderes mit zwölf Stunden auskommt. Alles ist normal! Orientieren Sie sich daher am Anfang wie beim Stillen möglichst an den Bedürfnissen Ihres Babys. Nur wenn es tatsächlich so viel Zeit mit Schlafen verbringt, dass es nicht mehr genug isst und nicht im „normalen" Maß zunimmt, sollten Sie es zwischendurch sanft wecken und daran „erinnern", dass es auch noch andere Dinge zu tun gibt.

Wie viel schläft ein Säugling?

Neugeborene kennen den Unterschied zwischen Tag und Nacht noch nicht. Ihre innere Uhr orientiert sich nicht an hell und dunkel. Sie schlafen, wenn sie müde sind, und wachen auf, wenn sie Hunger haben. Haben sie getrunken, werden sie bald wieder müde … Daran ändert sich in den ersten vier Lebenswochen nichts.
Erst mit der Zeit werden die Wachphasen länger und der Zeitraum, in dem das Baby nach dem Essen und Wickeln aktiv und aufnahmefähig ist, nimmt zu. Gleichzeitig geht dadurch die Zahl der Tagesschläfchen etwas zurück. Bis sich aber tatsächlich ein 24-Stunden-Rhythmus einpendelt, vergehen noch ein paar weitere Wochen. Frühestens ab einem Alter von etwa vier Monaten – oft auch deutlich später – hat sich alles so eingespielt, dass das Baby nachts neun bis zwölf Stunden schläft – was aber nicht bedeutet, dass es die auch durchschläft (siehe Seite 90). Dazu kommen immer noch zwei längere Nickerchen tagsüber, um zwischendurch aufzutanken.

Die Schlafphasen

Babys Schlaf unterteilt sich, wie bei uns Erwachsenen auch, in verschiedene Phasen. Da ist zum einen der eher oberflächige REM-Schlaf, in dem das Baby unregelmäßig atmet und sich seine Augen hinter den geschlossenen Lidern wild hin und her bewegen – daher kommt auch der Name: REM ist die Abkürzung von Rapid Eye Movement, also schnelle Augenbewegung. Das Baby träumt.
Dann gibt es die Non-REM-Phase, die sich wiederum in vier Stufen gliedert – von der Stufe 1 (leichter Schlaf) bis hin zu Tiefschlaf-Stufe 4. In dieser Phase schlummert das Baby selig und mit entspannter Mimik.

REM- und Non-REM-Phase bilden zusammen einen Schlafzyklus, der in den ersten drei Monaten etwa 50 Minuten, danach rund 70 Minuten dauert. Aus mehreren dieser Zyklen setzt sich Schlafen zusammen.

Die Sache mit dem Durchschlafen

Ein neugeborener Säugling hält es meist nur wenige Stunden ohne Nahrung aus. Er wacht daher in der Nacht mehrmals auf und will gefüttert werden. Durchschlafen bedeutet, dass das Baby eine dieser Mahlzeiten ausfallen lassen kann und etwa fünf oder sechs Stunden am Stück schläft. Ein paar wenige schaffen das bereits mit drei, vier Monaten. Andere können es mit einem Jahr noch nicht.

Aber auch wenn das Baby theoretisch ohne Mahlzeit auskommen würde und gar keinen Hunger hat: Jedes Mal wenn ein Schlafzyklus endet und der nächste von vorn beginnt, kann es aufwachen. Wir selbst tun das übrigens auch oft, nur erinnern wir uns meistens nicht daran, weil wir gleich wieder einschlafen. Genau das aber können die wenigsten Babys einfach so. Sie müssen es erst lernen. Manche schaffen das ziemlich bald, andere brauchen länger, bis sie „stark" genug sind, sich selbst zu regulieren und zu beruhigen. Bis dahin fordern sie die Unterstützung ihrer Eltern. Sie müssen wissen, dass sie nicht allein sind. Nur dann fühlen sie sich sicher und geborgen.

Einschlafen lernen

Neugeborene schlafen oft noch einfach beim Trinken ein. Man muss sie dann natürlich nicht noch einmal wecken, nur um sie wach ins Bett zu legen. Aber wenn Ihr Baby sechs bis acht Wochen alt ist, können Sie langsam damit beginnen, eine gewisse Schlafroutine einzuführen. Der Mensch ist ein Gewohnheitstier und unsere Kinder sind Gewohnheitstierchen. Mit der entsprechenden Unterstützung lernen sie ziemlich schnell, auch ohne Brust oder Fläschchen einzuschlafen. „Entzerren" Sie Essen und Schlafen einfach ein bisschen, indem Sie zum Beispiel erst füttern und dann die letzten Vorbereitungen fürs Schlafen treffen wie wickeln, baden, umziehen.

Anschließend legen Sie Ihr Baby ins Bettchen – am besten jeden Abend etwa zur gleichen Zeit. Löschen Sie das Licht, streicheln Sie Ihren Schatz noch kurz, halten Sie eine Weile seine Hand, singen Sie ihm etwas vor oder ziehen Sie die Spieluhr auf – alles ganz leise, damit er merkt, dass jetzt die Zeit zum Ausruhen gekommen ist. Dann gehen Sie aus dem Zimmer. Wenn das Baby weint, können Sie auch bei ihm sitzen bleiben, bis es eingeschlafen ist. Versuchen Sie aber, es im Bett liegen zu lassen. In Ihren Armen oder an der Brust wird es sich zwar sicher schnell beruhigen und einschlafen. Doch vermutlich wacht es gleich wieder auf, wenn Sie es ablegen. Selbst wenn das nicht passiert: Sobald es nachts aufwacht, wird es merken, dass etwas nicht stimmt, weil es nicht mehr da liegt, wo es eingeschlafen ist – und es wird lauthals protestieren. Schauen Sie auch nicht alle paar Minuten nach, ob das Baby schon eingeschlafen ist. Es wartet dann nämlich auf Sie. Oder es wacht, gerade eingeschlummert, gleich wieder auf.

Nachts ist nichts los

Das Einschlafen fällt einem Baby auch leichter, wenn es weiß, dass es nichts versäumt, solange es dunkel ist. Es kann dann nachts auch die Äuglein einfach wieder zumachen, sollte es zwischendurch aufwachen.
Sie fördern diese Erkenntnis, indem Sie zum Beispiel ums nächtliche Stillen oder Fläschchengeben kein großes Aufsehen machen: Das Licht bleibt gedimmt, Sie reden mit leiser Stimme, es wird nicht herumgescherzt oder gespielt und wenn das Baby satt ist, geht es direkt wieder ab ins Bett – wie am Abend auch. Gute Nacht!

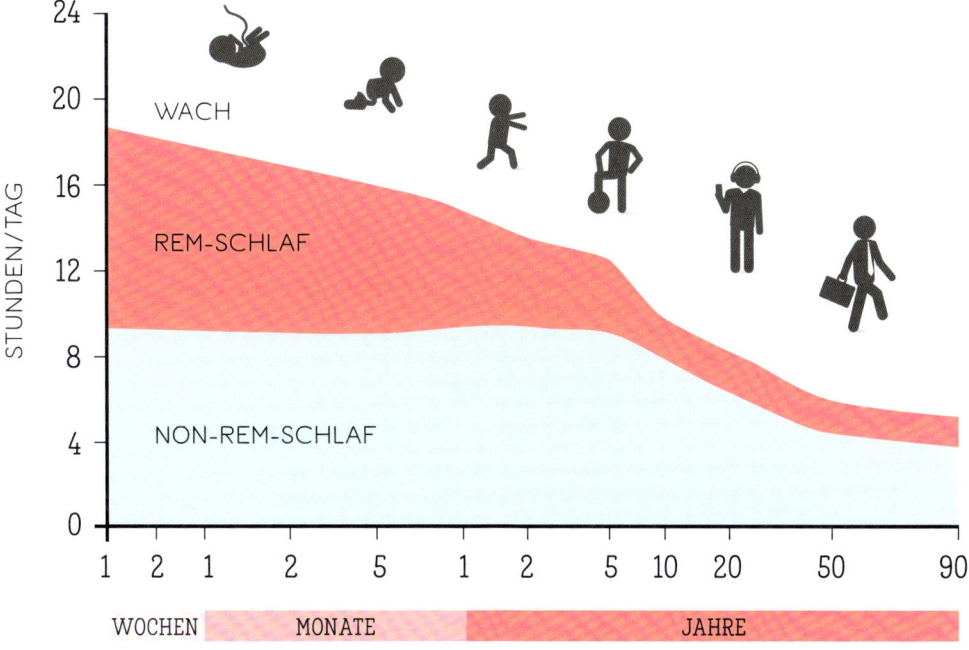

Jedes Baby schläft anders, daher sind die Stundenangaben Durchschnittswerte. Was aber bei allen gleich ist: Ihr Leichtschlafanteil ist größer als bei Erwachsenen. Daher wachen sie leichter auf.

◨ DIE ERSTEN VIER WOCHEN ◧

So schläft das Baby sicher

Bis heute weiß man nicht ganz genau, weshalb ein zuvor gesundes Baby plötzlich und ohne erkennbare Ursache stirbt – meist im Schlaf. Vermutlich ist der Atemantrieb noch nicht voll ausgereift, eventuell spielen aber auch bestimmte Viren eine Rolle ... Doch bei aller Ungewissheit steht fest: Eltern können viel für die Sicherheit ihres Babys tun.

Schlafen in Rückenlage

Seit davor gewarnt wird, Babys in Bauchlage schlafen zu lassen, ist die Zahl der Plötzlichen-Kindstod-Fälle deutlich zurückgegangen. Das Bundesgesundheitsministerium rät daher allen Eltern, ihren Säugling im ersten Halbjahr ausschließlich auf dem Rücken schlafen zu lassen. Selbst die Seitenlage wird heute nicht mehr empfohlen, da der junge Säugling daraus schnell in die Bauchlage kullern kann, aus der er von allein noch nicht wieder zurückkommt.

Vorsicht vor Überwärmung

Schaffelle, Kissen, große Stofftiere, weiche Bettunterlagen, Nestchen und Ähnliches haben im Kinderbett nichts verloren. Sie behindern die Luftzirkulation und erhöhen deutlich das Risiko eines Wärmestaus und/oder Atemrückstaus, bei dem das Baby seine eigene Ausatemluft wieder einatmet. Babys sollten beim Schlafen auch kein Mützchen tragen. Denn dann funktioniert der Temperaturausgleich über den Kopf nicht mehr. Ein Schlafsack verhindert, dass das Baby im Schlaf unter die Decke rutscht und keine Luft mehr bekommt. Er hält es gleichzeitig schön warm, weil es sich nicht freistrampeln kann.

Gefahr durch Passivrauchen

In etwa ein Drittel der Fälle wird der plötzliche Kindstod durch Zigaretten verursacht. Raucht eine Frau während der Schwangerschaft, steigt das Risiko für eine Frühgeburt oder ein sehr niedriges Geburtsgewicht. Beides begünstigt statistisch den plötzlichen Kindstod. Nach der Geburt haben Babys von Rauchermüttern im Schlaf deutlich häufiger Atemaussetzer. Gleichzeitig ist ihr Aufwachreflex oft verzögert. Eine fatale Kombination. Aber Nikotin ist nicht nur in der Schwangerschaft gefährlich. Man vermutet, dass das Risiko eines Säuglings im ersten Lebensjahr auch dann um ein Vielfaches ansteigt, wenn in seiner Umgebung geraucht wird. Und das gilt nicht nur fürs Schlaf- beziehungsweise Kinderzimmer, sondern für die gesamte Wohnung.

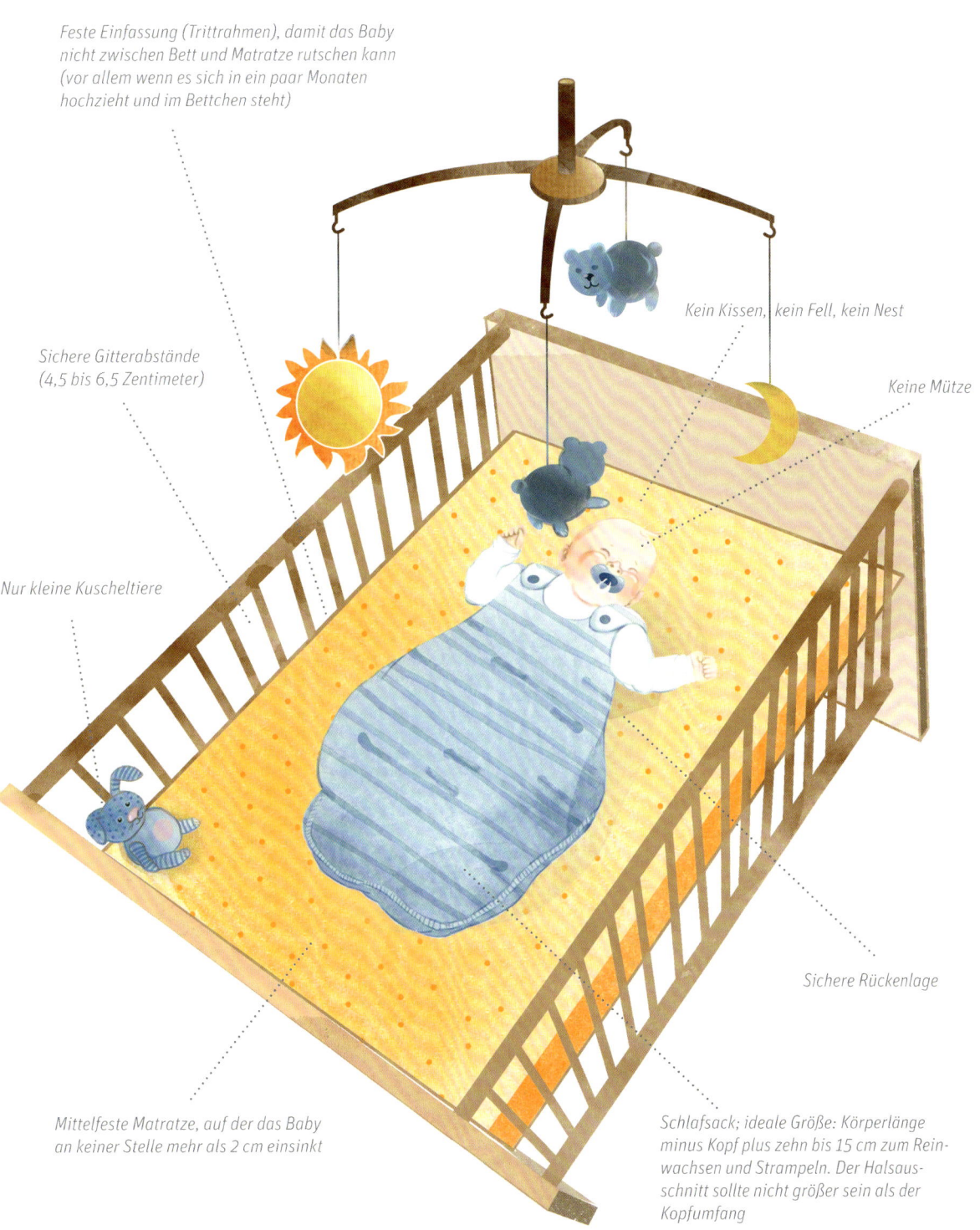

▶ DIE ERSTEN VIER WOCHEN ◀

Warum schläft mein Baby nicht?

Eigentlich wäre es ja schon längst allerhöchste Zeit zum Schlafen. Aber Ihr Baby will einfach nicht seine Augen zumachen? Daran könnte es liegen.

HUNGER

Weinen hat natürlich viele Ursachen. Aber kann es sein, dass Ihr Schatz vielleicht einfach noch Hunger hat? Ein Neugeborenes braucht anfangs alle eineinhalb bis vier Stunden Milch. Wann haben Sie das letzte Mal gestillt oder ihm das Fläschchen gegeben? Wirkt der kleine Körper angespannt, nuckelt das Baby wie wild an seinen Händen, saugt es gleich an Ihrem Finger oder dreht es sein Köpfchen, wenn Sie ihm über die Wange streichen? All das sind mögliche Signale, dass sich das Problem recht schnell beheben ließe.

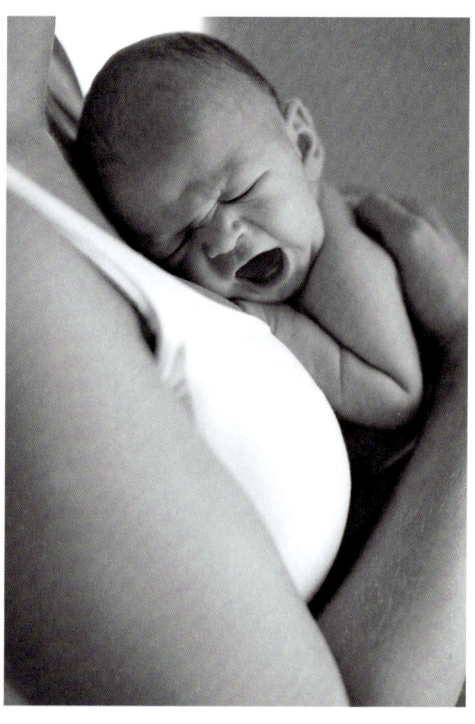

ZU VIEL ERLEBT

War tagsüber viel los, fällt es Babys schwer, zur Ruhe zu finden. Sie sind dann einfach zu erregt, weil zwischendurch die Zeit gefehlt hat, um alle neuen Eindrücke zu verarbeiten. Genauso schwer kann ein Baby zur Ruhe finden, wenn es tagsüber kaum geschlafen hat – auch wenn das für die Eltern schwer verständlich ist, weil das Kind dann doch eigentlich erst recht schnell einschlafen müsste. Doch bei Übermüdung fällt den Kleinen Entspannung besonders schwer.

ZU WENIG NÄHE

Babys brauchen viel Körperkontakt und Zuwendung, um sich sicher und geborgen zu fühlen. Und sie brauchen diese Aufmerksamkeit nicht nur, wenn sie nicht einschlafen können. Nur wer den ganzen Tag über ausreichend Geborgenheit erfährt, kann das Maß an (Selbst-)Sicherheit gewinnen, das es braucht, um die nächtlichen Stunden ohne Eltern zu bewältigen. Begleiten Sie Ihr Baby liebevoll in dieser Entwicklung und unterstützen Sie es darin, selbstbestimmt Erfahrungen zu sammeln.

ZU KALT ODER ZU WARM

Wenn es Ihrem Schatz zu kalt ist, wird er sich lauthals bemerkbar machen. Allerdings sind die Hände und Füße von Babys generell oft kühl. Besser können Sie die Temperatur daher im Nacken fühlen. Dort spüren Sie auch, ob das Baby schwitzt. Wenn ja, ziehen Sie es unbedingt noch einmal leichter an. Überhitzung ist gefährlich! Die ideale Raumtemperatur zum Schlafen liegt übrigens bei 16 bis 18 Grad. Und am besten lüften Sie vor dem Schlafengehen noch einmal ausgiebig.

EINFACH (NOCH) NICHT MÜDE

Jedes Baby schläft nur eine bestimmte Stundenzahl. Wenn es den Großteil davon schon tagsüber „verträumt" hat, kann es sein, dass es abends einfach noch nicht müde ist oder zwar einschläft, aber nicht lange ruht. Kommt das öfter vor, können Sie Ihr Baby tagsüber ruhig sanft wecken, wenn es eineinhalb oder zwei Stunden geschlafen hat. Auch wenn es dann quengelig ist. Das lässt sich tagsüber meist besser ertragen als nachts. Versuchen Sie außerdem, die Wachphase vor dem abendlichen Schlafengehen ein bisschen weiter auszudehnen. Achten Sie aber auf die Müdigkeitszeichen Ihres Babys, sonst ist es schnell wieder drüber und tut sich mit dem Einschlafen schwerer.

BAUCHWEH

In den ersten Monaten kämpfen viele Säuglinge mit Blähungen. Und das Unwohlsein hört natürlich nicht auf, nur weil es Zeit wäre, ins Bett zu gehen. Wenn Sie das Gefühl haben, es drückt Ihr Baby im Bauch, heben Sie es ruhig noch einmal aus dem Bett und tragen Sie es eine Weile im Fliegergriff herum (siehe auch Seite 43). Dadurch lösen sich die Winde und es kann besser einschlafen.

ZAHNEN

Wenn die ersten Zähne kommen, sorgt das noch mal für unruhige Nächte – auch wenn sich bis dahin eigentlich alles schon ganz gut eingespielt hatte. Zum einen liegt das daran, dass es natürlich wehtut, wenn sich nach und nach 20 Zähnchen durchs Zahnfleisch bohren. Zum anderen läuft die Speichelproduktion auf Hochtouren, weshalb die Schlafunterlage ständig nass ist. Auch nicht gemütlich!

Ein kleines Nachtlicht hilft Ihnen, sich zu orientieren, wenn Sie nachts ans Babybett müssen. Aber: je dunkler, desto besser. Dadurch kann Ihr Baby verstehen, dass es einen Unterschied zwischen Tag und Nacht gibt, und es schläft besser.

Ruhe bewahren

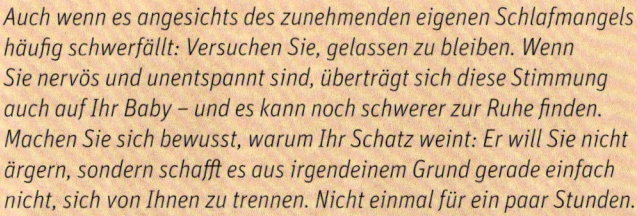

Auch wenn es angesichts des zunehmenden eigenen Schlafmangels häufig schwerfällt: Versuchen Sie, gelassen zu bleiben. Wenn Sie nervös und unentspannt sind, überträgt sich diese Stimmung auch auf Ihr Baby – und es kann noch schwerer zur Ruhe finden. Machen Sie sich bewusst, warum Ihr Schatz weint: Er will Sie nicht ärgern, sondern schafft es aus irgendeinem Grund gerade einfach nicht, sich von Ihnen zu trennen. Nicht einmal für ein paar Stunden.

Die besten Einschlafhilfen

Wie das Baby schläft, beeinflusst nicht nur sein eigenes Befinden, sondern auch das der restlichen Familie. Jeder profitiert davon, wenn das Jüngste schnell zur Ruhe kommt.

Schlafen tut gut!

Zeigen Sie Ihrem Baby, dass Schlafen genauso dazugehört wie Essen, Kuscheln oder Gewickeltwerden. Am einfachsten gelingt das, wenn Sie einen möglichst geregelten Tagesablauf entwickeln, sodass alle Dinge, die das Baby betreffen, immer etwa zur gleichen Zeit geschehen. Regelmäßigkeit hilft Ihrem Schatz, bestimmte Situationen wiederzuerkennen. Dadurch fühlt er sich sicher und geborgen. Und das wiederum fördert das beruhigende Gefühl, sich dem Schlaf hingeben zu dürfen.

Den richtigen Zeitpunkt erwischen

Nicht nur für Ihr Baby ist alles neu, auch für Sie als Eltern. Sie brauchen genauso Zeit, bis Sie seine Signale verstehen und die Anzeichen von Müdigkeit erkennen: Babys drehen dann den Kopf weg, suchen keinen Augenkontakt mehr, bekommen einen glasigen Blick, gähnen oder schneiden Grimassen … Jetzt ist genau der richtige Zeitpunkt, schlafen zu gehen. Denn das Baby ist müde, aber nicht übermüdet. Wenn Sie dieses Zeitfenster nicht verpassen, haben Sie gute Karten.

Rituale helfen

Wiederkehrende Rituale signalisieren dem Baby auf leicht verständliche Art, wann es wieder ausruhen darf. Betreiben Sie aber nicht zu viel Aufwand. Denn alles, was ein Baby vom Abend als Einschlafhilfe kennt, wird es auch einfordern, wenn es nachts aufwacht. Noch einmal kuscheln, ein Liedchen und ein Kuss – das ist ein ebenso liebevolles wie simples Gute-Nacht-Ritual. Und absolut alltagstauglich.

Schön kuschelig

In Mamas Bauch haben Babys nicht viel Platz und daher fühlen sie sich auf der Welt anfangs manchmal etwas verloren. Vielleicht ist das Babybett momentan einfach noch zu groß. In einer Wiege oder einem Stubenwagen fühlen sich Neugeborene oftmals geborgener. Sie können auch das Bett an der Fußseite (!) mithilfe eines Nests „verkleinern".

Gemeinsames Schlafzimmer

Steht das Babybett im eigenen Schlafzimmer, verkürzen sich nicht nur die nächtlichen Wege. Viele Babys schlafen einfach besser, wenn sie hören, dass ihre Eltern in der Nähe sind. Und sie schlafen auch sicherer, denn die Atemgeräusche der Eltern scheinen ihre eigene Atemregulation positiv zu beeinflussen.

Nicht gleich reagieren

Wenn Eltern auf jeden noch so kleinen Mucks sofort reagieren, kann ihr Baby nicht lernen, sich selbst zu regulieren. Dabei ist das so wichtig – und zwar nicht nur fürs selbstständige Einschlafen. Wenn es selbst etwas schafft, entwickelt das Kleine ein positives Selbstwertgefühl und kann später auch besser mit Enttäuschungen umgehen.

Das heißt nicht, dass Sie Ihr Baby weinen lassen sollen. Aber vielleicht warten Sie das nächste Mal einfach kurz, bevor Sie zu ihm gehen, oder heben es nicht sofort aus dem Bett. So geben Sie ihm die Möglichkeit, sich selbst zu beruhigen.

DAS FAMILIENBETT

Ob es gut ist oder nicht, wenn Babys mit ihren Eltern in einem Bett schlafen, daran scheiden sich die Geister. Genauso kommen wissenschaftliche Studien zu völlig unterschiedlichen Ergebnissen. Die Entscheidung für oder wider ein Familienbett ist daher eine sehr persönliche.

Es lässt sich nicht leugnen: Die Kleinen schlafen so nah bei den Eltern meist besser. Die Mama kann nachts bequem stillen und gleich weiterschlafen. Und der Partner, der tagsüber arbeiten muss, ist seinem Baby zumindest nachts ganz nah. Fakt ist aber auch: Sobald bestimmte Risiken dazukommen, wird es gefährlich. Dazu genügt es schon, dass ein Elternteil raucht, Alkohol getrunken oder Medikamente genommen hat, die müde machen. Auch sonst gibt es ein paar Dinge, auf die man achten sollte: Das Baby sollte nicht unter derselben Decke schlafen. Am besten trägt es auch im Elternbett einen Schlafsack. Zudem muss sicher gestellt sein, dass das Baby nicht herausfallen, eingeklemmt werden oder in die Spalte zwischen zwei Matratzen rutschen kann. Und: Zwischen Baby und anderen Geschwistern muss immer ein Erwachsener liegen.

GUTE-NACHT-MASSAGE

Eine Massage ist eine wunderbare Art, das Schlafengehen einzuläuten und dem Baby zugleich noch einmal eine große Portion Aufmerksamkeit und Zärtlichkeit zu schenken. Im Internet finden Sie Massageanleitungen für Babys jeden Alters. Sie können sich aber genauso ein paar einfache Griffe von Ihrer Hebamme zeigen lassen. Oder Sie massieren Ihren Schatz nach Ihrem eigenen Gefühl und mit langsamen, ruhigen Streichbewegungen – ohne viel Druck und immer mit dem Haarstrich. Am Schluss streichen Sie den ganzen Körper noch zwei-, dreimal vom Kopf bis zu den Füßen aus.

Schnulleralarm

Schon im Mutterleib haben Babys ein ausgeprägtes Saugbedürfnis. Das beweisen unzählige Ultraschallbilder, auf denen man sieht, wie die Kleinen am Daumen nuckeln. Und die Lust am Saugen hört nicht auf, wenn sie auf die Welt kommen. Instinktiv suchen Neugeborene die Mutterbrust. Für die nächsten Wochen gibt es dann keinen Ort, an dem sie sich wohler fühlen. Hier sind sie ihrer Mama ganz nah, fühlen und riechen ihre Haut, können ihr Saugbedürfnis befriedigen und bekommen dabei auch noch Milch. Was will man mehr?

Nuckeln beruhigt

Babys nuckeln einfach gern, die rhythmische Saugbewegung beruhigt und entspannt sie. Allerdings ist auch die liebevollste und geduldigste Mutter nicht rund um die Uhr verfügbar. Einige Babys behelfen sich in solchen Phasen, indem sie ihren Daumen in den Mund stecken. Andere schaffen es nicht, sich auch einmal selbst zu regulieren und brauchen daher Unterstützung. Zum Beispiel durch einen Schnuller.

Saugverwirrung?

Es spricht nichts dagegen, das Baby von Anfang an zwischendurch schnullern zu lassen. Selbst Neugeborene können nämlich sehr wohl zwischen Brust und Beruhigungssauger unterscheiden – das haben Wissenschaftler jetzt herausgefunden. Der Gebrauch von Schnullern hat deshalb keine Auswirkung aufs Stillen. Und beim Schlafen soll ein Schnuller sogar das Risiko für den plötzlichen Kindstod verringern.

Was brauchst du?

Trotzdem sollte der Schnuller im Mund aber auch nicht zum Dauerzustand werden. Babys müssen auch mal ihren Unmut äußern dürfen, ohne gleich mit dem Schnulli „ruhiggestellt" zu werden. Und natürlich sollte man sich auch auf Spurensuche begeben und versuchen herauszufinden, was dem Kind wirklich fehlt, wenn es nörgelt. Hat es Hunger? Fühlt es sich unwohl? Ist ihm langweilig? Oder, genau das Gegenteil: Ist ihm vielleicht gerade alles zu viel? Wenn man seine Signale erkennt und schnell genug darauf reagiert, braucht das Baby seinen Schnuller manchmal auch gar nicht, weil es sich gut selbst regulieren kann. Ab und zu als Trostspender oder Busenersatz verwendet, ist gegen den Schnuller aber nichts einzuwenden.

Latex oder Silikon?

Das ist wie beim Fläschchenaufsatz Geschmackssache. Die bräunlichen Latexschnuller sind ein bisschen weicher und elastischer. Das Saugen erfordert daher weniger Kraftaufwand. Dafür werden sie aber auch recht bald unansehnlich und sollten daher alle vier bis sechs Wochen ausgetauscht werden. Silikonschnuller halten da länger. Allerdings gehen sie leichter kaputt, wenn das Baby mit etwa einem halben Jahr die ersten Zähnchen bekommt und auf seinem Schnuller herumkaut.

Schadstofffrei

Egal, für welches Material Sie sich entscheiden: Greifen Sie nur zu Produkten ohne Bisphenol A (BPA). Genauso wichtig: Schlecken Sie den Sauger nie ab, um ihn zwischendurch schnell zu „reinigen", etwa wenn er auf den Boden gefallen ist. Denn mit Ihrem Speichel kommen leider auch Ihre Kariesbakterien in Babys Mund.

Sanfte Entwöhnung

Wenn das Baby etwa sechs Monate alt ist, lässt der Saugreflex nach. Man könnte daher gleich die Gelegenheit ergreifen und das Kind vom Schnuller wieder sanft entwöhnen. Das ist in diesem jungen Alter nämlich deutlich einfacher als später – auch weil Ihr Baby gerade die Bekanntschaft mit etwas viel Spannenderem macht: festem Essen und Kauen.

Je früher die Schnullerfee kommt, desto leichter fällt es den Kleinen, sich von ihren Saugern zu verabschieden.

Die ersten vier Wochen

Schreibabys

Es gibt Babys, die lassen sich kaum oder gar nicht beruhigen. Während andere weinen, wenn sie Hunger haben, müde sind oder das Bäuchlein drückt, weinen diese Kinder ausdauernd, exzessiv und scheinbar ohne jeden Grund.
„Ach, das sind die Dreimonatskoliken", hieß es früher oft dazu, „die gehen schon wieder vorüber." Inzwischen weiß man aber, dass bei den wenigsten Schreibabys tatsächlich Bauchschmerzen für die Attacken verantwortlich sind. Vielmehr sind diese eher eine Begleiterscheinung des Weinens, weil das Baby dabei viel Luft schluckt.

Ab und zu weinen ist normal

Alle Babys weinen – und sie weinen je nach Alter unterschiedlich viel. In der Regel ist das Maximum um die sechste Lebenswoche herum erreicht. Danach nimmt das Schreien wieder ab, bis es zum Ende des dritten Monats mehr oder weniger ganz verschwindet. Schreit ein Baby außerordentlich häufig, sollte es vom Kinderarzt untersucht werden, um eine organische Erkrankung auszuschließen. Zum Glück ist das jedoch in den seltensten Fällen der Grund. Was nicht heißt, dass es für die betroffenen Eltern unbedingt leichter wird. Denn ein Schreibaby erfordert ganz besondere Aufmerksamkeit und vor allem gute Nerven und eine gehörige Portion Gelassenheit.

Gründe fürs Weinen

Weshalb genau manche Neugeborenen so viel mehr schreien als andere, darüber rätselt die Wissenschaft bis heute. Möglicherweise führt eine schwere seelische Belastung der Mutter zu einer erhöhten Schreianfälligkeit. Auch in Raucherhaushalten gibt es statistisch gesehen öfter Schreibabys. Was man auf jeden Fall schon mal weiß: Mit der häufigste Grund ist Überforderung. Einige Babys reagieren einfach empfindsamer auf Reize als andere. Und wenn alles immer neu und aufregend ist, wird es ihnen irgendwann einfach zu viel. Sind sie dann müde, finden aber nicht in den Schlaf, weil sie so aufgedreht sind, spitzt sich die Lage weiter zu ...
Schreibabys haben noch keine Strategie entwickelt, sich selbst zu regulieren und zu beruhigen. Daher fällt es ihnen schwer abzuschalten.

DREIER-REGEL

Ein Säugling gilt als Schreibaby, wenn er mehr als drei Wochen am Stück, mindestens dreimal in der Woche am Tag drei Stunden und mehr weint.

Trost spenden

Für die Eltern solcher Schreibabys ist das eine enorme Belastung. Sie bekommen nicht nur selbst viel zu wenig Schlaf, sondern stellen sich zunehmend auch selbst infrage. So gerät man schnell in eine Spirale: Weil das Baby sehr feine Antennen hat, bemerkt es die Anspannung, Verunsicherung und Schuldgefühle der Eltern, wird noch unruhiger, schreit noch mehr und lässt sich noch weniger trösten.

Auch wenn man das Gefühl hat, dass dem Baby nichts helfen würde, darf man es mit seinem Kummer nicht allein lassen. Das würde nur noch zusätzlichen Stress für die kindliche Seele bedeuten und könnte sein Verhalten und seine Persönlichkeit nachhaltig beinträchtigen. Babys brauchen den Trost ihrer Eltern. Immer!

Ein Tagesablauf mit klaren Strukturen und einem festen Rhythmus trägt dazu bei, die Reizüberflutung so gering wie möglich zu halten. Regelmäßige Ruhepausen helfen, den „toten Punkt", an dem das Baby leicht einschlafen würde, nicht zu überschreiten.

Hilfe annehmen

Um ihrem Baby den Halt und die Geborgenheit geben zu können, die es so dringend braucht, dürfen Eltern sich selbst nicht vergessen. Gerade exzessives Schreien zehrt extrem an den Nerven, der damit einhergehende Schlafentzug betreibt Raubbau am Körper. Man sollte daher unbedingt Verwandte und Freunde um Hilfe bitten. Oft genügt es schon, einfach ein paar Stunden nur für sich zu haben, um ein Bad zu nehmen, Yoga zu machen oder ins Kino zu gehen. In einer Schreiambulanz finden betroffene Eltern zusätzlich professionelle Hilfe. Erfahrene Therapeuten helfen ihnen, die Signale des Babys zu erkennen und zu deuten, um zeitnah darauf reagieren zu können. Sie geben zudem Tipps, wie sich der Alltag „runterfahren" lässt, um das Baby nicht ständig zu überreizen. Entsprechende Adressen erhalten Sie von Ihrer Hebamme, Ihrem Kinderarzt oder im Internet.

▶ DIE ERSTEN VIER WOCHEN ◀

Der erste Spaziergang

In den nächsten Wochen und Monaten werden Sie mit Ihrem Schatz ganz viele Stunden draußen verbringen. Aber der erste gemeinsame Ausflug ist natürlich etwas ganz Besonderes. Genießen Sie ihn!

IMMER MIT DER RUHE

Theoretisch kann ein gesundes Baby schon am ersten Tag ins Freie. Aber viele Mamas fühlen sich so kurz nach der Geburt noch zu schwach dafür. Das ist ganz normal. Keine Frau muss ein schlechtes Gewissen haben, wenn sie lieber erst mal nur im Bett liegen und mit dem Nachwuchs kuscheln möchte.

FRISCHE LUFT...

... tut gut. Denn sie stärkt die Abwehrkräfte, regt den Kreislauf und den Stoffwechsel an. Wissenschaftler haben sogar herausgefunden, dass Babys, die schon früh regelmäßig draußen sind, besser schlafen. Möglicherweise pegelt sich bei ihnen der Schlaf-wach-Rhythmus schneller ein.

WIE LANG?

Starten Sie langsam und gehen Sie am Anfang lieber nicht zu lang raus. Ihr Kreislauf ist vermutlich noch ziemlich im Keller. Außerdem sind Bänder und Gelenke hormonbedingt noch aufgelockert und müssen sich erst wieder an Dauerbelastung gewöhnen.

WINTERBABYS

Auch Winterbabys dürfen raus. Natürlich nur warm eingepackt! Um die zarte Haut zu schützen, stecken die Händchen unter der Decke oder in Handschuhen und ins Gesicht kommt eine Schicht Wind-und-Wetter-Creme. Nur wenn es nebelig ist, sollten Sie lieber zu Hause bleiben. Denn die feuchte Kälte dringt relativ schnell durch Kinderwagensack und Kleidung. Brrr!

BABY KRANK?

Eine leichte Erkältung ist kein Hindernis. Hat Ihr Schatz eine Bronchitis, ist kühle Luft ebenfalls gut – es sei denn, es hat Minusgrade. Dann bleiben Sie lieber drinnen. Wenn Sie unsicher sind, fragen Sie Ihre Nachsorgehebamme um Rat.

Im Sommer genügt eine leichte Decke, damit das Baby keine Zugluft abkriegt. Ein Sonnensegel schützt vor direkter UV-Strahlung. Zur Not tut es auch eine Stoffwindel, die Sie am Dach des Kinderwagens festklemmen.

UNTERWEGS STILLEN?

Hat das Baby gerade getrunken und eine frische Windel an? Prima, dann können Sie starten. Es ist satt und zufrieden und wird im Kinderwagen wahrscheinlich schnell einschlafen. Das gleichmäßige Ruckeln tut das Übrige dazu. Ein Loop-Schal eignet sich prima als Sichtschutz vor fremden Blicken, wenn das Baby unterwegs doch noch mal Hunger bekommt und gestillt werden möchte.

BITTE WEITERSCHLAFEN

Schläft Ihr Baby beim Nachhausekommen und wollen Sie es nicht wecken, lassen Sie es einfach auf der Terrasse oder dem Balkon im Wagen weiterschlafen. Bei manchen Wagen lässt sich die Tasche auch abnehmen, sodass man das Kind mit nach drinnen nehmen kann. Stellen Sie die Tasche mit dem Baby dann in ein Zimmer mit geöffnetem Fenster. Geht das nicht, öffen Sie nur den Fußsack und die Jacke und ziehen Sie vorsichtig das Mützchen vom Kopf. Wird das Baby ganz „ausgepackt", wacht es nämlich vermutlich auf.

■ DIE ERSTEN VIER WOCHEN ■

Was Ihr Baby schon alles kann

Unvorstellbar, dass man bis noch in den 1970er-Jahren davon ausging, dass Neugeborene weder sehen noch Schmerz empfinden könnten. Heute weiß man, dass sich das Nervensystem bereits drei Wochen nach der Empfängnis zu bilden beginnt und Babys schon im Mutterleib Reize wahrnehmen und auf sie reagieren.

Ganz entspannt die Welt begreifen

Ihr Baby ist erst wenige Wochen auf der Welt, aber sein Gehirn und seine Sinne entwickeln sich rasend schnell. Im Gegensatz zur pränatalen Förderung, über deren Sinn und Unsinn die Wissenschaftler streiten, spricht ein Neugeborenes sofort auf neue Reize an. Denn Babys wollen lernen. Sie sind von Anfang an darauf gepolt, Erfahrungen zu sammeln und die Welt zu entdecken. Um bestmöglich dafür gewappnet zu sein, sind alle Sinne aktiv. Sie sind zwar noch nicht alle voll ausgebildet und auch nicht alle gleich stark. Aber Babys können viel mehr, als Sie vielleicht vermuten.
Der Impuls zu lernen, ist einem gesunden Baby zwar angeboren. Um eine möglichst große Zahl an Fähigkeiten zu erwerben und ihre Begabungen zu entwickeln, brauchen Babys vor allem eins: Geborgenheit. Wenn sie spüren, dass ihre Eltern und andere Bezugspersonen in ihrer Nähe sind, können sie sich rundum sicher fühlen. Und dann sind sie auch entspannt genug, die Welt zu entdecken und Neues aufzunehmen. Muss sich ein Baby hingegen immer wieder versichern, dass es nicht allein ist, hat es den Kopf nicht frei. Angst und Stress verhindern dann, dass die Kleinen wahr- und aufnehmen, was um sie herum so alles passiert. Anstatt interessante Beobachtungen zu verarbeiten, müssen sich die Babys nämlich ununterbrochen rückversichern, dass man sie wahrnimmt und sich um sie kümmert. Liebevolle Zuwendung von Anfang an stärkt also nicht nur das Urvertrauen, die soziale Kompetenz und das Selbstbewusstsein. Sie macht auch schlau.

Jeder in seinem Tempo

Wie schnell Babys lernen und wann sie welche Meilensteine erreichen, ist jedoch ganz unterschiedlich. Daher dienen auch Entwicklungstabellen immer nur der Orientierung (siehe Seite 258–261). Jedes Baby hat sein eigenes Tempo und seine persönlichen Präferenzen. Die einen werden schneller mobil, die anderen fangen früher an zu sprechen, wieder andere schlafen schon mit wenigen Wochen durch oder wollen schon bald das erste Mal feste Nahrung ausprobieren … Auch in dieser Hinsicht sind Kinder einmalig – und die wenigsten machen alles auf einmal. Lassen Sie sich erst gar nicht auf einen Wettbewerb mit anderen Eltern ein, deren Babys angeblich schon alles können. Das stresst nur und kann unter Umständen sogar die Beziehung zum Baby beeinträchtigen. Seien Sie gewiss: Ihr Schatz macht alles genau richtig! Wenn Sie tatsächlich unsicher sind oder das Gefühl haben, dass Ihr Baby in keinem Entwicklungsbereich echte Fortschritte macht, fragen Sie Ihren Kinderarzt um Rat – gern auch zwischen den Vorsorgeuntersuchungen. Das gilt vor allem auch in den kommenden Jahren, wenn die Abstände von einer U zur nächsten immer größer werden.

Ein Kinderarzt kann aufgrund seines Fachwisssens und seiner Erfahrung sehr gut einschätzen, wie ein Baby im Vergleich zu seinen Altersgenossen „dasteht", ob es sich „normal" entwickelt oder ob es tatsächlich in irgendeiner Art Unterstützung benötigt und weitere Tests und Untersuchungen ratsam wären. In diesem Fall wird er die nötigen Schritte einleiten. Fast immer aber kann er einfach „Entwarnung" geben.

Meilenstein-Buch

Nach vier Wochen mit dem Baby ist zwar vieles immer noch neu. Aber ehe Sie sich versehen, ist ein Jahr vergangen und Ihr Zwerg ist zu einem properen Kleinkind herangewachsen, das sich aufmacht, die Welt auf eigenen Füßchen zu erkunden. Ob Sie sich dann noch an die Zeit jetzt erinnern? Wie wäre es, wenn Sie bis dahin ein „Meilenstein-Buch" anlegen, in das Sie alle vier Wochen schreiben, was Ihr Schatz schon kann und was er besonders gern hat. Wie groß er geworden ist und wie schwer. Was Sie miteinander erlebt haben … Natürlich dürfen in so einem Album auch Bilder nicht fehlen. Vielleicht legen Sie Ihr Baby dafür jedes Mal auf denselben Sessel oder auf dieselbe Schmusedecke – und zum Größenvergleich auch gleich noch immer dasselbe Schmusetier daneben.

siehe Beispiel nächste Seite!

▪ DIE ERSTEN VIER WOCHEN ▪

Der Tastsinn

Der Tastsinn ist von allen Sinnen bei der Geburt am besten entwickelt. Kein Wunder, er hat sich bereits ab der achten Schwangerschaftswoche immer weiter ausgebildet. Zunächst nimmt Ihr Baby die Welt daher vor allem über seine Haut wahr. Berührungsempfindungen, Druck, Wärme und Kälte sowie Informationen für die Stellung des Körpers im Raum werden über vier voneinander getrennte Reizleitungen von den Nervenzellen in der Haut, im Mund oder auf der Zunge an die Großhirnrinde weitergeleitet.

Liebevoll fördern

Jedes Kuscheln, jedes Getragen- und Gehaltenwerden lässt den Tastsinn weiter reifen. Liebevolle Berührungen sind auch für die soziale, emotionale und kognitive Entwicklung grundlegend. Durch die Berührungsreize verbinden sich Nervenenden, die es möglich machen, Kontakt zur Umwelt aufzunehmen. Jedes Mal werden dabei neue Verbindungen im Gehirn geknüpft. Es gibt also keine bessere Frühförderung als Körperkontakt.

Einmal fühlen, bitte!

In den Lippen und auf der Zunge sitzen besonders viele Tastrezeptoren. Bis Babys mit den Fingern annähernd so geschickt sind wie mit diesen, dauert es noch einige Monate. Und selbst wenn sie schon zielgerichtet greifen können, stecken sie bis über das erste Lebensjahr hinaus erst einmal alles, was sie interessiert, in den Mund, um die Beschaffenheit zu erforschen. Auch dabei bilden sich jedes Mal neue Verbindungen im Gehirn. Das Baby „bildet" sich.

SPIELERISCH **FÖRDERN**

Lassen Sie Ihr Baby verschiedene Dinge ertasten, die es dazu gefahrlos auch in den Mund nehmen kann, zum Beispiel einen Greifring, ein kleines Stofftier oder auch einen Waschlappen und einen kleinen Holzlöffel.
Ihr Schatz untersucht lieber ausgiebig seine eigenen Zehen? Dann stören Sie ihn nicht. Denn so lernt er gleich noch, sich selbst zu beschäftigen, und langweilt sich später nicht so schnell.

▶ DIE ERSTEN VIER WOCHEN ◀

Der Geschmackssinn

Ein neugeborenes Baby hat im Mundraum und auf der Zunge rund doppelt so viele Geschmacksknospen wie ein Erwachsener. Mit ihnen konnte es im Mutterleib bereits ab der 14. Schwangerschaftswoche vielzählige Aromen „verkosten". Denn die Inhaltsstoffe der Speisen und Getränke, die eine Schwangere zu sich nimmt, überwinden die Fruchtwasserschranke und gelangen so in den Körper des Fötus. Am Ende der Schwangerschaft entwickelt das Baby sogar eine Art „Geschmacksgedächtnis".

Abwechslung von Anfang an

Auch in der Muttermilch lassen sich Aromen aus der mütterlichen Nahrung nachweisen. Manche Wissenschaftler gehen davon aus, dass dies dem Baby hilft, sich nach der Geburt schneller an das neue Lebensumfeld zu gewöhnen. Offensichtlich kann der Geruch von Muttermilch bei Neugeborenen sogar Schmerzen erträglicher machen, zum Beispiel beim Blutabnehmen.

Je abwechslungsreicher sich die Mütter von Stillkindern ernähren, desto mehr Aromen lernen ihre Babys kennen – und akzeptieren später entsprechend mehr Speisen und Geschmacksvarianten. Bei Flaschenkindern sind die chemosensorischen Reize weniger abwechslungsreich. Die Ersatzmilch schmeckt eben jedes Mal gleich. Dies könnte ein Grund dafür sein, dass nicht gestillte Babys bei der Umstellung auf feste Nahrung neue Geschmacksrichtungen weniger schnell akzeptieren. Dafür hat man herausgefunden, dass sie im Kindergartenalter gehäuft eine Vorliebe für saure Getränke und bittere Speisen wie Brokkoli entwickeln. Was möglicherweise wiederum mit den sauren und bitteren Bestandteilen der Ersatzmilch zusammenhängt.

Super-Baby

Anfangs schmecken Babys nur süß, sauer und bitter – und haben dabei eindeutig einen Favoriten: Süßes. Diese Geschmackspräferenz ist dem Menschen gewissermaßen in die Wiege gelegt. Während seine genetische Abneigung gegen Bitteres verhindert, dass er Giftiges zu sich nimmt, signalisiert Süßes Leben – so wie zum Beispiel Muttermilch, die wegen des enthaltenen Milchzuckers ein süßliches Aroma hat.

Mit etwa vier Monaten dann können Babys auch „salzig" wahrnehmen. Vollständig ausgebildet und mit dem Nervensystem verbunden sind seine Geschmacksorgane jedoch erst mit etwa drei Jahren.

Gerüche und Aromen können bei Säuglingen genauso Gefühle auslösen wie bei uns selbst. Sie schmatzen bei wohlriechenden Düften, während sie bei unangenehmen Gerüchen den Kopf wegdrehen oder das Gesicht verziehen.

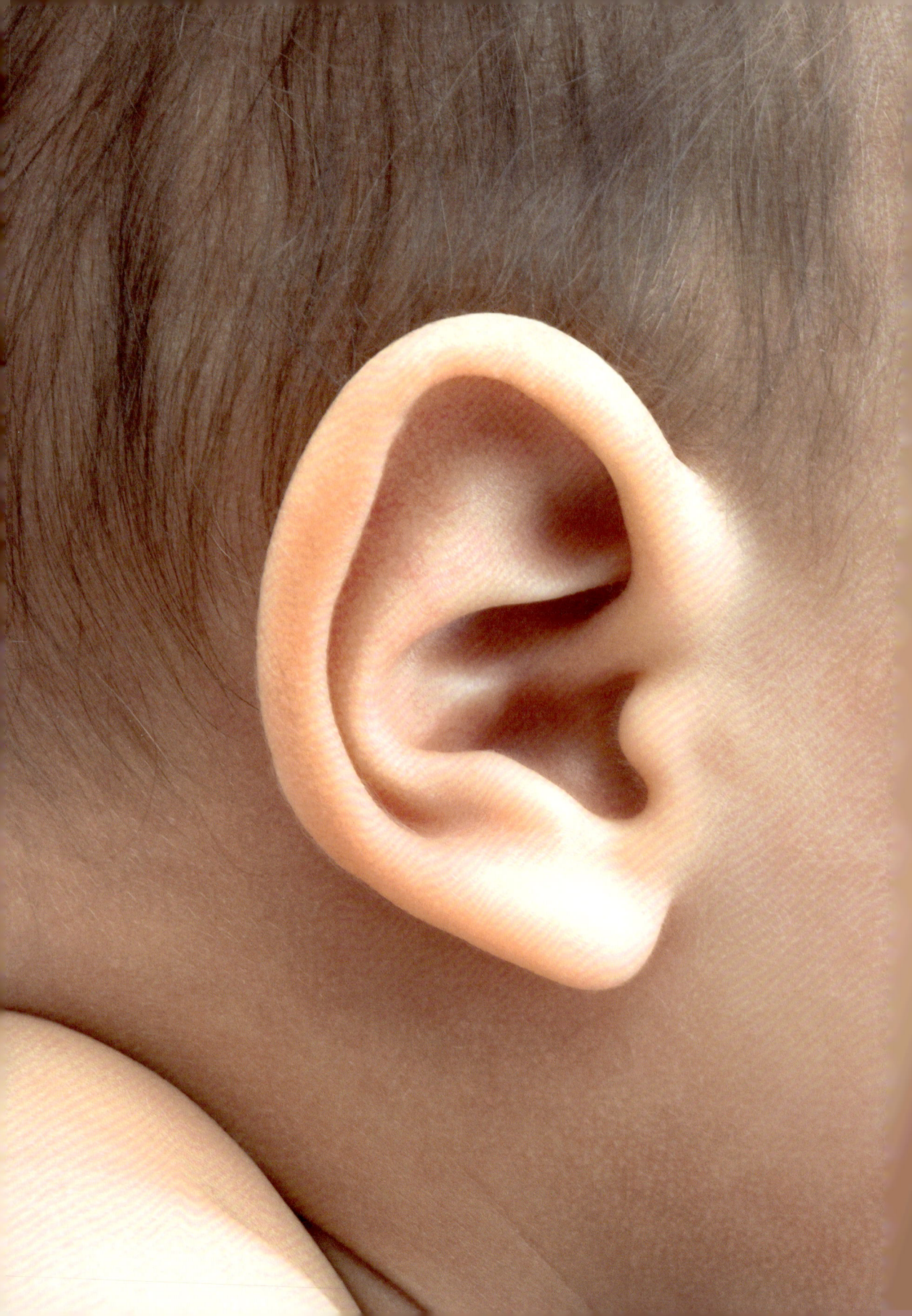

◤ DIE ERSTEN VIER WOCHEN ◥

Der Hörsinn

Der Hörnerv bildet sich bereits in der 24. Schwangerschaftswoche aus. Von diesem Zeitpunkt an kann das Kind hören – das Pochen von Mamas Herz, das Rauschen ihres Blutes, ein Grummeln im Magen oder Darm … Und auch von außen dringen durch die Bauchdecke Geräusche an sein Ohr. Wenn das Baby auf die Welt kommt, stört es sich daher nicht an einem gewissen Geräuschpegel. Im Gegenteil: Das beruhigt. Wenn es rundherum absolut leise ist, verunsichert dies das Baby eher. Zu viele akustische Reize auf einmal sind aber auch nicht gut. Wenn ständig der Fernseher läuft, das Radio im Hintergrund dudelt oder direkt vor dem Fenster eine 24-Stunden-Baustelle lärmt, bedeutet das puren Stress, weil das Gehirn die Eindrücke nicht verarbeiten kann.

Dich kenn ich doch?

Die Stimme seiner Mutter kennt ein Neugeborenes ebenfalls schon aus der Schwangerschaftszeit. Weil die Schwingungen über die Knochen und die Beckenschaufel auf beiden Körperseiten übertragen werden, ist die sogar das einzige Geräusch, das es schon im Bauch „stereo" hört. Ist es auf der Welt, dauert es daher nicht einmal eine Woche, bis es Mamas Stimme von anderen unterscheiden kann. Aber auch andere Stimmen erkennt es schnell wieder, zum Beispiel die seines Vaters oder seiner Geschwister.

Viel reden

Von Anfang an sollten Eltern mit Ihrem Kind reden. Ihre Stimme ist das Einzige, von dem es im Prinzip nie genug bekommen kann. Sprechen Sie Ihr Baby direkt an, erklären Sie ihm alles, was Sie tun, singen Sie ihm etwas vor … Auch wenn es den Sinn Ihrer Worte nicht versteht, nimmt es dennoch Ihren Tonfall, den Sprachduktus und die Stimmung wahr. Damit legen Sie den Grundstein für die Sprachentwicklung.

Ui, ui

Am liebsten hört Ihr Baby Ihre Stimme. Das ist sogar wissenschaftlich belegt: Man hat festgestellt, dass Säuglinge beim Schnullern umso begeisterter nuckeln, sobald sie Mamas Stimme hören. Wenn Sie Ihrem Kind ein Schlaflied vorsingen, findet es das daher viel schöner, als wenn Sie nur eine CD einlegen. Auch wenn Sie selbst der Meinung sind, dass Sie keine besonders gute Singstimme haben. Ganz abgesehen davon nimmt es unbewusst wahr, dass Sie ihm Zeit und Aufmerksamkeit schenken. Das festigt die Bindung und stärkt sein Urvertrauen.

◤ DIE ERSTEN VIER WOCHEN ◢

Der Sehsinn

Wenn Ihr Baby auf die Welt kommt, kann es gerade zwischen hell und dunkel unterscheiden. Das hat es schon fleißig in Ihrem Bauch geübt, seit sich seine Augen um die 28. Schwangerschaftswoche herum geöffnet haben. Die Welt um sich nimmt es nur sehr unscharf und verschwommen wahr. Was eindeutig Vorteile hat, denn so kann sich das Kleine viel besser auf das konzentrieren, was wirklich wichtig ist. Zum Beispiel auf Ihr Gesicht, wenn Sie es auf dem Arm halten. Es dauert nicht lang, bis ein Neugeborenes Dinge, die sich etwa 25 Zentimeter vor seinen Augen befinden, klar und deutlich sieht.

Schielen

Gegenstände fest im Blick zu behalten, ist gar nicht so leicht. Die Koordination muss dazu genauso geübt werden wie die Kraft der Augenmuskeln. Das ist für manche Babys so anstrengend, dass sie zu schielen beginnen. Aber keine Sorge: Sobald sie zwischendurch die Augen kurz geschlossen haben, ist alles wieder normal.

Guck mal

Es dauert aber nicht lang, dann ist Ihr Baby nicht nur in der Lage, unbewegliche Dinge zu fokussieren. Sein Blick kann auch schon langsamen Bewegungen folgen, etwa wenn Sie mit einem Spielzeug vor seinem Gesicht sacht hin und her wackeln. Übertreiben Sie es aber nicht, sonst ist Ihr Schatz schnell überfordert.

Hallo Mama

Weil Babys Augen vor allem Kontraste wahrnehmen, konzentrieren sie sich beim Betrachten eines Gesichts vor allem auf Partien wie Augen und Mund, Stirn und Haaransatz oder den Umriss des Kopfes vor verschwommenem Hintergrund. Weil das zugleich die wichtigsten Merkmale sind, können sie Mama und Papa bald von anderen unterscheiden.

Babys lieben Kontraste

Starke Kontraste und kräftige Farben erregen generell mehr Aufmerksamkeit. Das liegt daran, dass die Reizschwelle der Augen höher ist als bei Erwachsenen. Unter den Farben ist Rot der Favorit, gefolgt von Grün und Gelb. Erst mit etwa vier Monaten ist das Auge so weit entwickelt, dass es auch andere Farben wahrnimmt.

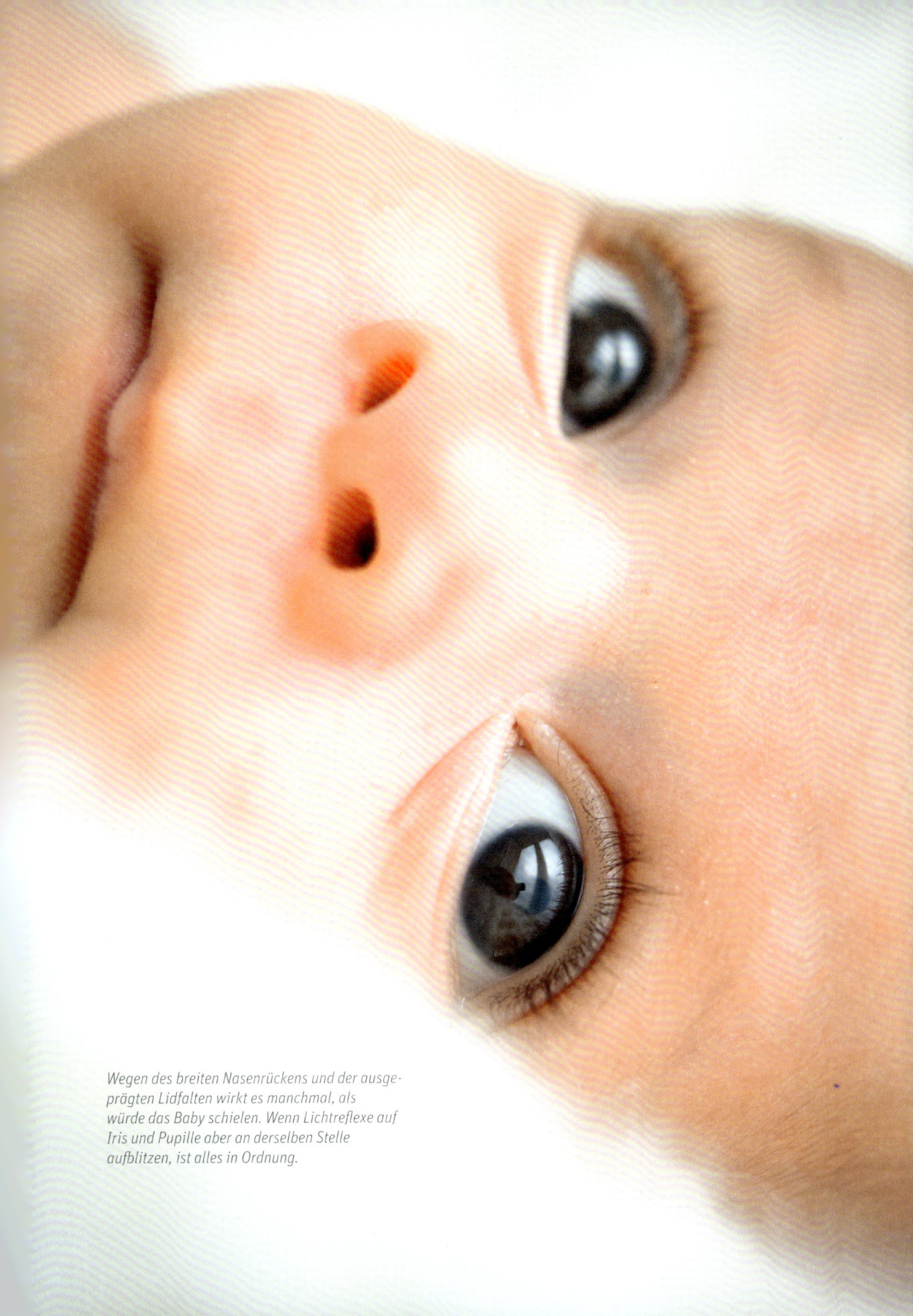

Wegen des breiten Nasenrückens und der ausgeprägten Lidfalten wirkt es manchmal, als würde das Baby schielen. Wenn Lichtreflexe auf Iris und Pupille aber an derselben Stelle aufblitzen, ist alles in Ordnung.

DAS **GEHIRN**

Alle Signale, die das Baby über seine Sinnesorgane aufnimmt, werden über Nervenzellen ans Gehirn weitergeleitet, das sich vom ersten Lebenstag an in rasantem Tempo entwickelt. So entsteht ein immer größeres Netz aus Leitungen und Schaltstellen (Synapsen).
Zunächst sind die Verschaltungen noch sehr locker. Aber wenn das Baby beobachtet, dass bestimmte Dinge immer wieder passieren, festigen sie sich. Mit der Zeit gelingt es ihm dadurch, bestimmte Zusammenhänge zu erkennen, seine Schlüsse daraus zu ziehen und zielgerichtet zu handeln.
Dabei kann das Baby diese Fähigkeiten umso schneller entwickeln, je mehr Ruhe es zwischendurch hat, um die auf es einströmenden Reize zu verarbeiten.

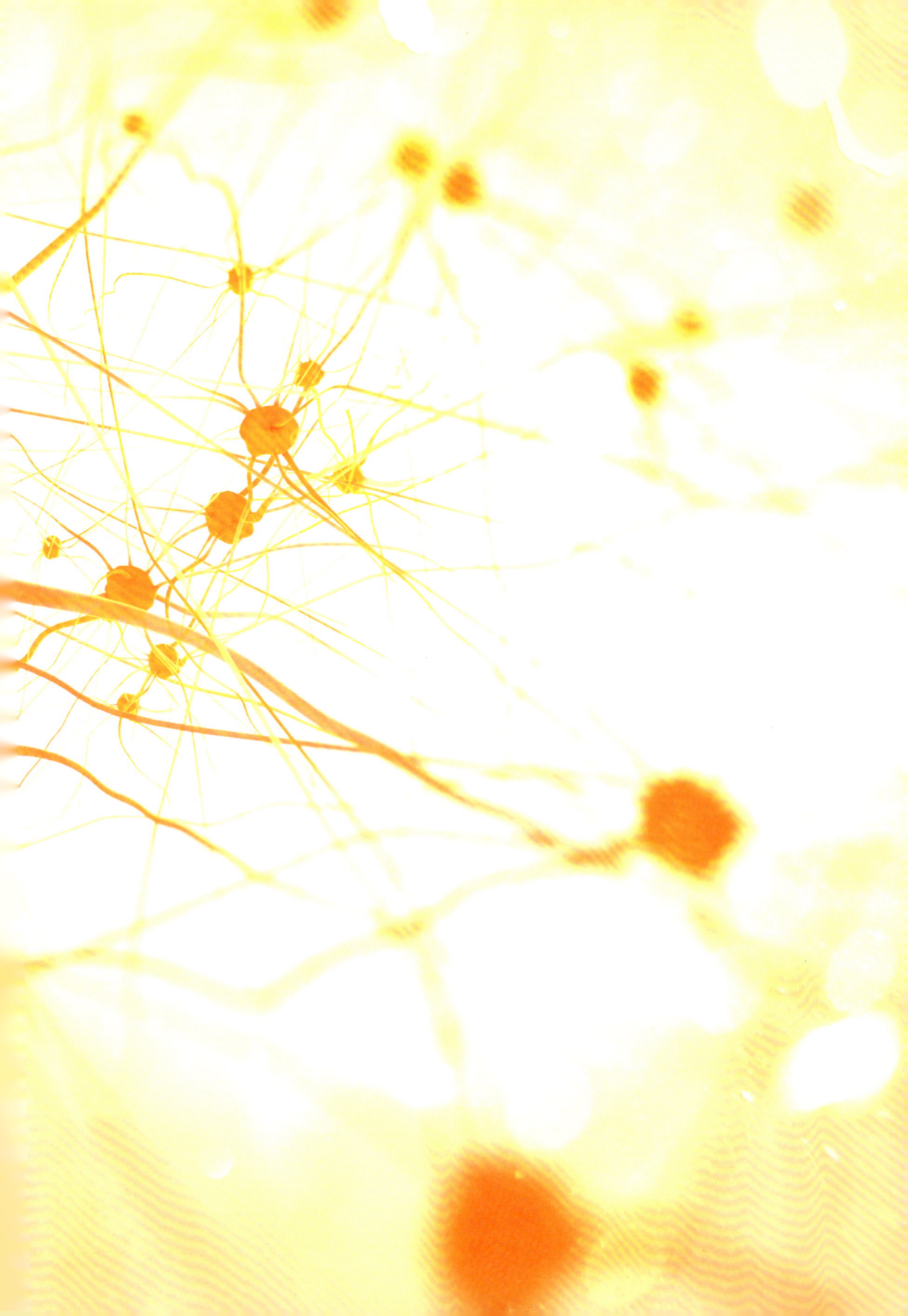

DIE DRITTE *Vorsorgeuntersuchung*

Am Ende der vierten oder zu Beginn der fünften Lebenswoche steht erneut eine Vorsorgeuntersuchung an. Weil die U1 und meist auch die U2 noch in der Klinik erfolgen, haben Sie dafür vermutlich das erste Mal einen Termin bei Ihrem zukünftigen Kinderarzt ausgemacht. Die Kosten für diese und folgende Untersuchungen übernimmt weiterhin die Krankenkasse, allerdings nur, solange sie in einem bestimmten Zeitrahmen stattfinden.

VITAMIN K

Ihr Baby bekommt ein letztes Mal 2 mg Vitamin K. Nur wenn alle drei Dosen verabreicht werden, kann es seine Wirkung entfalten.

HÜFT-SONOGRAFIE

Mittels Ultraschall überprüft der Kinderarzt das Hüftgelenk auf Reifungsverzögerungen und Fehlstellungen. So kann er bei Bedarf frühzeitig korrigierend eingreifen und es bleibt keine Beeinträchtigung zurück.

BEFRAGUNG

Sie als Eltern sind für den Kinderarzt wichtige Helfer, weil nur Sie ihm über das Trinkverhalten, die Verdauung und die Schlafgewohnheiten Ihrer Tochter oder Ihres Sohnes Auskunft geben können. Berichten Sie ihm auch von eventuellen Sorgen, die Sie in Bezug auf Ihr Baby belasten, zum Beispiel wenn es besonders viel weint. Auch das hilft ihm, ein umfassendes Bild zu gewinnen.

ALLGEMEINE KÖRPERLICHE UNTERSUCHUNG

Wie immer wird das Baby zunächst einmal gemessen und gewogen, der kleine Körper von Kopf bis Fuß genau inspiziert. Dabei schaut der Arzt auch, ob sich das Baby altersgemäß entwickelt. Nimmt es in der Woche durchschnittlich 150 bis 200 Gramm zu? Kann es in Bauchlage den Kopf schon halten? Öffnet es seine Hände spontan? Sind Saug- und Greifreflex noch immer stark ausgeprägt? Die meisten Babys in diesem Alter drehen auch schon ihren Kopf in Richtung einer Geräuschquelle. Und sie blicken den Arzt aufmerksam an, wenn er sich zu ihnen beugt. Wenn er Glück hat, schenken sie ihm sogar ein Lächeln.

IMPFBERATUNG

Einige Ärzte nutzen die U3 auch, um das erste Mal mit den Eltern über das Impfen zu sprechen. Erste Teilimpfungen sind nämlich bereits ab der vollendeten sechsten Lebenswoche möglich (orale Rotavirenimpfung), also noch vor der nächsten Vorsorgeuntersuchung. Daher muss, falls gewünscht, ein Extratermin ausgemacht werden.

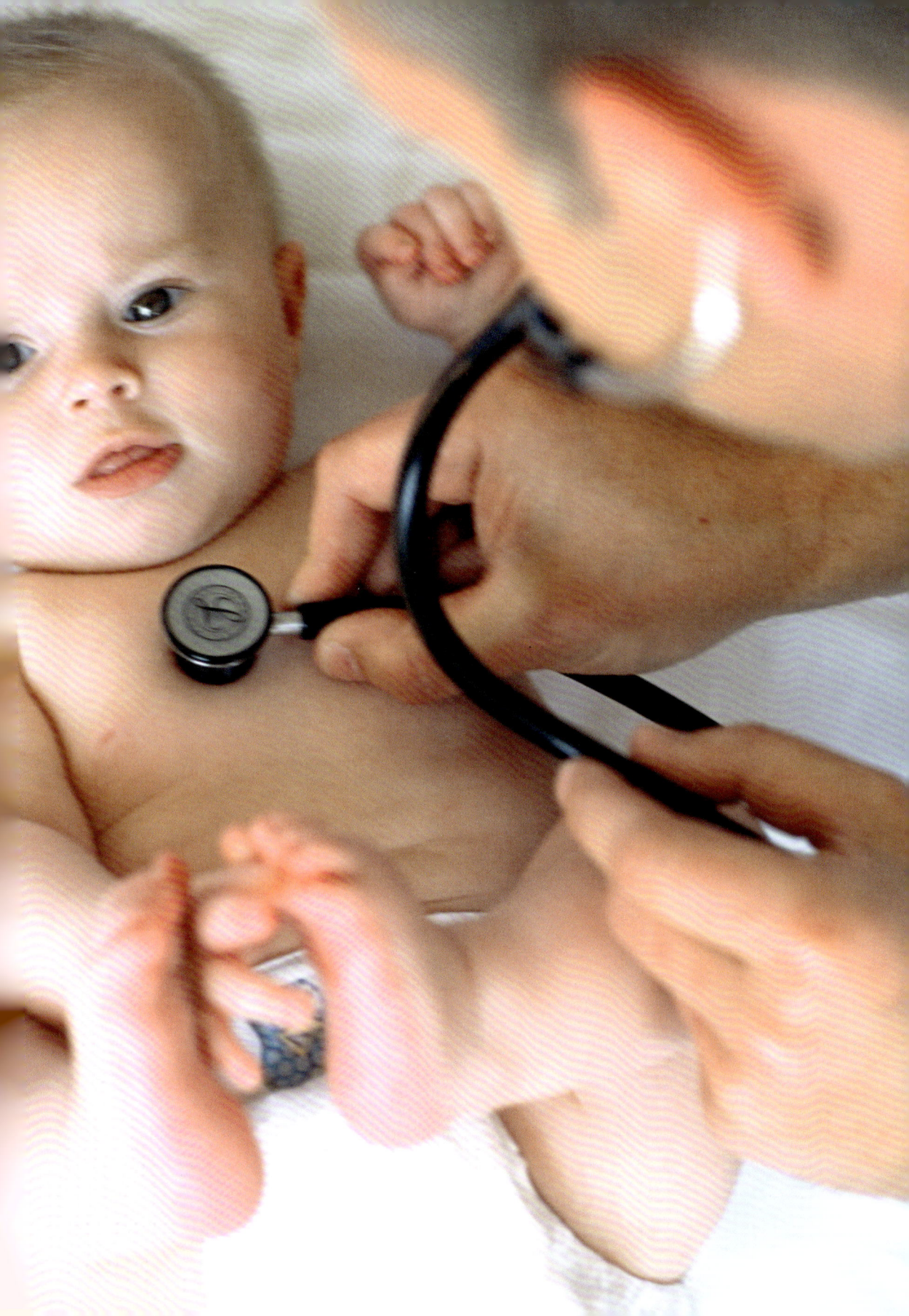

◤ DIE ERSTEN VIER WOCHEN ◥

Erste Impfungen

Schutzimpfungen sind bei der U3 ein wichtiges Thema. Schließlich tragen sie viel dazu bei, dass Ihr Baby sich gesund entwickeln und heranwachsen kann. Sofern es keine Grunderkrankung gibt, die gegen das Impfen spricht, sollte deswegen jedes Kind entsprechend der STIKO-Empfehlungen geimpft werden (siehe ab Seite 125). Die Grundimmunisierung beginnt dabei schon im Säuglingsalter, bis zum dritten Lebensjahr ist sie in der Regel abgeschlossen. Nur bei einigen Impfungen sind später in regelmäßigen Abständen nochmals Auffrischimpfungen nötig (siehe Seite 124).
In Deutschland gibt es keine Impfpflicht. Daher darf Sie der Kinderarzt auch nur informieren und beraten. Die Entscheidung für und wider das Impfen liegt allein bei Ihnen. Auch wenn Ihr Baby momentan noch ein bisschen zu jung fürs Impfen ist, sollten Sie sich daher Gedanken machen, wie Sie es zukünftig vor Krankheiten schützen können.

Das Immunsystem

Mit jedem Atemzug und jeder Berührung kommt Ihr Baby mit unzähligen Mikroorganismen in Kontakt. Die meisten davon sind harmlos, einige, beispielsweise Bakterien und Viren, lösen aber auch Krankheiten aus. Zum Glück ist der Körper gut gerüstet: Sobald die Krankheitserreger ins Blut gelangen, werden sie von bestimmten weißen Blutzellen „gejagt". Sogenannte Fresszellen (Makrophagen) umschließen sie und bauen sie in ihrem Inneren ab. Weil die Fresszellen recht unspezifisch wirken, präsentieren sie an ihrer Oberfläche Bruchstücke der verdauten Erreger. Diese Antigene rufen weitere Blutkörperchen auf den Plan: die T- und B-Lymphozyten.
Einige T-Lymphozyten wandeln sich nach dem Kontakt mit den körperfremden Antigenen in Killerzellen und vernichten anschließend bereits erkrankte Zellen. Andere locken als Helferzellen weitere Abwehrzellen an, wieder andere werden zu Gedächtniszellen, die sich bei erneutem Kontakt mit dem Erreger rasch vermehren.
Auch die B-Lymphozyten verändern sich nach dem Kontakt mit den Antigenen. Ein Teil wird ebenfalls zu Gedächtniszellen, der andere wird zu Plasmazellen, die passende Antikörper produzieren. Diese wiederum binden sich an die Antigene (Antigen-Antikörper- Reaktion) und bilden so einen Komplex (Immunkomplex), dem die T-Zellen schnell den Garaus machen können.
Das Beste aber ist: Sobald der Körper aufs Neue mit dem Erreger in Berührung kommt, erkennen ihn die B- und T-Lymphozyten und bringen die körpereigene Abwehrreaktion sofort ins Rollen. Im Laufe der Jahre entwickelt der Körper so eine gut funktionierende Immunabwehr, die ihn vor zahlreichen Krankheitserregern schützt.

Neugeborene haben einen gewissen Nestschutz. Noch während der Schwangerschaft gelangen über den Blutkreislauf Abwehrstoffe der Mutter auch in den kindlichen Körper. Mit der Muttermilch nimmt das Baby dann noch mehr davon auf. Die Schutzwirkung ist jedoch begrenzt. Zum einen werden nur solche Krankheiten abgewehrt, die die Mutter selbst durchgemacht oder gegen die sie geimpft wurde. Zum anderen ist fraglich, ob die Konzentration der Antikörper für eine umfassende Sicherheit ausreicht.

Wie funktionieren Impfungen?

Einige Erreger sind so gefährlich, dass Ihr Kind schon beim ersten Kontakt schwer krank werden könnte. Impfungen helfen, dies zu verhindern. Denn der Körper reagiert auf die Impfstoffe mit der Bildung spezifischer Antikörper und ist so im Ernstfall gut gewappnet. Bis der Körper jedoch völlig immun ist, muss die Impfung in bestimmten Abständen mehrmals wiederholt werden.

Aktive Impfung

Der Impfstoff enthält abgetötete oder abgeschwächte Krankheitserreger oder deren Bestandteile. Sie können selbst keine Krankheit verursachen, regen den Körper aber trotzdem dazu an, Antikörper zu bilden. Kommt das Baby dann irgendwann tatsächlich mit den „echten" Erregern in Kontakt, werden dieser erkannt und abgewehrt.

Passive Impfung

Für einen sofortigen Impfschutz werden vorgebildete Abwehrstoffe eines menschlichen oder tierischen Spenderorganismus verabreicht (Immunglobuline). Die passive Immunisierung ist immer dann nötig, wenn man sich ohne entsprechenden Impfschutz mit einem Krankheitserreger infiziert hat, zum Beispiel mit Tetanus. Weil der Impfschutz nur etwa drei Monate anhält, ist es jedoch ratsam, gleichzeitig aktiv zu impfen.

Mehrfachimpfung

Bei einer Mehrfachimpfung werden mehrere Impfstoffe gleichzeitig verabreicht. Vorteil: Ein Kombiimpfstoff enthält weniger Zusatzstoffe, als wenn gegen jeden Erreger einzeln geimpft würde. Und diese Stoffe sind hauptsächlich verantwortlich für Nebenwirkungen.

Auffrischimpfung

Manchmal reicht die Grundimmunisierung aus, ein ganzes Leben lang immun zu sein, etwa gegen Masern. Bei anderen Erregern muss der Impfschutz im mehrjährigen Abstand immer wieder erneuert werden, wie zum Beispiel bei Tetanus oder Diphtherie.

■ DIE ERSTEN VIER WOCHEN ■

Wichtige Kinderimpfungen

Der Impfplan der Ständigen Impfkommission (STIKO) am Robert-Koch-Institut in Berlin empfiehlt für Deutschland derzeit folgende Impfungen. Die Kosten dafür werden von den Krankenkassen übernommen.

ROTAVIREN

Die Schluckimpfung gegen Rotaviren wird seit 2013 für alle Säuglinge ab sechs Wochen empfohlen. Denn diese sehr ansteckenden Viren verursachen starke Brechdurchfälle, die innerhalb kürzester Zeit zu lebensbedrohlichen Flüssigkeits- und Salzverlusten führen.

POLIO

Impfkampagnen haben zwar dazu geführt, dass die Kinderlähmung (Poliomyelitis) in vielen Ländern ausgerottet wurde. Überall ist das jedoch noch nicht gelungen. Für Säuglinge wird daher nach wie vor eine Impfung empfohlen. Sie erfolgt ab dem vollendeten zweiten Lebensmonat – in der Regel als Mehrfachimpfung gleichzeitig mit Diphtherie, Tetanus, Pertussis, Hib und Hepatitis B.

DIPHTHERIE

Diese bakterielle Krankheit wird vorwiegend durch Tröpfcheninfektion übertragen. Die hierzulande hohe Impfrate hat zwar dazu beigetragen, dass Diphtherie kaum noch vorkommt, Komplettschutz bietet aber nur eine Impfung (im Zuge der Sechsfachimpfung).

TETANUS

Der Schutz gegen Wundstarrkrampf ist für jeden wichtig, da die Erreger so gut wie überall vorkommen und daher über Wunden und Verletzungen schnell in den Körper gelangen. Die durch sie verursachten äußerst schmerzhaften, häufig tödlich endenden Muskelkrämpfe lassen sich nur durch eine entsprechende Impfung zuverlässig vermeiden. Die Grundimmunisierung sollte ab dem vollendeten zweiten Lebensmonat erfolgen, meist verabreicht als Sechsfachimpfstoff (siehe Polio, Seite 125).

HAEMOPHILUS B

Haemophilus influenzae Typ b, kurz Hib, ist ein Bakterium, das unter anderem eitrige Hirnhautentzündung (Meningitis), schwere Störungen des Zentralnervensystems und andere hervorrufen kann – vor allem bei Säuglingen bis zum sechsten Monat. Die empfohlene Grundimmunisierung erfolgt im Zuge der Sechsfachimpfung.

PERTUSSIS

Pertussis (Keuchhusten) geht nicht nur mit mehrwöchigem quälendem Husten einher, gerade im ersten Lebensjahr können dazu noch schwere Komplikationen auftreten. Der bakterielle Erreger wird über Tröpfcheninfektion übertragen und ist hochgradig ansteckend. Selbst eine bereits durchgemachte Erkrankung schützt nicht vor nochmaliger Infektion. Das kann nur eine Schutzimpfung, die daher ab dem vollendeten zweiten Lebensmonat als Teil der Mehrfachimpfung empfohlen wird.

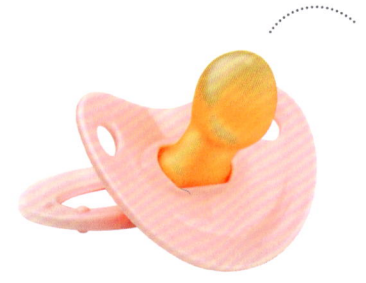

Wenn das Baby beim Impfen nuckeln darf, ist es weniger angespannt. Vielleicht ist der Kinderarzt sogar einverstanden, wenn Sie Ihr Baby anlegen? Ansonsten hilft viel kuscheln, sanft wiegen oder ablenken, zum Beispiel mit einem Spielzeug oder einem Luftballon.

HEPATITIS B

Hepatitis-B-Viren können über Blut und andere Körpersäfte in den Körper gelangen, wo sie sich dauerhaft einnisten und über die Jahre die Leber zerstören. Weil sich das ungeborene Kind bereits im Mutterleib bei der Mama anstecken kann, ist in der 32. Schwangerschaftswoche bei dieser eine entsprechende Blutuntersuchung vorgesehen. Ist das Ergebnis positiv, muss das Neugeborene sofort wenn es auf die Welt kommt aktiv und passiv geimpft werden.
Für alle anderen Babys wird eine Grundimmunisierung im Rahmen der Sechsfachimpfung empfohlen.

MASERN, MUMPS, RÖTELN, WINDPOCKEN

Diese Krankheiten werden von manchen immer noch als „Kinderkrankheiten" abgetan. Dabei verlaufen auch sie mitunter äußerst kompliziert und können schwere sowie dauerhafte Schäden verursachen. Die empfohlene Erstimpfung erfolgt als Dreifachimpfung gegen Masern, Mumps und Röteln (MMR) oder Vierfachimpfung gegen Masern, Mumps, Röteln und Windpocken (MMRV) zwischen dem vollendeten elften und 14. Lebensmonat. Soll das Baby eine Kita besuchen, ist wegen der Ansteckungsgefahr eine Impfung ab dem neunten Monat möglich.

PNEUMOKOKKEN

Diese Bakterien finden sich zwar auch im Nasen-Rachen-Raum von vielen gesunden Menschen, unter den richtigen Bedingungen kann eine Infektion jedoch Hirnhaut-, Lungen-, Mittelohr- und Nasennebenhöhlenentzündung nach sich ziehen. Die Erreger werden durch Anhusten und Anniesen übertragen – und leider stecken sich gerade Säuglinge und Kleinkinder besonders leicht an, weil ihre Abwehrkräfte noch schwach sind. Daher empfiehlt es sich, sie ab zwei Monaten vorsorglich zu impfen.

MENINGOKOKKEN C

Auch diese Keime werden durch Tröpfcheninfektion übertragen. Zwar wird nur ein Bruchteil der Infizierten tatsächlich krank, aber die Erkrankung verläuft oft sehr schwer und kann sogar tödlich enden. Weil Säuglinge und Kinder besonders gefährdet sind, wird empfohlen, sie ab dem zwölften Monat zu impfen. Bereits ab dem zweiten Monat können Sie Ihr Baby außerdem gegen Meningokokken B impfen. Allerdings werden die Kosten dafür von den meisten Krankenkassen nicht übernommen.

Nebenwirkungen

Die modernen Impfstoffe sind gut verträglich. Manche Babys reagieren zwar mit Schwellung oder Schmerzen an der Einstichstelle oder den benachbarten Lymphknoten. Andere haben leichtes Fieber, wirken abgeschlagen und müde oder fühlen sich einfach unwohl – und weinen daher natürlich auch vermehrt. Die Beschwerden halten jedoch in der Regel maximal 48 Stunden an. Schwere Nebenwirkungen sind heute selten.

Den wenigen möglichen Begleiterscheinungen stehen zudem viele Vorteile gegenüber, allen voran die Tatsache, dass Sie Ihr Baby vor manchen schweren Krankheiten nur durch eine entsprechende Impfung schützen können. Bisweilen genügt dazu ein einziger Nadelpikser. Impfungen schützen aber nicht nur den Geimpften, sondern helfen auch, schwere Epidemien wie Masern oder Kinderlähmung zu vermeiden. Denn genauso wie Ihr Kind sich selbst nicht anstecken kann, wird es auch andere nicht infizieren. Dadurch kann es gelingen, bestimmte Krankheitserreger auszurotten – manchmal sogar weltweit.

◢ DIE ERSTEN VIER WOCHEN ◣

Impfkalender für Säuglinge und Kleinkinder

IMPFUNG	ALTER IN WOCHEN	ALTER IN MONATEN				
	6	2	3	4	11-14	15-23
TETANUS		G1	G2	G3	G4	N
DIPHTHERIE		G1	G2	G3	G4	N
PERTUSSIS		G1	G2	G3	G4	N
HIB H. influenzae Typ b		G1	G2[c]	G3	G4	N
POLIOMYELITIS		G1	G2[c]	G3	G4	N
HEPATITIS B		G1	G2[c]	G3	G4	N
PNEUMOKOKKEN[a]		G1		G2	G3	N
ROTAVIREN	G1[b]	G2	(G3)			
MENINGOKOKKEN C					G1 (ab 12 Monaten)	
MASERN					G1	G2
MUMPS, RÖTELN					G1	G2
VARIZELLEN					G1	G2

ERLÄUTERUNGEN

G Grundimmunisierung *(in bis zu vier Teilimpfungen G1–G4)*
N Nachholimpfung *(Grund- beziehungsweise Erstimmunisierung aller noch nicht Geimpften beziehungsweise Komplettierung einer unvollständigen Impfserie)*

a Frühgeborene erhalten eine zusätzliche Impfstoffdosis im Alter von drei Monaten, also insgesamt vier Dosen.
b Die erste Impfung sollte bereits ab dem Alter von sechs Wochen erfolgen, je nach verwendetem Impfstoff sind zwei beziehungsweise drei Dosen im Abstand von mindestens vier Wochen erforderlich.
c Bei Anwendung eines monovalenten Impfstoffs kann diese Dosis entfallen.

ZWEITER BIS VIERTER MONAT

Das Baby **entdeckt** *die Welt*

◼ ZWEITER BIS VIERTER MONAT ◼

Wie entwickelt sich das Baby?

In den nächsten zwölf Wochen wächst Ihr Baby so schnell wie nie mehr. Durchschnittlich nimmt es pro Woche 120 bis 220 Gramm zu und wird pro Monat um drei bis vier Zentimeter länger. Auch der Kopfumfang wird sichtlich größer und die Kopfform runder. Erst gegen Ende des vierten Monats lässt das Wachstum langsam wieder nach – was daran liegt, dass das Baby um diese Zeit herum immer aktiver wird und deswegen auch immer mehr Energie verbraucht.

Weil jedes Kind sein eigenes Tempo hat, brauchen Sie sich aber auch nicht unter Druck zu setzen. Manche wachsen eben schneller, andere nehmen langsamer zu … Wenn Ihr Baby satt und zufrieden wirkt und Interesse an seiner Umwelt zeigt, fehlt ihm nichts. Nur wenn sich auf der Waage gar nichts tut, Sie das Gefühl haben, dass Ihr Schatz unzufrieden ist, oder das Stillen Probleme bereitet, sollten Sie Ihre Nachsorgehebamme oder Ihren Kinderarzt um Rat fragen. Sicherheitshalber.

Schläfst du schon?

Auch wenn die Wachphasen tagsüber schon etwas länger werden: Einen geregelten Schlaf-wach-Rhythmus gibt es nach wie vor nicht. Manche Babys schlafen schon durch, andere wachen noch immer alle drei bis vier Stunden auf. Das eine ist genauso normal wie das andere. Bei vielen Familien hat sich auf jeden Fall schon eine gewisse Routine eingespielt, sodass das Einschlafen abends nicht mehr so lang dauert. Und es gelingt umso besser, weil nicht wenige Babys schon gelernt haben, sich besser selbst zu regulieren. Feste Gute-Nacht-Rituale wie Baden, Schlafanzug-Anziehen oder Singen unterstützen das Kind dabei, leichter in den Schlaf zu finden.

Erste Zwiegespräche

Bisher hatte der Säugling nicht viele Möglichkeiten, sich auszudrücken. Im Prinzip konnte er nur durch Weinen auf sich aufmerksam machen. Das ändert sich jetzt. Er beobachtet aufmerksam, was rundherum geschieht, und es gelingt ihm immer mehr, sich durch Mimik, Gestik und erste Laute mitzuteilen. Wenn die Eltern entsprechende Rückmeldung geben, lässt sich so schon eine kurze „Unterhaltung" führen.

Für Eltern ist es einer der schönsten Momente, wenn das Baby sie zum ersten Mal aktiv anlächelt. Denn damit signalisiert es ihnen: Ich habe euch erkannt! Mit diesem sozialen Lächeln endet offiziell die Neugeborenenphase.

◤ ZWEITER BIS VIERTER MONAT ◥

Eine Runde strampeln

Die Bewegungen werden runder und harmonischer. Das Baby strampelt viel und kann sich so im Bett oder auf der Krabbeldecke schon richtig „fortbewegen". Manchmal gelingt es ihm sogar schon, sich aus eigener Kraft aus der Bauchlage auf den Rücken zu drehen. Beim Wickeln ist daher noch mehr Aufmerksamkeit gefragt, damit das Baby nicht in einem unbeobachteten Moment abstürzt. Doch so viel Spaß Ihr Schatz auch daran hat, sich zu bewegen: Das Ganze ist doch noch ziemlich anstrengend und entsprechend schnell wird er müde. Dann möchte er gern wieder getragen werden.

Kopf hoch!

Immer besser gelingt es dem Baby auch, sein Köpfchen zu halten und zu drehen. Es wendet sich einer Lichtquelle oder einem Spielzeug zu und dreht den Kopf in die Richtung, aus der es Mama und Papa reden hört. Ab dem dritten Monat kann es den Kopf dann in Bauchlage aktiv anheben und halten. Dabei trainiert es mächtig seine Nacken-, Schulter- und Rumpfmuskulatur. Toll, denn die braucht es später, wenn die ersten Krabbelversuche starten. Vorher geht das Baby aber noch in den Unterarmstütz, wobei es das Gewicht immer mehr in Richtung Becken verlagert, um sich so gut es geht vom Boden hochzustemmen. Man will schließlich etwas von der Welt sehen.

Zehn kleine Fingerlein

Das Baby bestaunt und befühlt seine Hände und lutscht gefühlte Stunden lang daran. Lassen Sie es einfach machen und unterbrechen Sie es nicht, indem Sie zum Beispiel einen Schnuller anbieten. Denn die Finger sind nicht nur ein tolles Spielzeug, sondern auch eine Möglichkeit, sich selbst zu trösten und zu regulieren. Gegen Ende des dritten Monats kann das Baby die Hände gezielt in Mund führen. Und die „Fingerübungen" gehen nach und nach ins Greifen über: Alles, was es zu fassen bekommt, verschwindet ebenfalls im Mündchen und wird dort ausgiebig erforscht. Passen Sie auf, dass es nichts Gefährliches in die Hände bekommt. Oder Kleinteile, die es verschlucken könnte.

Ganz schön einseitig

Haben Sie das Gefühl, Ihr Baby hat eine Lieblingsseite, wenn es sein Köpfchen dreht? Dann animieren Sie es immer wieder, es auch in die andere Richtung zu versuchen. Legen Sie es etwa verkehrt herum ins Bett, sodass der Kopf ans Fußende zeigt. Nehmen Sie es auf den anderen Arm. Spielen und sprechen Sie es von der anderen Seite an …

◗ ZWEITER BIS VIERTER MONAT ◖

Alles im Blick

Ihr Baby liebt es nach wie vor, getragen zu werden. Zum einen ist es so ganz in Ihrer Nähe, zum anderen kann es eine Menge sehen – vor allem wenn es seinen Kopf selbst stabil halten kann. Mit diesen Tragetechniken klappt das sehr gut:

- Greifen Sie von hinten zwischen den Beinen hindurch und stützen Sie den Oberkörper mit der Hand unter der Achsel **(Bild 1)**. Wenn das Baby zwischendurch etwas lebhafter wird und zappelt, können Sie schnell die zweite Hand zu Hilfe nehmen und es so zusätzlich sichern **(Bild 2)**.
- Alternativ können Sie auch von hinten unter dem Arm durchfassen und das Baby dann unterm Windelpo halten **(Bild 3)**.

IN DER TRAGEHILFE

Auch wenn Ihr Baby immer neugieriger wird: Wenn Sie es im Tuch oder in einer Tragehilfe tragen, bleiben Sie zunächst bei der bewährten Wickeltechnik. Ab dem dritten Monat können Sie das Baby dann auch seitlich auf der Hüfte oder auf dem Rücken tragen. So hat es einen guten Überblick, kann sich aber auch wegdrehen und an Sie kuscheln, wenn es ihm zu viel wird.

Erste BABYSPRACHE

Schon in der vierten Woche rutscht die Zunge im Liegen manchmal nach hinten und das Baby macht lustige Gurgelgeräusche. Mit sechs bis acht Wochen werden daraus die ersten Kehllaute wie „e-rreh" oder „e-che". Gegen Ende des dritten Monats bildet es erste Silbenketten wie „eee" und „iiii". Es blubbert und wenn es die Lippen locker aufeinanderlegt und Luft herauspresst, entstehen Töne wie „f" und „s".
Ihr Baby brabbelt immer mehr vor sich hin, lauscht seiner Stimme und reagiert auf Ihre Ansprache mit eigenen „Worten". Irgendwann wird es allerdings auch dem eifrigsten Lautkünstler zu viel. Dreht Ihr Baby seinen Kopf weg und hält keinen Blickkontakt mehr, hat es genug und braucht Ruhe.
Als Eltern müssen Sie diesen Moment erkennen, um Ihr Kind nicht zu überfordern.

■ ZWEITER BIS VIERTER MONAT ■

Spielerisch fördern

Sie können die Entwicklung Ihres Babys liebevoll unterstützen und vor allem auf altersgerechte Art fördern. Bei zu vielen Anreizen und Terminen artet das Ganze nämlich schnell in Stress aus – nicht nur für Ihr Baby. Wenn es überfordert ist, weint es viel, ist unzufrieden und schläft schlechter. Und das tut dem Familienleben auch nicht gut.

ALLES ZU SEINER ZEIT

Der Vormittag und der späte Nachmittag sind die besten Zeiten für Unternehmungen und Spiele. Das Baby ist ausgeruht, satt und zufrieden und kann sich deshalb mit allen Sinnen auf Neues einlassen.

HOCH MIT DIR!

Legen Sie Ihr Baby tagsüber immer mal wieder auf den Bauch. Wenn es sich noch nicht lang halten kann, können Sie eine kleine Decke oder ein Handtuch aufrollen und unter den Brustkorb schieben. So kommt der Kopf höher und es sieht besser.

HIN UND HER

Drehen Sie das Baby aus der Rückenlage über die Seite in die Bauchlage – mal linksherum, mal rechtsherum. Ist es noch zu schwach, um dabei tatkräftig „mitzuhelfen" und hat deshalb noch nicht so recht Freude an der Bewegung, fördern Sie seine Begeisterung, indem Sie es bei jedem Wickeln einmal zur Seite drehen. Auch so wachsen die Muskeln.

WAS IST DA?

Haben Sie das Gefühl, Ihr Baby liegt nicht gern auf dem Bauch? Dann legen Sie sein Lieblingsspielzeug etwa in halber Armlänge davor. Noch besser: Legen Sie sich selbst auch auf den Boden und zwar so, dass Sie sich von Angesicht zu Angesicht unterhalten können.

VORBILD SEIN

Kinder müssen sich sicher fühlen, um den Kopf fürs Lernen frei zu haben. Viel Nähe und Körperkontakt sind daher die wichtigsten Fördermittel. Genauso wie Ansprache und Lob. Kommunikation animiert zum Weitermachen. Sie sind für Ihr Baby das beste Vorbild!

DAS BIST DU!

Massagen und Streicheleinheiten schenken Geborgenheit und helfen, ein gutes Körpergefühl zu entwickeln. Weil nacheinander beide Körperseiten behandelt werden, fördern sie zudem den Gleichgewichtssinn und die Koordination.

Eine Schelle an einem Bändchen um den Arm oder eine Rassel in der Hand klingen herrlich, wenn man herumzappelt. Deswegen bewegt sich das Baby noch mal so gern und freut sich dazu auch noch, dass es selbst so tolle Töne machen kann.

Spielen kann ganz schön müde machen. Aber nach einem kurzen Powernap und vielleicht ein bisschen Milch sind die Batterien wieder aufgeladen.

EIN KLEINER KRABBELFINGER

Ein kleiner Krabbelfinger
macht sich auf die Reise.
...
Ein kleiner Krabbelfinger
tippt mal laut, mal leise.
...
Ein kleiner Krabbelfinger
krabbelt rauf und runter.
...
Ein kleiner Krabbelfinger
macht dich putzemunter.
...
Ein kleiner Krabbelfinger
kitzelt, wo er kann.
...
Ein kleiner Krabbelfinger
fängt von vorne an.

BABYSPIELZEUG

Lieber wenig, dafür hochwertig. Weil alles in den Mund gesteckt wird, sollten die Materialen auf Schadstoffe geprüft sein. Achten Sie auf entsprechende Gütesiegel! Kleinteile (auch Knopfaugen an Plüschtieren), Zerbrechliches, alles, mit dem man sich strangulieren oder in dem man sich die Fingerchen einklemmen kann, ist nichts für Babys.

◤ ZWEITER BIS VIERTER MONAT ◥

Die erste gemeinsame Reise

Mittlerweile hat sich das Leben mit Baby wahrscheinlich schon ganz gut eingespielt. Was anfangs ungewohnt und anstrengend war, ist jetzt keine große Herausforderung mehr. Vieles ist Routine geworden. Auch das Baby ist angekommen. Es schreit nicht mehr so viel und ist die meiste Zeit über gut gelaunt und zufrieden. Wenn Sie Lust haben, spricht daher nichts dagegen, das erste Mal als Familie in den Urlaub zu fahren. Tatsächlich ist es sogar ziemlich entspannt, mit einem Baby zu verreisen. Es reist ohne großes Gepäck, schläft so gut wie überall und wie die Länderküche schmeckt, ist ihm egal. Und wenn es dabei gemütlich in seinem Kinderwagen schlafen kann oder Sie es in der Tragehilfe herumtragen, quengelt es vermutlich selbst beim dritten Museumsbesuch in Folge nicht.

Stillbaby oder Flaschenkind?

Besonders einfach ist es, wenn Sie voll stillen. Dann müssen Sie für Ihr Baby eigentlich nur Wechselklamotten und die üblichen Pflegeartikel einpacken. Windeln bekommen Sie so gut wie überall auf der Welt. Es reicht daher, wenn Sie ein paar für die Reise und vielleicht noch für die ersten Tage am Urlaubsort mitnehmen. Füttern Sie Ihr Baby mit dem Fläschchen, ist es leider nicht ganz so unkompliziert. Informieren Sie sich vorab, ob die Fertignahrung vor Ort erhältlich ist. Wenn Sie sich nicht hundertprozentig sicher sind, nehmen Sie lieber genug Milchpulver von zu Hause mit. Fragen Sie im Vorfeld auch nach, ob das Leitungswasser im Urlaubsland für die Zubereitung von Säuglingsnahrung geeignet ist oder ob Sie dazu Wasser aus der Flasche verwenden müssen.

Babys Packliste

DAS GEHÖRT IN DEN KOFFER...

- Ausreichend Bodys und Kleidung entsprechend des Klimas
- Jäckchen zum Überziehen – für abends oder wenn es mal kälter wird
- Mehrere Socken (auch ein paar dickere)
- Mützchen (eventuell auch Sonnenhut)
- Je nach Jahreszeit Jacke oder Overall zum Drüberziehen
- Schlafanzug
- Schlafsack
- Windeln (zumindest für die ersten Tage)
- Übliche Pflegepräparate, je nach Jahreszeit auch Sonnenschutzmittel
- Tragehilfe oder Tragetuch
- Wenn Sie nicht stillen: ausreichend Milchpulver, Fläschchen und Flaschenbürste

... UND DAS INS HANDGEPÄCK

Windeln, Wechselwäsche, feuchte Reinigungstücher (Alternative: feuchter Waschlappen im Plastikbeutel mit Zipverschluss), Spucktuch, kleine Decke, Lieblingsspielzeug und Ersatzschnuller. Für Flaschenkinder Milchpulver in entsprechenden Portionen und eine Thermoskanne mit warmem Wasser. Bei Flugreisen: abschwellende Nasentropfen und Kochsalz- oder Meersalz-Nasentropfen.

DIE REISEAPOTHEKE

- Alle Präparate, die Ihr Baby regelmäßig einnimmt, wie Vitamin-D- oder Fluorid-Tabletten
- Fieberthermometer, Fieberzäpfchen oder Fiebersaft
- Heftpflaster, Mullbinden, Schere, Pinzette, Wundspray
- Wund- und Heilsalbe
- Kühlendes Gel gegen Insektenstiche
- Elektrolytpulver gegen Durchfall und Erbrechen
- Eventuell homöopathische Säuglingsapotheke

NICHT VERGESSEN: Schnuller, Lieblingsstofftier und Spieluhr, wenn Ihr Baby diese braucht, um ohne Probleme einzuschlafen.

Wohin soll die Reise gehen?

Babys Traumziel? Überall dort, wo Mama und Papa sind! Ob Sie selbst eher einen Strandurlaub oder einen Städtetrip planen, ist ihm egal. Natürlich gibt es ein paar Dinge, die Sie beachten sollten, aber die gelten hier wie dort. Vermeiden Sie zum Beispiel Reiseziele mit extremen Temperaturen (und extrem langer Anreise). Reisen Sie aus demselben Grund nicht gerade im Hochsommer oder mitten im Winter, sondern lieber im Frühling oder Herbst. Ähneln die klimatischen Bedingungen denen zu Hause, tut sich das Baby mit der Umstellung einfach leichter.

FLIEGER

+ PRO
Schnell; auf Mamas oder Papas Schoß fliegen Babys bis zwei Jahre bei den meisten Fluggesellschaften zwar nicht mehr umsonst, aber Sie zahlen nur etwa 10 bis 20 Prozent der normalen Kosten.

− KONTRA
Erst ab drei Monaten geeignet, da vorher Blutgefäße im Kopf platzen können. Vor allem weite Flüge sind anstrengend.

TIPP
Während des Steig- und Sinkflugs für den Druckausgleich stillen oder Fläschchen beziehungsweise Schnuller geben.

AUTO

+ PRO
Flexible Planung und Reise; lässt sich gut an den Schlafrhythmus des Babys anpassen.

− KONTRA
Langes Sitzen in der Babyschale ist schlecht für den Rücken. Machen Sie daher unbedingt mindestens alle zwei Stunden Pause, damit das Baby flach liegen oder sich frei bewegen kann.

TIPP
Suchen Sie im Internet nach familienfreundlichen Raststätten auf Ihrer Reiseroute und planen Sie Ihre Stopps dort.

BAHN

+ PRO
Sie können sich ganz auf Ihr Baby konzentrieren; in vielen EC- und IC-Zügen gibt es spezielle Kleinkindabteile (frühzeitig buchen).

− KONTRA
Man kann nicht einfach eine Pause machen, wenn das Baby zwischendurch quengelig wird.

TIPP
Die Deutsche Bahn bietet einen speziellen Gepäckservice, der schwere Koffer zu Hause abholt und direkt den Urlaubsort liefert. Sie selbst müssen dann nur noch einen Rucksack für unterwegs mitnehmen.

Rhythmus beibehalten

Urlaub macht Spaß. Vor allem Fernreisen sind aber auch anstrengend. Lange Flüge, Wartezeiten, Zeit- und Klimawechsel ... Da kann der Schlaf-wach-Rhythmus ganz schön durcheinanderkommen – und leider dauert es dann manchmal, bis er sich wieder einpendelt. Versuchen Sie, den gewohnten Tagesrhythmus auch im Urlaub beizubehalten. Das heißt nicht, dass Sie stundenlang im Hotel warten müssen, bis Ihr Schatz aufwacht. Er kann auch im Kinderwagen oder Tragetuch schlafen.

Brauchen Babys eigentlich einen Ausweis?

Auch für Säuglinge gilt bei Auslandsreisen: Nichts geht ohne Papiere. Seit 2012 dürfen sie nicht mehr auf den Pass der Eltern eingetragen werden, sondern benötigen einen eigenen Pass. Im EU- und Schengen-Raum sowie in vielen außereuropäischen Ländern genügt ein Kinderreisepass. Manche Staaten, zum Beispiel die USA, haben aber auch andere Vorschriften. Um sicherzugehen, informieren Sie sich auf der Homepage des Auswärtigen Amtes, welche Bestimmungen für Ihr Reiseziel gelten.

Gesundheitsversorgung vor Ort

Informieren Sie sich vorab über das Internet, an wen Sie sich vor Ort wenden können, falls das Baby unterwegs krank wird. Notieren Sie sicherheitshalber auch die Notrufnummern des Urlaubslandes.
Wenn Sie ins europäische Ausland fahren, sichert Ihnen die Europäische Krankenversicherungskarte die öffentliche Gesundheitsversorgung. Um tatsächlich alle eventuell anfallenden Behandlungen abzudecken, empfiehlt sich zusätzlich eine private Auslandsversicherung. Falls Ihr Baby schon geimpft wurde, packen Sie auch den Impfpass ein.

Reiserücktrittsversicherung?

Auf jeden Fall! Sie ist für Reisen mit Babys noch mehr zu empfehlen als sonst. Denn kranke Babys sollten nicht vereisen. Ein leichter Schnupfen ist zwar in der Regel kein Problem. Dank abschwellender Nasentropfen 30 Minuten vor Start und Landung kann man damit sogar fliegen. Bei allen anderen Beschwerden sollten Sie jedoch unbedingt beim Kinderarzt nachfragen, ob er grünes Licht für den Urlaub gibt. Und wenn er es nicht tut, bleiben Sie lieber zu Hause.

◤ ZWEITER BIS VIERTER MONAT ◥

Die ersten Zähnchen

Die einen Babys zahnen früher, die anderen später. Aber auch wenn es dauert, bis es so weit ist: Wenn die Zähnchen erst mal wachsen, dann wachsen sie erstaunlich schnell. Als Erstes brechen unten die beiden mittleren Schneidezähne durch, ihnen folgen in der Regel mit etwas Abstand die oberen Schneidezähne. Nach und nach brechen seitliche Schneide- und vordere Backenzähne durch, ganz zum Schluss dann auch die Eck- und hinteren Backenzähne.

Woran erkennt man, dass Baby zahnt?

Zahnen beginnt lang bevor man die erste weiße Spitze sieht – mitunter juckt es schon mit acht Wochen im Mund. Die Babys sind dann schnell mal unruhig und quengelig und kauen auf allem herum, was sich dazu anbietet. Auch gerötete Wangen und vermehrter Stuhlgang (mit dem dann auch Wundsein einhergehen kann) können ein Zeichen dafür sein, dass es mit dem Zahnen losgeht.

Wenn das Baby fiebert oder richtigen Durchfall hat, sollten Sie das dagegen nicht einfach auf die Zähne schieben. Beides sind echte Krankheitszeichen und sollten kinderärztlich behandelt werden, um Schlimmeres zu vermeiden.

Fluorid-Prophylaxe

Fluoridpräparate helfen, Karies vorzubeugen, weil das Spurenelement den empfindlichen Zahnschmelz härtet. Daher empfehlen Kinderärzte in den ersten beiden Lebensjahren eine entsprechende Prophylaxe. Bis die Kinder alt genug sind, um fluoridhaltige Zahncremes zu benutzen (sie dürfen die Zahncreme nicht mehr herunterschlucken), können Sie Fluoridtabletten in altersgerechter Dosierung einnehmen (meist als Kombipräparat mit Vitamin D). Aber Achtung, viel hilft nicht viel. Die vorgeschriebene Tagesdosis sollte nicht überschritten werden, sonst stellt sich genau das Gegenteil des gewünschten Effekts ein und der Zahnschmelz nimmt Schaden.

DIE ZAHN-ENTWICKLUNG

Zähne brechen – mit wenigen Ausnahmen – in einer festen Reihenfolge durch (siehe Grafik), allerdings nicht bei jedem Baby gleich schnell. Aber mit zweieinhalb bis drei Jahren ist das Milchgebiss in der Regel vollständig.

AUSSCHLAG — APPETITLOSIGKEIT — WEINEN/QUENGELN — SABBERN — KAUBEDÜRFNIS — UNLEIDIGKEIT — UNRUHIGER SCHLAF

Typische Symptome beim Zahnen

AUTSCH, ZAHN!

Ihr Baby braucht, wie immer wenn es sich unwohl fühlt, vor allem eins: viel Zuwendung. Ihr Zuspruch und Trost machen alles so viel einfacher. Es gibt aber auch noch ein paar Hilfsmittel, wenn das Zahnfleisch juckt.

BEISSRING

Einen Beißring kann das Baby gut schon selbst halten. Ist er leicht gekühlt, lindert er die Beschwerden noch besser. Am besten halten Sie daher immer zwei Stück davon im Kühlschrank bereit. So sind Sie jederzeit gewappnet.

MASSAGE

Wenn Sie gerade gar kein anderes Hilfsmittel zur Hand haben, können Sie die Zahnleiste mit sauberen Fingern sanft massieren. Die Nähe zu Ihnen sorgt zusätzlich für rasche Besserung.

FEUCHTER WASCHLAPPEN

Ein feuchter Frotteewaschlappen ist ebenfalls toll zum Nuckeln, Reiben und Kauen – gerade im Sommer. Halten Sie ihn unter kaltes Wasser, wringen Sie ihn gut aus und geben Sie ihm Ihrem Baby. Zwischendurch dann immer wieder mit kaltem Wasser anfeuchten.

NOPPPEN-ZAHNBÜRSTE

Spezielle Babyzahnbürsten mit Gumminoppen eignen sich prima zum Draufherumkauen. Und bereiten Kinder schon mal auf spielerische Art darauf vor, dass Zähneputzen irgendwann genauso zur täglichen Pflege dazugehört wie das Wickeln oder Baden.

◤ ZWEITER BIS VIERTER MONAT ◥

Zahnpflege

Richtig putzen müssen Sie die winzigen Zähnchen noch nicht. Es genügt, wenn Sie sie einmal am Tag mit einem Stück Stoff abwischen. Und selbst das ist kein Muss.
Wenn Ihr Baby älter wird, können Sie morgens und abends ein kleines „Zahnputzritual" einführen und es auf einer Babyzahnbürste herumkauen lassen. Vielleicht dürfen Sie sogar selbst ein bisschen schrubben? Im Drogeriemarkt gibt es dazu statt Zahnbürsten auch sogenannte Fingerlinge, die Sie sich auf den Zeigefinger ziehen und mit denen Sie sanft über die Zähnchen reiben.

Zahncreme

Das Angebot an speziellen Babyzahncremes ist zwar groß. Zahn- und Kinderärzte empfehlen jedoch, erst dann Zahnpasta zu verwenden, wenn das Kind diese nicht mehr herunterschluckt. Und das dauert noch – in der Regel sind die Kleinen erst mit zwei bis drei Jahren so weit. Bis dahin reichen Zahnbürste und Wasser völlig aus.

Kariesprophylaxe

Die beste Kariesprophylaxe hat nichts mit Zähneputzen zu tun. Sie schützen die Zähne Ihres Babys am besten, wenn Sie ihm weder zuckerhaltige Getränke (auch keine Säfte) noch süße Babykekse anbieten. Auch Dauernuckeln an der Milchflasche oder an der Brust kann die Zähne schädigen (vor allem die oberen Schneidezähne). Schließlich enthält die Milch, die dadurch die Zähnchen ständig umspült, auch Zucker.
Genauso wichtig: Stecken Sie Schnuller oder Fläschchenaufsatz nie selbst in den Mund, um sie schnell sauber zu schlecken oder die Milchtemperatur zu testen. Denn auf diese Weise geraten Kariesbakterien aus Ihrem Mund in den Ihres Babys.

Vorbild sein

Ihr Baby lernt am meisten, indem es Sie beobachtet. Wenn es sieht, dass Sie jeden Morgen und Abend Ihre Zähne putzen, wird es dies als etwas ganz Normales ansehen. Animieren Sie es spielerisch, es Ihnen gleichzutun. Und wenn es einmal partout nicht will, lassen Sie es einfach. Wenn das Zähneputzen einmal ausfällt, hat dies weniger weitreichende Konsequenzen, als wenn Ihr Kind eine grundlegende Abneigung dagegen entwickelt, weil es sich dabei nicht wohlfühlt.

DIE VIERTE *Vorsorgeuntersuchung*

Zwischen dem dritten und vierten Lebensmonat steht die nächste Vorsorgeuntersuchung an. Das Besondere: Zum ersten Mal nehmen jetzt auch die Babys sozialen Kontakt zum Kinderarzt auf. Das hilft natürlich bei der Beurteilung. Und mit etwas Glück gibt es als „Belohnung" zwischendurch immer mal wieder ein zauberhaftes Lächeln.

ERSTE SPRACHE

Wenn das Baby gut gelaunt ist, kann sich der Arzt selbst überzeugen, ob es schon brabbelt, juchzt und quietscht. Ansonsten ist er hier auf Ihre Unterstützung angewiesen: Berichten Sie ihm, ob und wie viel Ihr Baby sich zu Hause „unterhält". Auch das lässt wichtig Schlüsse auf die Entwicklung zu.

MOTORIK

Neben der allgemeinen körperlichen Untersuchung geht es diesmal vor allem darum, ob sich das Baby körperlich und geistig altersgerecht entwickelt. Wie beweglich ist es? Kann es zum Beispiel sein Köpfchen halten, wenn der Arzt es an beiden Händen aus der Rückenlage hochzieht? Kann es beide Hände zusammenbringen, um erste Greifversuche zu starten, wenn er ihm ein interessantes Spielzeug vorhält? Kann es die Hände zum Mund führen? Hält es seinen Kopf in Bauchlage? Gelingt der Unterarmstütz? Und stemmt es seine Beine in Richtung Boden, wenn er es aufrecht über einer festen Unterlage hält?

SEHEN UND HÖREN

Der Arzt schaut auch, ob das Baby in Rückenlage einen Gegenstand verfolgt, den er vor ihm hin und her bewegt. Dreht es den Kopf entsprechend zur Seite? Blickt es in die Richtung, aus der es die Stimme seiner Bezugsperson hört? Wie auch bei der Motorik macht sich der Arzt eher nebenbei ein Bild. Oft merken die Eltern gar nicht, dass er ihr Baby „untersucht".

ALLGEMEINE KÖRPERLICHE UNTERSUCHUNG

Wie gewohnt, wird das Baby gemessen und gewogen, Organe und Geschlechtsteile werden untersucht. Außerdem prüft der Arzt, ob die Fontanelle, die Knochenlücke am Kopf, groß genug ist, damit der Schädel weiter wachsen kann.

IMPFEN

In der Regel bekommt das Baby bei der U4 die erste Mehrfach-Impfung gegen Diphtherie, Tetanus, Hib, Hepatitis B, Kinderlähmung und Keuchhusten und Pneumokokken. Sofern noch nicht bei der U3 geschehen, wird der Arzt Sie zuvor ausführlich über den Sinn von Kinderschutzimpfungen informieren.

◤ ZWEITER BIS VIERTER MONAT ◥

Zum ersten Mal krank

Solange in ihrem Blutkreislauf noch Mamas Antikörper schwimmen, sind Babys relativ sicher vor Krankheiten. In den ersten drei Lebensmonaten sind sie daher – von verschiedenen Anpassungsschwierigkeiten mal abgesehen – meistens ganz gesund. Je länger die Geburt zurückliegt und je öfter sie das Haus verlassen und Kontakt zu anderen Menschen haben, umso mehr steigt auch das Risiko, dass sie irgendwo einen Krankheitserreger aufschnappen und sich etwas einfangen. Das bedeutet nicht, dass Sie sich mit Ihrem Baby am besten nur zu Hause aufhalten. Im Gegenteil: Frische Luft ist sehr gut für seine Gesundheit. Außerdem kann sich sein Immunsystem nur dann entwickeln, wenn es hin und wieder mit Krankheitserregern in Berührung kommt. Auch der körpereigene Schutz muss „antrainiert" werden, damit im Ernstfall alles optimal funktioniert.

Was fehlt dir?

Genauso wie der kleine Organismus lernen muss, mit Keimen fertig zu werden, müssen Sie als Eltern lernen, die Krankheitszeichen Ihres Babys sicher zu erkennen und richtig zu beurteilen. Babys Husten klingt manchmal fürchterlich, ist aber nicht immer Zeichen für eine wirklich schwere Erkrankung. Genauso wenig muss Spucken immer nur bedeuten, dass das Baby zu hastig getrunken hat. Sie sollten immer das gesamte Befinden und Verhalten in die Diagnose einfließen lassen. Nur so können Sie einschätzen, wie es dem Kind wirklich geht. Im Zweifelsfall sollten Sie immer kinderärztlichen Rat suchen.

Schnelle Hilfe

Sie sollten rasch handeln, wenn…
…Ihr Baby teilnahmslos oder gar apathisch wirkt;
…ihm das Atmen schwerfällt oder es ungewöhnlich schnell atmet;
…es nicht richtig trinkt;
…es über mehrere Stunden Durchfall hat oder sich erbricht;
…es deutliche, nicht kontrollierbare Zuckungen hat;
…einen Krampfanfall hat.

WIE WIRD MAN ÜBERHAUPT KRANK?

Krankheitserreger können auf unterschiedlichen Wegen in den Körper gelangen.

ÜBER DIE HAUT

Ihre Schutzfunktion ist bei Babys lang noch nicht so ausgeprägt wie später, weshalb Viren, Bakterien und Pilze leichtes Spiel haben. Besonders gefährdet sind Partien, an denen es immer schön feucht und warm ist, wie die Windelregion oder „Speckfältchen". Auch durch Insektenstiche oder -bisse können Krankheiten übertragen werden, wie zum Beispiel FSME.

ÜBER DEN MUND

Babys stecken alles in den Mund. Bei unsachgemäßer Hygiene können sie sich dabei mit Keimen infizieren. Vor allem bei Erregern von Durchfallerkrankungen wie Noro- oder Rotaviren genügen oft schon kleinste Spuren, um sich anzustecken. Auch belastete Lebensmittel können (Brech-)Durchfälle auslösen.

ÜBER DIE SCHLEIMHÄUTE

Durch eine Schmierinfektion können Erreger von den Händen an die Bindehaut, aber auch in Nase und Mund gelangen und zum Beispiel eine Bindehautentzündung oder einen Schnupfen verursachen.

ÜBER DIE ATEMWEGE

Viele Krankheitserreger – vom Schnupfen bis hin zu Kinderkrankheiten wie Windpocken und Masern – verbreiten sich beim Niesen, Husten, Küssen oder Sprechen und gelangen dann über die Schleimhäute der Atemwege weiter in den Organismus (Tröpfcheninfektion).

■ ZWEITER BIS VIERTER MONAT ■

Fieber

Kinder fiebern schneller als Erwachsene und nicht selten steigt die Temperatur bei jeder Erkrankung. Ist Ihr Baby unter drei Monaten alt, sollten Sie den Kinderarzt gleich um Rat fragen. Einem älteren Baby oder einem (Klein-)Kind können Sie dagegen auch etwas Zeit geben. Sein Körper ist oft schon in der Lage, sich selbst zu regenerieren.

WANN BEGINNT FIEBER?

Glasige Augen, gerötete Wangen, eine heiße Stirn – wenn Babys fiebern, geraten ihre Eltern schnell in Sorge. Aber ab wann hat man eigentlich Fieber? Die normale Körpertemperatur liegt bei Babys zwischen 36 und 37,5 Grad. Was darüber hinausgeht, gilt bis 38 Grad als erhöhte Temperatur, ab 38 Grad als Fieber und ab 39 Grad als hohes Fieber.

WAS BEEINFLUSST DIE TEMPERATUR?

Das Thermometer allein sagt nicht unbedingt etwas über de[n] tatsächlichen Gesundheitszustand des Babys aus. Baden oder Schreien zum Beispiel las[-] sen die Temperatur gern mal i[n] die Höhe klettern. Genauso steigt sie abends generell an. Und nicht zuletzt fiebert jedes Kind anders: Während das ein[e] Baby selbst bei über 38 Grad noch fidel erscheint, machen dem anderen schon leicht erhöhte Temperaturen ziemlich schaffen. Messen Sie möglich[st] immer zur selben Zeit. So läss[t] sich am besten beurteilen, wi[e] sich alles entwickelt.

RICHTIG FIEBER MESSEN

Bis zu einem Alter von drei Monaten messen Sie die Körpertemperatur am besten rektal, denn diese Methode ist einfach am genauesten. Außerdem geht es relativ schnell. Zum Messen legen Sie Ihr Baby rücklings auf die Wickelkommode, heben seine Beine an, halten sie an der Wade oben und führen das leicht eingecremte Thermometer in den After ein. Halten Sie die Beine und das Thermometer die ganze Zeit über fest, damit sich das Baby nicht bewegt und sich dadurch versehentlich verletzt.

SOLL MAN FIEBER SENKEN?

Fieber ist keine Krankheit. Im Gegenteil: Die höhere Körpertemperatur soll den Stoffwechsel und das Immunsystem ankurbeln und helfen, Krankheitserreger unschädlich zu machen. Wenn man sofort Maßnahmen ergreift, um das Fieber zu senken, behindert man also das körpereigene Abwehrsystem eher, anstatt es zu unterstützen. Solange das Baby sich einigermaßen wohlfühlt, besteht also kein Handlungsbedarf. Anders sieht es aus, wenn es quengelig ist und ihm das Fieber tatsächlich zu schaffen zu machen scheint. Dann können fiebersenkende Maßnahmen helfen, damit sich das allgemeine Wohlbefinden wieder bessert. Auch das ist wichtig fürs Auskurieren.

OHR-THERMOMETER

Ohrthermometer sind einfach zu handhaben und die Temperatur lässt sich ebenfalls schnell messen. Allerdings sind diese Geräte für Babys unter drei Monaten noch nicht geeignet, weil ihre Ohren einfach zu klein sind. Ein weiteres Manko: Sie werden oft falsch angewendet und geben dann die Werte nicht sehr exakt wieder. Lassen Sie sich daher vor Gebrauch von Ihrem Kinderarzt oder in der Apotheke genau erklären, worauf Sie achten müssen.

IM MUND UND UNTERM ARM

Wird das Fieber im Mund oder unter der Achsel gemessen, muss das Thermometer viel länger dort bleiben. Und so lang mag ein Baby für gewöhnlich nicht ruhig liegen. Wenn doch, müssen Sie zur gemessenen Temperatur auf jeden Fall noch ein halbes Grad dazuzählen.

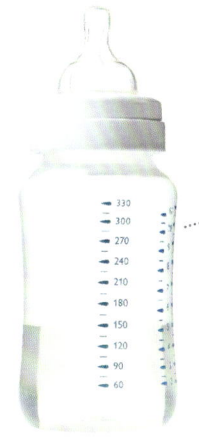

Bieten Sie Ihrem Baby viel zu trinken an, um den Flüssigkeitsverlust auszugleichen – am besten Wasser oder ungesüßten Tee. Stillkinder sollten öfter angelegt werden.

Wadenwickel

Sie wollen nicht gleich zu Fieberzäpfchen greifen? Wenn Ihr Baby nicht friert – Sie erkennen das daran, dass seine Hände und Füße warm sind –, können Sie auch versuchen, das Fieber mit Wadenwickeln zu senken. Dafür tauchen Sie zwei Stücke Stoff (bei Babys gut geeignet: Stofftaschentücher) in lauwarmes Wasser, wringen sie gründlich aus und legen sie um Babys Unterschenkel. Um diese Wickel kommt dann jeweils ein kleines Gästehandtuch und zum Schluss über alles noch eine leichte Decke. Auch gut: Eine Socke von Ihnen, die das Ganze an Ort und Stelle hält. Nach etwa zehn Minuten erneuern Sie die Umschläge – insgesamt bis zu dreimal.

Bettruhe ist für fiebernde Babys nicht zwingend nötig. Allzu viel Trubel ist aber auch nicht gerade förderlich. Die meisten wollen aber in diesem Zustand ohnehin am liebsten kuscheln. Um einen Hitzestau zu vermeiden, ziehen Sie Ihren Schatz leicht und luftig an. Wechseln Sie außerdem durchschwitzte Kleidung zügig, damit er nicht auskühlt.

ZWEITER BIS VIERTER MONAT

Was passiert bei einem Fieberkrampf?

Bei manchen Babys löst ein rascher Temperaturanstieg einen Fieberkrampf aus. Für die Eltern ist das zumeist ein Schock: Ihr Schatz ist bewusstlos, sein Körper zuckt und verkrampft. Zum Glück ist das Ganze weitaus weniger schlimm, als es aussieht. Nach zwei bis drei Minuten ist der Spuk in der Regel vorüber und wenn der Rettungsdienst eintrifft, ist alles wieder normal. Und Sie dürfen sich trösten, dass ein Fieberkrampf nur in seltenen Fällen ein Hinweis auf Epilepsie oder eine Neigung zu Krampfanfällen ist. Versuchen Sie unbedingt, das Fieber mit Fieberzäpfchen zu senken. Passen Sie außerdem auf, das sich Ihr Baby nicht versehentlich verletzt. Sollte tatsächlich der schlimmste Fall eintreten und das Baby hört zu atmen auf, führen Sie Mund-zu-Mund-Beatmung durch, bis der Notarzt kommt (siehe auch Seite 264–265).

Was ist eigentlich Dreitagefieber?

Bekommt ein Baby ganz plötzlich hohes Fieber, hat es sich möglicherweise mit Dreitagefieber angesteckt – einer Viruskrankheit, die durch Tröpfcheninfektion übertragen wird (und die von Erkältungssymptomen zwar begleitet werden kann, aber nicht muss). Gesichert ist die Diagnose deshalb meist erst, wenn nach den besagten drei Tagen alles schon wieder vorbei ist. Typischerweise wird dann das Fieber von einem Hautausschlag mit kleinen roten Flecken abgelöst. Sie erscheinen vor allem am Rumpf und im Nacken und verblassen ebenfalls nach etwa drei Tagen.
Wenn Ihr Baby stark leidet, können fiebersenkende Maßnahmen helfen. Außerdem wichtig: viel Flüssigkeit und liebevolle Fürsorge. In den meisten Fällen jedoch verläuft das Dreitagefieber ohne große Komplikationen – und einmal überstanden, ist Ihre Tochter oder Ihr Sohn das ganze Leben lang immun.

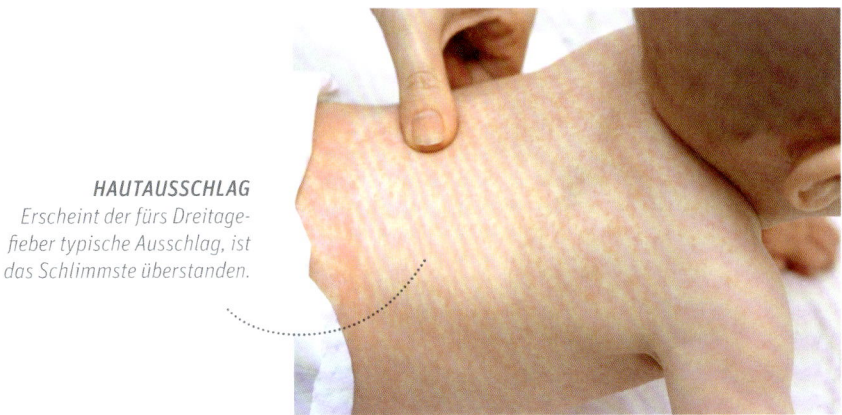

HAUTAUSSCHLAG
Erscheint der fürs Dreitagefieber typische Ausschlag, ist das Schlimmste überstanden.

Die erste Erkältung

Sich gegen eine Erkältung zu schützen, ist beinahe ebenso unmöglich, wie gegen Windmühlen zu kämpfen. Gerade bei miesem Wetter. Dabei machen Kälte und Nässe allein nicht krank. Aber sie schwächen die körpereigenen Abwehrkräfte und machen es Krankheitserregern leicht. Deshalb wird auch Ihr Baby mehrmals im Jahr eine Erkältung haben. Es ist zwar dann jedes Mal einige Zeit immun, aber irgendwann kommt wieder die nächste Rotznase...

Erste Anzeichen

Eine Erkältung kann nicht nur durch Niesen, Husten, Küssen oder Sprechen über eine Tröpfchen-, sondern auch über eine Schmierinfektion übertragen werden – etwa wenn sich jemand die Nase am Handrücken abwischt, sich dann nicht die Hände wäscht und die Erreger so im wahrsten Sinn des Wortes weiterreicht.
Weil beides mehr oder weniger unsichtbar geschieht und es noch dazu anschließend einige Tage dauert, bis die Erkrankung ausbricht, erkennt man nicht immer sofort, dass eine Erkältung im Anmarsch ist. Oft ist das Baby erst einmal insgesamt unruhiger und quengeliger als gewöhnlich. Weil es nur schwer oder überhaupt keine Luft durch die Nase bekommt, trinkt es zudem häufig schlechter und wacht nachts öfter auf. Zu diesem allgemeinen Unwohlsein gesellen sich dann nach und nach erst Niesen, eine laufende Nase und später auch Husten.

ZWEITER BIS VIERTER MONAT

Schnupfen

Bei leichten Erkältungen ist keine große Behandlung nötig. Sie verschwinden nach etwa einer Woche von selbst wieder. Weil trockene (Heizungs-)Luft die Nasenschleimhäute zusätzlich reizt, sollten Sie versuchen, die Luftfeuchtigkeit in den Räumen zu erhöhen, indem Sie feuchte Handtücher oder mit Wasser gefüllte Schalen auf die Heizkörper stellen. Oder stellen Sie einfach den Wäscheständer mit der frisch gewaschenen Wäsche zum Trocknen auf. Lüften Sie außerdem regelmäßig. Und: Solange es Ihrem Baby ansonsten gut geht und es kein Fieber hat, können Sie auch mit ihm an die frische Luft. Wenn die Nase sehr verstopft ist, helfen ein paar Tropfen Kochsalzlösung oder (nach Absprache mit dem Kinderarzt) abschwellende Nasentropfen für Babys.

Babys können sich noch nicht schnäuzen, mit einem Nasensekretsauger lässt sich die kleine Nase gefahrlos säubern.

BABY-NASENTROPFEN

Kochsalzlösung ist eine sanfte Alternative zu chemisch abschwellenden Nasentropfen. Es gibt sie in der Apotheke oder im Drogeriemarkt. Sie können sie aber auch ganz leicht selbst anrühren, indem Sie ½ Teelöffel Kochsalz in 250 Milliliter abgekochtem, lauwarmem Wasser auflösen. Füllen Sie die Mischung in ein kleines Pipettenfläschchen und tröpfeln Sie mehrmals täglich ein paar Tropfen davon in jedes Nasenloch – vor allem jeweils zehn Minuten vor dem Stillen oder Füttern. Weil die Tropfen keine Konservierungsstoffe enthalten, müssen Sie das Fläschchen alle zwei Tage gründlich säubern und die Mischung neu anrühren. Wenn Sie stillen, können Sie auch etwas Muttermilch ausstreichen und mit einer Pipette in jedes Nasenloch träufeln. Die Milch enthält zum einen Antikörper, zum anderen wirkt sie heilend auf die gereizten Schleimhäute.
Mag der Schnupfen auch nach einer Woche nicht nachlassen oder wird er womöglich schlimmer, sollten Sie zum Kinderarzt gehen. Das gilt auch, wenn Husten, Ohrenschmerzen oder starkes Fieber dazukommen.

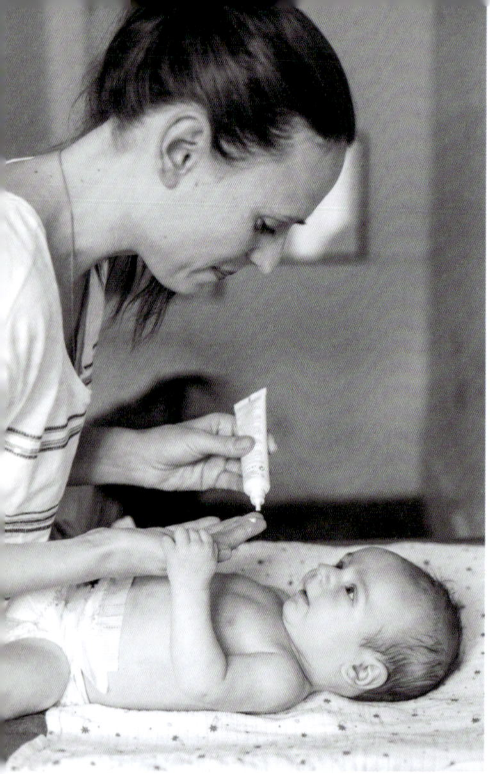

VORBEUGEN
IST DIE BESTE MEDIZIN

Je besser seine Abwehrkräfte sind, umso weniger anfällig ist ein Baby für Infekte. Das stärkt sein Immunsystem:
- Viel Liebe und Zuwendung
- Ausgewogene Ernährung
- Frische Luft
- Altersgerechte Pflege und Hygiene, aber in Maßen
- Nehmen Sie außerdem die Termine für die empfohlenen Vorsorgeuntersuchungen wahr und lassen Sie Ihr Kind impfen.

■ ZWEITER BIS VIERTER MONAT ■

Husten

Nicht selten gesellt sich zur Schnupfennase nach ein paar Tagen auch noch ein Husten. Dieser ist zunächst meistens trocken, später feucht. Allerdings schluckt die Mehrzahl der Babys den Schleim einfach herunter, anstatt ihn abzuhusten. Hält der Husten länger als eine Woche an, quält sich Ihr Baby sehr oder bekommt es zum Husten auch noch Fieber, sollten Sie mit ihm zum Kinderarzt gehen, um auszuschließen, dass es eine Bronchitis oder eine Lungenentzündung hat.

Eine besondere Form des Hustens ist Krupphusten oder Pseudokrupp. Er tritt vor allem abends und nachts bei Babys ab etwa sechs Monaten auf, während das Kleine tagsüber beschwerdefrei ist. Auslöser für den Krupphusten ist eine Entzündung des Kehlkopfs. Zwischen den anfallsartigen, trockenen, bellenden Hustenattacken ist deutlich zu hören, wie das Baby Luft einzieht. Zuweilen hat es regelrechte Atemnot – in diesem Fall muss der Notarzt verständigt werden.

Der teils heftige Anfall erschrickt viele Eltern. Dabei ist es wichtig, dass sie selbst möglichst ruhig bleiben. Angst und Aufregung übertragen sich sonst und erschweren dem Baby das Atmen noch zusätzlich. Was dagegen hilft: Setzen Sie sich mit dem Baby ins Badezimmer und drehen Sie das heiße Wasser an. Die feuchtwarme Luft wirkt beruhigend auf die Atemwege. Ist es draußen nicht zu kalt, können Sie sich alternativ auch warm eingepackt zusammen auf den Balkon oder vor ein offenes Fenster setzen. Hatte Ihr Baby das erste Mal einen Kruppanfall, sollten Sie gleich am nächsten Tag zum Kinderarzt gehen. Er verschreibt Ihnen Medikamente, falls der Husten nochmals auftritt, und gibt Ihnen Tipps, wie Sie Ihrem Kind dann helfen können. Dies ist umso wichtiger, da es sich bei den Attacken nicht immer um eine einmalige Angelegenheit handelt, sondern sie bis ins Kindergartenalter immer wiederkehren können.

Mittelohrentzündung

Über den Verbindungsgang zwischen Nasen-Rachen-Raum und Ohr können die Krankheitserreger bis ins Mittelohr gelangen. Die enge Ohrtrompete schwillt dann sofort zu, sodass Eiter und Flüssigkeit nicht abfließen können. Das tut natürlich weh! Kein Wunder, dass das Baby unruhig und weinerlich ist, vor allem wenn auch noch Fieber dazukommt. Genauso kann dieses ein Hinweis darauf sein, dass sich eine Erkältung auf die Ohren niedergeschlagen hat. Andere Anzeichen dafür sind ständiges Sich-ans-Ohr-Fassen oder Den-Kopf-hin-und-her-Drehen.

Suchen Sie bei Verdacht auf eine Mittelohrentzündung sofort den Arzt auf. Denn wird die Krankheit verschleppt, kann sie chronisch werden, was weitreichende Auswirkungen hat, da Schwerhörigkeit die Sprachentwicklung massiv verzögern kann. Außerdem kann die Entzündung ernste Erkrankungen nach sich ziehen (wie Hirnhautentzündung).

▸ ZWEITER BIS VIERTER MONAT ◂

Magen-Darm-Infekt

Das Verdauungssystem eines Babys ist anfangs noch recht empfindlich und reagiert entsprechend schnell auf Störungen. Manches, was den Eltern besorgniserregend vorkommt, ist allerdings auch ganz normal. Zum Beispiel ist bei Stillbabys der Stuhl generell sehr weich (nur bei Flaschenkindern ist er härter; siehe auch Seite 76–77). Durchfall sieht anders aus: Er ist schleimiger oder sehr wässrig, ist eher grünlich oder farblos. Und vor allem riecht er schlecht.

Voll erwischt!

Ab und an mischen Krankheitserreger, meist Viren, den Verdauungstrakt ordentlich auf. Dann kommen Durchfall und Erbrechen zusammen und häufig hat das Baby dazu auch noch Fieber. In so einem Fall sollten Sie mit Ihrem Kind möglichst rasch beim Kinderarzt vorbeischauen, um die Ursache herauszufinden und entsprechende Maßnahmen zu ergreifen. Das gilt umso mehr, wenn Ihr Baby noch sehr jung ist.
Wie lange die Infektion andauert und wann sich der Magen-Darm-Trakt wieder beruhigt, ist je nach Virus ganz unterschiedlich. Es müssen auch nicht immer Durchfall und Erbrechen gemeinsam auftreten.

Vorsicht, Flüssigkeitsverlust

Das Gefährlichste an einem Magen-Darm-Infekt: Der winzige Körper verliert bei Durchfall und Erbrechen innerhalb kürzester Zeit sehr viel Flüssigkeit und Mineralstoffe. Das Wichtigste ist daher, dass das Baby viel trinkt und seine Haut straff und rosig ist. Flaschenbabys können weiterhin die gewohnte Fertignahrung zu sich nehmen – nur eben öfter. Stillbabys werden ebenfalls häufiger angelegt. Ein Plus: Muttermilch enthält wichtige Immunstoffe und hilft dem Darm dadurch, sich zu regulieren. Wenn Erbrechen und Durchfall nicht nachlassen, verschreibt der Kinderarzt eine Elektrolytlösung, um den Mineralstoffverlust auszugleichen.

Armer Po

Weil der Durchfall die empfindliche Haut am Po angreift, müssen die Windeln häufig gewechselt werden. Lassen Sie Ihr Baby außerdem möglichst viel windelfrei strampeln. Damit es sich nicht verkühlt, sollten Sie es aber obenrum ausreichend warm anziehen und auch an Söckchen denken. Was ansonsten bei einem wunden Popo hilft, können Sie auf Seite 51 nachschlagen.
Ganz wichtig, um die Infektion nicht zu verschleppen: Waschen Sie sich die Hände nach dem Wickeln noch gründlicher als sonst.

Andere Ursachen für Erbrechen

Erbricht sich Ihr Kind nach jedem Essen schwallartig? Ist die Windel selten voll? Hat das Baby viel Hunger, nimmt aber nicht zu? Und haben Sie vielleicht auch schon bemerkt, dass sein Magen nach dem Essen „herumwandert"? Dann sollten Sie umgehend beim Kinderarzt abklären lassen, ob eventuell der Magenpförtner verengt ist. Dieser Ringmuskel am Magenausgang gewährleistet, dass die Nahrung in den Dünndarm gelangt. Ist er zu stark verdickt, bleibt die Passage versperrt, sodass bei einer Überfüllung nur der Weg nach oben frei ist.
Eine Magenpförtnerverengung zeigt sich meist zwischen der zweiten und sechsten Lebenswoche, bei Jungen öfter als bei Mädchen. Sie muss im Krankenhaus durch einen operativen Eingriff behoben werden.

Wenn das Baby in die Klinik muss

Manchmal lässt es sich trotz größter Vorsicht nicht verhindern, dass ein Baby ins Krankenhaus muss. Informieren Sie sich in so einem Fall bei Ihrem Kinderarzt oder im Internet, welche Unterlagen Sie mitnehmen müssen. Denken Sie auch an Schnuller, Kuscheldecke oder Kuscheltier, vor allem wenn Ihr Baby diese zum Einschlafen braucht.
Noch wichtiger ist es, dass Sie Ihr Baby nicht allein lassen. Es ist fast überall selbstverständlich, dass Eltern mit ihrem Kind im selben Zimmer aufgenommen werden. So ist viel Gelegenheit zum Kuscheln. Die Kosten für das Rooming-in übernimmt die Krankenkasse. Viel Körperkontakt macht auch die notwendigen Untersuchungen erträglicher. Erklären Sie Ihrem Baby darüber hinaus, was mit ihm passiert – auch wenn es den Sinn Ihrer Worte noch nicht versteht. Versuchen Sie bei all dem, möglichst positiv zu bleiben. Wenn Sie unsicher sind, überträgt sich das auf Ihr Kind – und es geht ihm noch schlechter.

❱ FÜNFTER BIS NEUNTER MONAT ❰

Das Baby wird **mobil**

■ FÜNFTER BIS NEUNTER MONAT ■

Volle Fahrt voraus

Die Zeit vergeht wie im Flug. Eben war Ihr Schatz noch ein zartes, hilfloses Neugeborenes. Jetzt macht er sich langsam auf, selbst die Welt zu entdecken. Schon rein optisch spielt er mittlerweile in einer ganz anderen Gewichtsklasse. Im Durchschnitt verdoppelt sich das Geburtsgewicht nämlich im ersten Lebenshalbjahr, bei manchen Babys verdreifacht es sich sogar. Ab jetzt nimmt Ihr Baby nicht mehr ganz so schnell zu und es wächst auch nicht mehr ganz so rasant – was auch daran liegen kann, dass Milch allein nicht mehr ausreicht. Gut, dass viele Babys erfahrungsgemäß um den sechsten Monat herum ohnehin mehr und mehr Interesse am Essen der Eltern entwickeln. Und weil mittlerweile die Feinmotorik schon entsprechend entwickelt ist, können sie die ersten Häppchen bald auch schon selbst halten (siehe auch Seite 211–212).

Was bedeutet eigentlich Motorik?

Motorik bezeichnet die Fähigkeit, die Muskeln des Körpers willentlich und selbstständig zu bewegen. Man unterscheidet dabei zwischen Grob- und Feinmotorik. Zur Grobmotorik zählen alle Körperfunktionen, die der Aufrechthaltung und der Gesamtbewegung dienen, wie zum Beispiel das Krabbeln, Laufen oder Hüpfen. Wichtig dafür sind ein guter Gleichgewichtssinn, eine ausgeprägte Körperwahrnehmung sowie eine ausreichende Muskelspannung.

Zur Feinmotorik gehören dagegen vor allem die Bewegung der Hände beziehungsweise Finger, aber auch der Einsatz der Gesichtsmuskulatur. Dafür braucht es neben der entsprechenden Muskelspannung zum Beispiel ein Gefühl für die eigenen Hände und feine Bewegungen sowie eine gute Auge-Hand-Koordination. Solche Fähigkeiten können Babys aber nur entwickeln, wenn die grobmotorische Basis stimmt und sie ausreichend Bewegungserfahrung sammeln dürfen.

Von Kopf bis Fuß

Die motorische Entwicklung verläuft bei jedem nach demselben Schema: Zunächst kann das Baby seinen Kopf immer besser halten, sodass er auch bei plötzlichen Bewegungen nicht mehr wegkippt. Die Kontrolle über Schultern, Arme und Hände erlauben ihm dann, nach Dingen zu greifen. Auch die Rücken-, Rumpf- und Hüftmuskeln werden zunehmend stärker, bis das Baby irgendwann sitzen und krabbeln kann. Zum Schluss sind die Beine dran: der Startschuss zum Laufenlernen! Aber auch wenn die Reihenfolge von der Natur vorgegeben ist, das Tempo bestimmen die Kleinen selbst.

ZUNEHMENDE MOBILITÄT

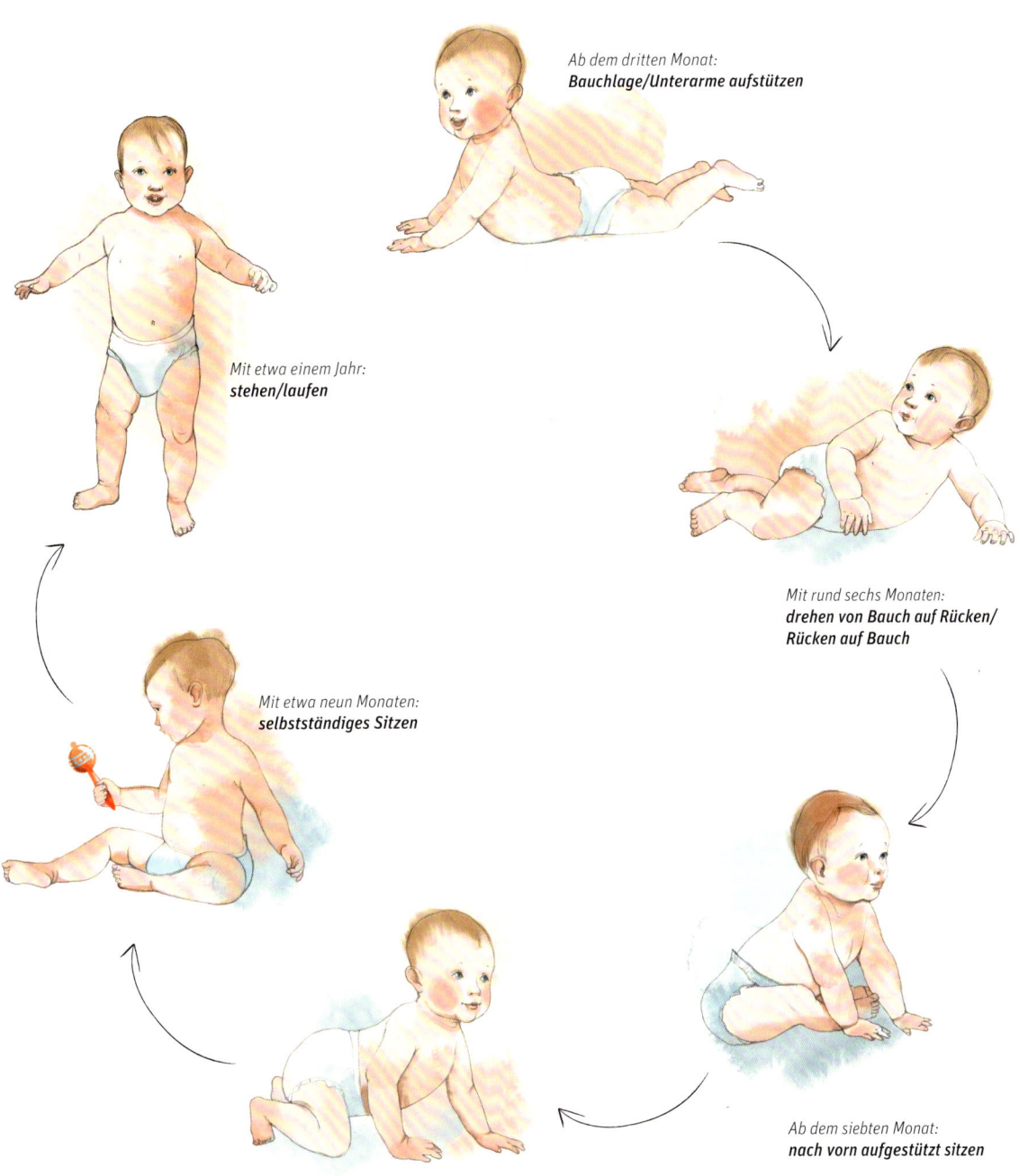

■ FÜNFTER BIS NEUNTER MONAT ■

Zugreifen

Die automatischen Reflexe lassen mehr und mehr nach und machen Platz für gezielte Bewegungen. Ihr Baby greift zum Beispiel mittlerweile mit beiden Händen fest zu, wenn ihm etwas Interessantes vor die Nase kommt – und bald klappt das nur mit einer Hand. Die Hand-Auge-Koordination ist dann meist auch so gut ausgebildet, dass es einen Gegenstand von einer Hand in die andere wechseln kann. Und wenn ihm etwas aus der Hand rutscht, wird es einfach wieder aufgehoben.

Sich drehen

Sich bewegen steht immer öfter auf dem Tagesprogramm und wird langsam zu einer der Lieblingsbeschäftigungen Ihres Babys. Das ist auch gut so, denn so kräftigt es nicht nur seine Muskeln und verbessert seine Koordination und sein Gleichgewicht. Bewegung fördert auch die geistige Entwicklung. Schließlich erschließen sich Babys und Kinder die Welt über Bewegung. Dabei bilden sich immer mehr neue Strukturen und „Datenautobahnen", die die verschiedenen Bereiche des Gehirns miteinander verbinden und so die Voraussetzung fürs Denken schaffen.
Die meisten Babys können sich mit fünf, sechs Monaten vom Bauch auf den Rücken drehen – und kurz darauf auch wieder zurück von der Rücken- in die Bauchlage. Sie „kippen" nicht mehr versehentlich um, sondern verändern ihre Position ganz bewusst. Manche haben dabei schnell eine Lieblingsseite. Sie rollen dann zum Beispiel immer über links. Oder immer über rechts. Wenn Sie solche Vorlieben auch bei Ihrem Baby entdecken, sollten Sie es immer wieder animieren, es auch über die andere Seite zu probieren. Zum Beispiel indem Sie sich dort neben ihm auf den Boden legen oder dort vor seinen Augen ein interessantes Spielzeug platzieren.

Was ist das denn?

Mit der Mobilität wächst auch der eigene Wille. Und deswegen macht das Baby auch nicht mehr immer alles so mit wie bisher. Anstatt sich die Windel zukleben zu lassen, dreht es sich beim Wickeln viel lieber hin und her, um an die bunte Cremedose zu kommen. Anziehen kann warten, viel interessanter ist die bunte Schnullerkette da vorn. Wenn es auf der Wickelkommode zu lebhaft wird, sollten Sie zum Windelwechseln zumindest vorübergehend auf den Boden umziehen. Damit nichts passieren kann. Selbst beim Stillen lassen sich viele Babys jetzt leichter ablenken, zum Beispiel durch Geräusche oder wenn Papa zur Tür hereinkommt.

FÜNFTER BIS NEUNTER MONAT

Motorikförderspiele

Die motorische Entwicklung folgt zwar eigenen inneren Gesetzmäßigkeiten und lässt sich daher von außen nicht beschleunigen. Das bedeutet aber nicht, dass Sie Ihr Baby nicht dabei unterstützen können. Schließlich braucht es auch die Möglichkeiten und Gelegenheiten, sich auszuprobieren.

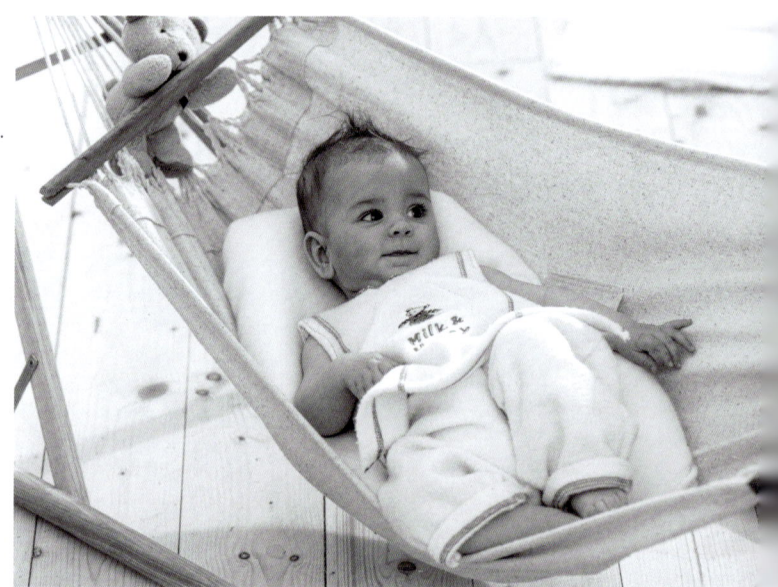

SCHAUKELN

In der Hängematte liegen und sanft geschaukelt werden, das lieben Babys. Sie können Ihr Baby auch auf eine Decke setzen und diese dann gemeinsam mit Ihrem Partner oder einer Freundin vorsichtig in die Lüfte schweben lassen …

FLIEG, BABY, FLIEG

Nehmen Sie Ihr Baby unter den Achseln und drehen Sie sich gemeinsam im Kreis herum. Das schult die Raum-Lage-Wahrnehmung und den Gleichgewichtssinn. Am besten machen Sie dazu gleich noch ein paar Motorengeräusche: brrrrrr…

HOPPE, HOPPE

Schaukelspiele wie „Hoppe, hoppe, Reiter" fördern Körperwahrnehmung und Gleichgewichtssinn. Denken Sie aber daran, dass Sie Ihr Baby dabei in diesem Alter gut stützen müssen, weil es noch nicht frei sitzen kann. Nur an den Händen halten reicht nicht. Hoppeln Sie auch nicht zu wild – eher wie eine alte Mähre, nicht wie ein wildes Fohlen.

KICK IT!

Halten Sie einen leichten Stoffball oder einen Luftballon über Ihren Schatz, wenn er auf dem Rücken liegt. Danach zu treten und zu strampeln, macht nicht nur viel Spaß, sondern kräftigt auch die Beinmuskulatur.

PEKIP®

Sie wollen mal raus? Wie wäre es mit einem PEKIP®-Kurs? PEKIP® zählt in Deutschland zu den beliebtesten Möglichkeiten der Frühförderung von Babys. In kleinen betreuten Gruppen werden die nackten Babys von ihren Eltern spielerisch zu Bewegung angeregt. Das soll die Entwicklung der Bewegungs- und Sinnesorgane fördern, das Vertrauen stärken und die Eltern-Kind-Beziehung verbessern. Mama und Papa können sich mit anderen Eltern austauschen und die Babys haben Kontakt zu Gleichaltrigen.

HAUT-KONTAKT

Sanft massieren, streicheln, kitzeln: Auch intensiver Hautkontakt lässt die Umwelt erleben und legt den Grundstein für ein positives Körperbewusstsein. Zärtliche Berührungen sind für die Entwicklung Ihres Babys genauso wichtig wie Nahrung oder Bewegung.

BABYGYMNASTIK

Auf dem Rücken liegend sacht hin und her schaukeln, die Füßchen aneinanderreiben, die Händchen zusammenpatschen, Hand- und Fußgelenke umfassen und überkreuz zusammenbringen ... Auch Beturntwerden fördert die Beweglichkeit und das Körpergefühl. Das Beste: Haut- und Blickkontakt zu Mama sind inklusive!

Bälle sind toll und noch toller für kleine Hände sind Greifbälle. Die rollen nicht immer gleich weg.

Zeit schenken

Babys brauchen kein Rundumprogramm. Sie können sich gut auch mal mit sich selbst und irgendwelchen Dingen um sich herum beschäftigen. Und sie tun das sogar sehr gern. Auch wenn es Ihnen vielleicht langweilig erscheint, immer nur denselben Bauklotz zu bestaunen: Ihr Baby braucht Zeit, um zu begreifen und zu erforschen. Schenken Sie sie ihm!

NEUE ERFAHRUNGEN

Beim Schwimmen machen Babys Bewegungserfahrungen der anderen Art. Die geführten Bewegungen sollen den Gleichgewichtssinn und die Koordinationsfähigkeit fördern. Zudem stärkt die körperliche Nähe die Eltern-Kind-Bindung. Aber nicht alle Babys haben im Wasser gleich viel Spaß. Kinderärzte empfehlen außerdem, vor Kursbeginn die Rotaviren-Impfung abzuschließen, weil die Infektionsgefahr im Wasser höher ist als an Land (siehe auch Seite 125).

Sprechen lernen

Bisher hat Ihr Baby weniger auf das gehört, was Sie gesagt haben, sondern wie Sie es getan haben. Schon Neugeborene haben nämlich feine Antennen und bekommen ganz schnell mit, ob die Stimmung um sie herum fröhlich, locker oder angespannt ist. Nach und nach begreift das Baby, dass zwischen dem, was um es herum geschieht, und der Sprache eine Verbindung besteht. Dass zum Beispiel ein freundliches Gesicht und eine fröhliche Stimme oder Lachen zusammengehören. Oder dass Sie bei einem bestimmten Gegenstand immer wieder dasselbe Wort sagen. Und vielleicht erkennt es sogar schon seinen eigenen Namen?

Die Lallphase

Mit der Zeit entwickeln Babys mehr und mehr ein Interesse an der Sprache selbst. Durch ständiges Üben verbessern sie die Feinmotorik der Mund-, Zungen-, Rachen- und Wangenmuskulatur, sodass sie deren Bewegungen immer besser kontrollieren können. Anfangs vernimmt man vor allem die sogenannten Blaslaute, die entstehen, wenn das Baby Luft durch die locker aufeinandergelegten Lippen presst, und die sich anhören wie „f" oder „s". Indem es Luft durch die geschlossenen Lippen presst, bildet es Laute wie „b" oder „p" oder „m" (Lippenverschlusslaute).
Um den fünften Monat herum wird das „Vokabular" immer abwechslungsreicher. Es lassen sich bereits erste Silbenketten erkennen wie „dadada", „bababa" und auch „mamamam". Bei Letzter hüpft das Herz vieler Mütter verständlicherweise erst einmal gewaltig in die Höhe. Bis ihr Baby sie jedoch wirklich direkt anspricht und das erste Mal bewusst „Mama" sagt, müssen sie sich aber noch ein paar Wochen gedulden.

Jeder auf seine Art

Der Zeitrahmen, in dem das Repertoire an Lauten anwächst, ist wie so oft Typsache. Die einen Babys sind richtige Plaudertäschchen und probieren alles mehr oder weniger gleichzeitig aus. Andere üben erst einmal eine Sache – die aber bis zur Perfektion –, ehe sie sich der nächsten zuwenden. Und wieder andere hören einfach länger zu und verarbeiten alles, ehe das, was sie in sich aufgesaugt haben, aus ihnen „explodiert". Manche Babys beschränken sich sogar so lang aufs „Dirigieren" mittels Zeichensprache, bis sie in die Kindertagesstätte kommen. Und fangen dann doch plötzlich an zu sprechen, weil außerhalb der Familie niemand ihre Zeichen deuten kann.

▶ FÜNFTER BIS NEUNTER MONAT ◀

Selbstgespräche

Babys lieben nicht nur die Stimme ihrer Mama, ihres Papas, ihrer Oma, ihres Opas oder ihrer Geschwister. Sie sind auch ganz vernarrt in all die Laute, die sie selbst fabrizieren. Unterbrechen Sie deshalb Ihr Baby nicht, wenn es selig seiner Stimme lauscht, und freuen Sie sich, dass es so viel Spaß hat. Sie selbst sind schnell genug wieder gefragt. Viele Babys brabbeln auch noch vor sich her, wenn man sie zum Schlafen legt. Das bedeutet aber nicht, dass sie nicht müde wären. Und erst recht nicht, dass man sie gleich wieder aus dem Bettchen herausheben sollte. Die „Selbstgespräche" scheinen vielmehr eine beruhigende Wirkung zu haben, sodass sich die Kleinen gewissermaßen selbst in den Schlaf reden.

Lernen durch zuhören

Sprechen gelingt nicht von heute auf morgen. Begriffe und Sätze prägen sich nur dadurch ein, indem man sie immer wieder wiederholt. Das ist nicht anders als beim Vokabellernen. Gewöhnen Sie sich daher an, alles, was Sie im Beisein Ihres Babys tun, zu kommentieren. Oder zumindest ganz viel davon. Je öfter Sie bestimmte Worte benutzen, desto mehr bleibt davon hängen und umso eher versteht Ihr Schatz, was Sie damit meinen. Und immer wenn Sie Ihr Baby direkt anreden, sollten Sie es dabei anblicken und möglichst deutlich sprechen. Es kann dann beim Zuhören gleichzeitig auf Ihre Mimik achten. Haben Sie keine Sorge, Ihr Baby damit zu überfordern. Es liebt nichts mehr, als Ihnen zuzuhören. Mit Ihrer Stimme schenken Sie ihm Zuwendung, Nähe und Liebe. Ganz anders wirken übrigens Stimmen aus dem Fernseher, dem Radio oder dem Computer auf Babys. Das Dauerplappern ist für sie eher ein störendes Hintergrundgeräusch, das es ihnen schwerer macht, sich auf die Stimmen der Eltern zu konzentrieren. Das erleichtert das Sprechenlernen nicht gerade.

HÖRT IHR BABY GUT?

Achten Sie im Alltag immer mal wieder bewusst darauf, wie Ihr Baby auf Geräusche reagiert – auch wenn der Kinderarzt bisher bei der Untersuchung der Ohren nichts Auffälliges entdeckt hat. Wenn Sie unsicher sind, ob Ihr Baby gut hört, fragen Sie den Arzt um Rat, damit nichts den Spracherwerb beeinträchtigt. Dasselbe gilt, wenn Sie der Meinung sind, Ihr kleiner Schatz plappere zu wenig für sein Alter.

▰ FÜNFTER BIS NEUNTER MONAT ▰

Sprachförderspiele

Schon im normalen Alltag nehmen Babys extrem viel mit – einfach indem sie hören, wie rundherum gesprochen wird, und ihre eigenen Laute daran anpassen. Sie können die Begeisterung für laute und leise Töne aber auch ganz gezielt wecken und fördern.

SINGEN

Vorsingen ist genauso inspirierend wie Erzählen. Vor allem weil unterschiedliche Betonungen und Rhythmen dabei noch stärker hervorgehoben werden. Es muss gar kein großartiger Text sein – und ein paar falsche Töne machen auch überhaupt nichts. Hauptsache, Sie beide haben Spaß!

BABYSCH SPRECHEN

Drehen Sie den Spieß doch einmal um: Hören Sie genau hin, welche Laute Ihr Baby von sich gibt, und machen Sie sie dann selbst nach. Ihr Schatz wird begeistert sein und sofort erneut drauflosplappern. Wenn Sie auch darauf wieder antworten, wird daraus eine richtige Konversation. Ein Baby-Kaffeekränzchen.

Quatsch machen ist zugleich Unterhaltung, Zeitvertreib und Sprachförderung.

FÜNFTER BIS NEUNTER MONAT

GERÄUSCHE NACHAHMEN

Richten Sie gemeinsam Ihre Aufmerksamkeit auf irgendetwas und ahmen Sie Geräusche nach: Sie können zum Beispiel aus dem Fenster schauen und wenn ein Auto vorbeifährt, genauso brummen oder hupen. Oder wie der Vogel auf dem Baum gegenüber zwitschern. Bellt da nicht irgendwo ein Hund? Oh, und jetzt ist dem Mädchen auf dem Gehweg der Ball runtergefallen: boing, boing …

LACHEN

Bringen Sie Ihren Schatz zum Lachen, zum Beispiel indem Sie mit weichen Lippen auf den nackten Bauch oder die Füßchen prusten. Lachen ist gesund, denn es versorgt den Körper mit viel Sauerstoff und kurbelt die Bildung von Glückshormonen an. Beim Gluckern und Juchzen können Babys zudem prima ihre Stimme ausprobieren. Und die Gesichtsmuskulatur, die beim Sprechenlernen ganz schön viel zu tun hat, wird auch gleich gelockert.

WO IST MEIN SCHATZ?

Toll beim Wickeln oder Baden: Stellen Sie Ihrem Baby eine einfache Frage und beantworten Sie sie gleich darauf selbst. Also: Wo ist die Nase? Da ist die Nase. Wo ist der Bauch? Da ist der Bauch. Und dabei stupsen Sie ihm gleich noch mit dem Zeigefinger aufs Näschen oder kitzeln das Bäuchlein. Das fördert das Wortverständnis.

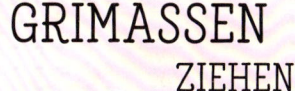

GRIMASSEN ZIEHEN

Sprechen Sie richtig schön übertrieben, verziehen Sie Ihren Mund, lassen Sie die Augen rollen und die Augenbrauen hüpfen. Das animiert zum Nachmachen und stimuliert so die mimische Feinmotorik. Was zum Lachen gibt es gratis dazu!

Am Gesichtsausdruck des Babys lässt sich ziemlich eindeutig erkennen, ob es gerade Lust auf Kommunikation hat.

VON DEN LIPPEN LESEN

Überlegen Sie sich Worte, die vor allem aus Buchstaben bestehen, die man beim Sprechen förmlich sehen kann, weil man dabei die Lippen so stark bewegt. So wie bei Wauwau oder Tut-Tut. Oder auch Mama. Oder Papa. Alles, was das Baby hört und sieht, kann es besonders leicht nachmachen.

DIE FÜNFTE Vorsorgeuntersuchung

Es ist mal wieder so weit: Zwischen dem sechsten und siebten Monat steht die nächste Vorsorgeuntersuchung beim Kinderarzt an.

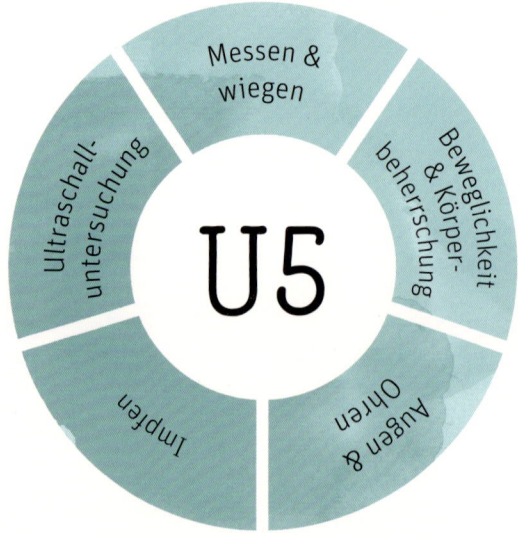

Messen und wiegen

Wie groß ist das Baby? Wie viel wiegt es? Was misst sein Kopfumfang? Dieser Teil der Untersuchung ist mittlerweile beinahe schon Routine. Doch anhand der Werte kann der Arzt mithilfe sogenannter Perzentilenkurven genau ermitteln, ob sich ein Baby altersgerecht entwickelt (siehe auch Seite 18–19). Diese Kurven geben nicht nur die durchschnittlichen Größen- und Gewichtswerte für jedes Kindesalter an, sondern auch die normalen Abweichungen davon. Solange die Werte für Ihr Baby irgendwo innerhalb dieser Kurve liegen, brauchen Sie sich keine Sorgen machen – auch wenn sie einmal leicht vom Durchschnitt abweichen. Jedes Baby hat sein individuelles Entwicklungstempo. Und in den nächsten Wochen gleicht sich viel wieder aus.

Beweglichkeit und Körperbeherrschung

Spielerisch testet der Arzt die Reflexe und motorischen Fähigkeiten. Greift das Baby zielgerichtet nach einem Spielzeug, das er ihm reicht, und steckt es sich dann auch noch prompt in den Mund? Prima! Kann es sich aus der Rückenlage auf den Bauch

FÜNFTER BIS NEUNTER MONAT

drehen und in der Bauchlage die Arme abstützen und den Kopf oben halten? Sehr gut! Fasst es seine Finger und lässt sich hochziehen, ohne dabei den Kopf hängen zu lassen? Hervorragend! Viele dieser Tests geschehen vermutlich wieder ganz nebenbei, sodass Sie gar nicht alle mitbekommen. Macht nichts, Hauptsache Ihr Baby zeigt, was es kann.

Augen und Ohren

Mit einer kleinen Lampe wird geprüft, ob das Baby auf An- und Ausschalten reagiert und ob es das Licht aufmerksam verfolgt. Mithilfe eines Augenspiegels kann der Arzt jetzt außerdem klären, ob das Baby schielt.
Beim „Hörtest" ertönt eine Hochtonrassel oder ein Glöckchen. Dreht das Baby seinen Kopf in die Richtung, aus der der Ton kommt, ist alles in Ordnung. Nur wenn es gut hört, wird es schließlich bald die ersten Worte brabbeln.

Impfen

Wenn Ihr Baby bereits das erste Mal geimpft wurde, können Sie die U5 gleich dazu nutzen, die nächste Teilimpfung ausführen zu lassen. Der kleine Pikser ist vermutlich unangenehm, aber auf Ihrem Arm beruhigt sich das Baby sicher schnell wieder. Wenn Sie bisher unsicher waren, können Sie jetzt nochmals mit dem Arzt über den Nutzen von Schutzimpfungen sprechen (siehe auch Seite 122–129).

Ultraschalluntersuchung

Immer mehr Kinderarztpraxen bieten im Rahmen der Vorsorgeuntersuchung an, Blase und Nieren mittels Ultraschall auf mögliche Fehlbildungen zu begutachten. Diese Untersuchung ist jedoch keine Pflicht, weswegen sie als IGeL-Leistung gilt und von den gesetzlichen Krankenkassen nicht übernommen wird. Es steht Ihnen daher frei, sie durchführen zu lassen oder abzulehnen.

Aufklärung

Vermutlich wird der Kinderarzt auch wieder einiges von Ihnen wissen wollen: Wie schläft das Baby? Wie isst es? Wie verhält es sich Fremden gegenüber? Gibt es sonst irgendwelche Probleme oder Fragen? Genauso wird er Sie über die bald anstehende Ernährungsumstellung informieren und darüber, was Sie spätestens dann im Hinblick auf die Zahngesundheit und Mundhygiene beachten sollten. Auf die Unfallverhütung wird er ebenfalls zu sprechen kommen. Schließlich wird das Baby immer mobiler und neugieriger.

◣ FÜNFTER BIS NEUNTER MONAT ◥

Es geht voran!

Die Zeit vergeht wie im Flug. Fast scheint es, als könnte das Baby jeden Tag irgendetwas Neues. Und tatsächlich lernt es gerade ziemlich viel. Sitzen, krabbeln, stehen … Momentan scheint einfach alles auf mehr Mobilität ausgerichtet zu sein. Aber auch der Sprachschatz kommt nicht zu kurz (siehe ab Seite 188).

Der lange Weg zum Krabbeln

Wenn das Baby in Bauchlage den Kopf stabil halten, die Arme bewegen und mit den Händen zupacken kann, ist es erst mal gut beschäftigt. Und noch lustiger wird es, wenn es dann auch hin und her kugeln kann. Auf Dauer reicht ihm aber auch das nicht und es will bald schon wieder mehr.

Irgendwann haben alle Babys genug davon, nur auf der Stelle herumzuliegen. Und irgendwie schaffen es auch alle, sich fortzubewegen: Die einen rollen sich dazu einfach immer weiter in eine Richtung. Die anderen ziehen sich bäuchlings und mit mächtig viel Armeinsatz am Boden entlang – und entwickeln dabei gerade auf glatten Böden ein ganz schön rasantes Tenpo. Wieder andere schieben sich im Liegen mit den angewinkelten Beinen wie Fröschchen vorwärts …

Gleichzeitig stützen die Kleinen jetzt in Bauchlage nicht mehr nur die Unterarme auf, sondern strecken die Ärmchen auch mal durch, um noch mehr sehen zu können.

Und von dort geht es weiter in den Vierfüßlerstand. Ist der Windelpo erst mal oben, wird kräftig hin und her geschaukelt – Po vor, Po zurück, Po vor, Po zurück … Fast sieht es aus, als wolle das Baby noch mal Schwung holen, ehe es richtig durchstartet.

Bei manchen liegen zwischen dem ersten Schaukeln und den ersten Krabbelversuchen tatsächlich nur wenige Tage. Bei anderen dauert es länger. Beides ist normal. Die Herausforderung ist, das Gleichgewicht auf den Händen und Knien zu halten. Zudem benötigt man ausreichend Muskelkraft in Armen und Beinen. Hier sind Babys, die in den vergangenen Monaten viel Zeit auf der Krabbeldecke verbringen durften, oft im Vorteil. Einfach weil ihre Muskeln schon stärker und die motorische Entwicklung bei ihnen etwas weiter fortgeschritten ist. Das Schwierigste ist jedoch, die Bewegungen überkreuz auszuführen. Dass mit dem linken Arm das rechte Bein nach vorn geht und mit dem rechten Arm das linke Bein, stellt erhöhte Anforderungen an das Zusammenspiel von beiden Gehirn- und Körperhälften. Muskelkraft allein bringt daher auch nichts. Aber hat das Baby den Dreh erst mal raus, hat es damit den nächsten wichtigen grobmotorischen Entwicklungsschritt getan. Und trainiert zugleich die rechte und linke Gehirnhälfte, die später gut zusammenarbeiten müssen, etwa beim Malen und Schreiben.

FÜNFTER BIS NEUNTER MONAT

Manche Babys überspringen die Krabbelphase auch einfach komplett. Sie können dann vielleicht schon sitzen und ruckeln oder hüpfen lieber auf dem Windelpo durchs Zimmer. Oder sie ziehen sich aus dem Sitzen direkt ins Stehen hoch und hangeln sich dann am Sofa oder an anderen Möbelstücken entlang. Auch hier ist die Entwicklung sehr individuell. Nur wenn Sie sich Sorgen machen, weil Ihr Baby gar keine Anstalten macht, sich vom Platz zu bewegen, sollten Sie einen Kinderarzt um Rat fragen.

Frei sitzen

Inzwischen kann Ihr Baby vermutlich schon gut eine Weile auf Ihrem Schoß oder mit einem festen Kissen im Rücken abgestützt im Hochstuhl sitzen. Sobald es aber zusammensackt, sollte es wieder auf den Bauch oder Rücken gelegt werden. Denn um sich länger aufrecht zu halten, ist die Rücken- und Hüftmuskulatur einfach noch nicht stark genug. Daher kann Dauersitzen Haltungsschäden begünstigen.
Das erste eigenständige Sitzen ist dann in der Regel eher eine Art Zufallsprodukt und passiert, wenn das Baby aus dem Vierfüßler nach hinten sackt. Und wenn ihm diese Position gefällt, hat es schon bald den Dreh raus, wie es immer wieder dorthin kommt. Um die Balance zu halten, stützt sich das Baby eine Zeit lang noch mit den Händen am Boden ab. Bald ist aber auch das nicht mehr nötig und es kann im Sitzen frei greifen.

Stehen

Sicher haben Sie in den letzten Wochen schon gemerkt, dass es Ihrem Schatz Spaß macht, auf Ihren Beinen zu stehen und, von Ihnen sicher gehalten, mehr oder weniger wild auf und ab zu wippen. Dass er dabei seine Beinchen ununterbrochen beugen und strecken muss, ist wieder mal ein prima Muskeltraining und zusammen mit dem

Gleichgewichtssinn und der Kraft in Hüfte und Rücken Voraussetzung dafür, dass sich das Baby um den neunten Monat herum allein an einem Möbelstück oder Ihrem Bein hochziehen kann. Noch steht es etwas wacklig auf den Füßen, um nicht gleich wieder umzukippen. Aber diese unsichere Phase lässt es schnell hinter sich, solange es sich irgendwo festhalten kann. Viele Eltern können jetzt die Wochen, die das Baby noch braucht, bis es läuft, an den Händen abzählen.

Zangengriff

Bisher hat das Baby mit der ganzen Hand zugegriffen, wenn es etwas haben wollte. Mit acht bis neun Monaten ist es feinmotorisch schon etwas weiter und fasst die Dinge mit Daumen und Zeigefinger. Allerdings greift es sie noch nicht mit den Fingerkuppen, wie es ein Erwachsener tun würde. Stattdessen nimmt es sie zwischen die Basis der Finger, sodass die Händchen fast ein bisschen an Krebsscheren erinnern. Aber auch mithilfe dieses sogenannten Zangengriffs lässt sich schon ziemlich genau zupacken. Loslassen dagegen funktioniert weniger gut. Dazu müsste das Baby in der Lage sein, die Muskulatur willentlich zu lockern, und das beherrscht es noch nicht so gut. Stattdessen bedarf es einer gewissen Kraftaufwendung. Sie ist der Grund, weshalb Babys Dinge oft regelrecht von sich schleudern, wenn sie sie loslassen wollen. Dieses Verhalten heißt also nicht, dass ihnen etwas missfällt. Und deswegen fliegt auch das Lieblingskuscheltier das ein oder andere Mal in weitem Bogen durch die Wohnung. Wenn das Baby in beiden Händen etwas hält und einen dieser Gegenstände loslässt, fällt meist auch der andere herunter. Es kann nämlich noch nicht beide Hände getrennt voneinander steuern. Aber mit der Zeit gelingt ihm das ebenfalls immer besser.

Weil die Auge-Hand-Koordination immer besser wird, gelingt es manchmal schon, Bauklötze übereinanderzustapeln.

URSACHE UND WIRKUNG

Es ist zum Verrücktwerden. Gerade hat man den Bauklotz aufgehoben, da lässt das Baby ihn schon wieder fallen. Ist das etwa Absicht? Ja! Zunächst ist das Schließen und Aufmachen der Hände reines Training. Aber schon bald merken Babys, dass die Dinge, wenn sie sie loslassen, nach unten fallen. Und auch, dass sie nicht immer einfach nur am Boden liegen bleiben, sondern sich auch mal weiterbewegen und wegrollen oder weghüpfen. Das ist selbstverständlich sehr interessant – und will gleich noch mal ausprobiert und beobachtet werden. Wenn Sie den Gegenstand aufheben und ihn dem Baby zurückgeben, kommt noch der soziale Aspekt dazu. Ich lass etwas fallen und Mama oder Papa geben es mir wieder. Das ist Interaktion und fast wie ein kleiner Dialog. Nur eben nicht mit Worten.

IMMER WAS ZU TUN

Am besten richten Sie in allen Zimmern, in denen Sie sich tagsüber länger aufhalten, eine Spielecke ein. Vergessen Sie dabei die Küche nicht. Räumen Sie zum Beispiel eine der unteren Schubladen aus und füllen Sie sie mit interessanten Dingen. Dann ist auch alles schnell wieder weggeräumt. (Denken Sie an eine Einklemmsperre, um die kleinen Finger zu schützen.) Oder lagern Sie das Spielzeug in einem hübschen Korb, in den Sie am Schluss gemeinsam alle Teile wieder einsammeln. Das ist eigentlich auch gleich noch ein Spiel.

FÜNFTER BIS NEUNTER MONAT

Bewegungsspiele und mehr

Alles, was Bewegung bringt, ist jetzt gerade richtig. Denn momentan wollen Babys vor allem eins: Action.

❶ Krabbelparcours

So ein Tunnel animiert zum Hineinkrabbeln – vor allem wenn Sie beim anderen Ende hineingucken. Hochleistungskrabbler freuen sich über mehr Herausforderung, zum Beispiel einen abwechslungsreichen Parcours mit Stuhlunterführungen, Kartonhöhlen und Deckenschluchten. Schult die Überkreuzbewegung und die Vernetzung der Hirnhälften.

❷ Stapelbecher

Stapelbecher sind toll! Man kann sie aufeinanderstapeln und ineinanderstecken. Erste Erfahrungen mit unterschiedlichen Größen und Farben machen. Und in die Badewanne lassen sie sich auch noch mitnehmen. Noch werden Sie die Türme bauen und Ihr Baby wird sie anschließend laut krachend wieder einstürzen lassen. Aber auch das ist angewandte Physik. Und bald ist es dann selbst der Baumeister. Gute Alternative: Stapelwürfel aus Stoff, am besten solche, bei denen jede Seite anders gestaltet ist. Leider machen die nur nicht so viel Krach.

❸ Press-and-go-Autos

Man drückt oben drauf und schon düsen sie los. Nichts wie hinterher. So lernt man, dass das, was man tut, etwas bewirkt. Und nachkrabbeln kann man dem Auto auch noch!

❹ Bälle

Nicht wenige halten Bälle für das beste Spielzeug überhaupt, denn sie sorgen in jedem Alter für Spaß und Bewegung. Das Schönste: Man spielt eigentlich immer zusammen. Sie können den Ball kullern lassen, damit das Baby ihm hinterherkrabbelt. Sie können ihn aber auch sanft zu ihm hinrollen, sodass es ihn „fangen" und dann wieder zu ihnen zurückschieben kann. Oder wie wäre es mit einer Partie Fußball auf allen Vieren?

Sprachentwicklung

Können Sie sich überhaupt noch daran erinnern, dass es einmal eine Zeit gab, in der Ihr Baby nicht die ganze Zeit vor sich hin gebrabbelt hat? Und jetzt ist es so gesprächig! Die Silbenketten werden immer länger. Und weil die Kleinen immer mehr auch Tonfall und Sprachmuster an ihre Eltern anpassen, hat man häufig schon das Gefühl, sie würden ganze Sätze sprechen. Nur eben in einer uns unbekannten Sprache.

Ich weiß, was du meinst

Etwa mit acht Monaten entwickeln Babys ein erstes Wortverständnis. Ihr Gehirn ist so weit, dass sie bestimmte Worte mit bestimmten Dingen oder Personen verknüpfen. Um diese Entwicklung zu unterstützen, können Sie Ihrer Tochter oder Ihrem Sohn immer wieder deutlich die Dinge benennen, die Ihnen im Alltag begegnen, und dabei darauf deuten. Auf das Auto, den Teddy, den Trinkbecher, die Hose, den Pulli, den Papa … Sie werden sehen, wie interessiert Ihr Baby diese Information in sich aufsaugt. Man weiß sogar, dass Babys aktiv den Blickkontakt zu ihrer Bezugsperson suchen, wenn sie

FÜNFTER BIS NEUNTER MONAT

zum Beispiel wissen wollen, wie etwas heißt. Ihr Blick schweift dazu von Mama oder Papa zu dem Gegenstand und wieder zurück.

Die meisten Babys (er-)kennen jetzt auch ihren Namen und wissen, dass sie gemeint sind, wenn man sie anspricht oder nach ihnen fragt. Und sie drehen den Kopf in die Richtung, aus der die Stimme kommt, wenn die Eltern nicht direkt neben ihnen sind.Manche zeigen auch schon auf Dinge, die man benennt, zum Beispiel wenn man gemeinsam ein Bilderbuch anschaut. Anderen fällt das Abstrahieren noch schwer. Ist der eigene Ball blau, kann der rote im Buch kein Ball sein. Denn Bälle sind blau. Trotzdem: Auch wenn Babys selbst noch kein Wort sprechen können, die Zahl der Worte, die sie verstehen, ist bereits erheblich.

Die Kommunikation ohne Worte funktioniert durch das Wortverständnis ebenfalls immer besser. Mit der Zeit winkt das Baby zum Abschied, klatscht in die Hände, wenn es sich freut, oder schüttelt den Kopf, wenn es etwas nicht mag. Die wachsende Fähigkeit zur Interaktion stärkt das Selbstbewusstsein, denn das Baby merkt immer mehr, dass es etwas erreichen kann – und vor allem auf welchem Weg.

Das erste Wort

Das Zeitfenster, in dem ein Baby das erste Mal tatsächlich spricht, ist relativ groß: Manche Babys geben mit sieben Monaten das erste „echte" Wort von sich, andere erst mit 18 Monaten. Mädchen sind dabei, rein statistisch gesehen, gesprächiger als Jungen. Einige verfügen schon mit neun Monaten über einen beachtlichen Wortschatz. Sie brauchen sich jedoch keine Sorgen machen, wenn Ihr Schatz in dieser Beziehung wenig Ehrgeiz zu entwickeln scheint. Jedes Baby setzt seine eigenen Prioritäten. Während das eine möglichst schnell das Sprechen lernen will, liegt das Bemühen des anderen auf dem Laufenlernen. Diese beiden großen Herausforderungen gleichzeitig zu bewältigen, schaffen wirklich nur die wenigsten.

Abgesehen davon wechseln sich auch bei der Sprachentwicklung Schübe, in denen nahezu täglich ein neues Wort „herausexplodiert", mit Phasen ab, in denen lang nichts passiert. Bis zur nächsten Explosion.

Bilderbücher

Kaum etwas fördert die Sprachentwicklung so positiv wie Vorlesen. Dass selbst Erstlesegeschichten ein Baby noch überfordern würden, ist klar. Einfache Bilderbücher aber können Sie schon jetzt gemeinsam anschauen – am besten solche, die nur ein Motiv pro Seite zeigen. Erklären Sie Ihrem Schatz, was er sieht. Wenn Sie möchten, können Sie sich eine ganz kleine Geschichte zu den Bildern ausdenken. Regen Sie Ihr Baby aber auch an, selbst zu „lesen". Fragen Sie, wo das dargestellte Objekt ist, und lassen Sie es sich mit dem Finger zeigen. Freuen Sie sich, wenn das Kind versucht, die Seiten umzublättern, um zu der Stelle zu kommen, die es besonders gern hat.

DOPPELT
HÄLT BESSER

Fühlen und sprechen gehören zusammen. Die Bereiche für Fingerfertigkeit und Sprachentwicklung liegen im Gehirn nicht nur dicht beieinander, sondern sind sogar ineinander verzahnt. Und die Entwicklung des Sprachvermögens startet erst, wenn die Feinmotorik der Finger ausreichend fortgeschritten ist. Das ist bei Ihrem Schatz zwar längst der Fall. Aber auch jetzt noch kann er sich Dinge besser merken, wenn er sie dabei gleichzeitig befühlen darf.

Fremdeln

Bis zum Alter von etwa acht Monaten reagieren Babys so ziemlich auf jedes freundliche Lächeln mit einem unwiderstehlichen Strahlen. Egal, ob Mama, Oma, der Nachbar oder eine wildfremde Frau im Supermarkt nett in den Kinderwagen schaut: Es wird begeistert zurückgelächelt. Das Gesicht des Gegenübers dient nämlich vor allem als Spiegel der eigenen Gefühle. Geht es dem Kleinen gut und jemand lächelt es an, bestätigt dieses Lächeln sein Wohlbefinden. Das ist nun anders.

Ich und du

In den vergangenen Monaten hat das Baby sehr viel Zuwendung und Liebe erfahren. Die wird nun erwidert. Das Kleine zeigt immer deutlicher, dass es Mama, Papa und andere, ihm nahestehende Personen wiedererkennt. Es streckt die Ärmchen nach ihnen aus, umarmt sie, kuschelt sich aktiv an sie … Es weiß mittlerweile einfach, zu wem es gehört. Im Gegenzug stellt es aber auch fest, dass es die vielen anderen Menschen eben nicht kennt, und entwickelt ihnen gegenüber daher zunächst ein natürliches Misstrauen. Was wollen die von mir?
Vor drei Wochen wurde Oma noch mit einem entzückten Quietschen empfangen und nichts schien schöner zu sein, als von ihr mit lauten Schmatzküssen überhäuft zu werden. Doch als die Großeltern ihr Enkelkind das nächste Mal besuchen, will es sie nicht mal mehr anschauen. Es drückt sich fest an die Mama und dreht sein Gesicht weg. Und als Oma es auf den Arm nehmen will, beginnt es sogar zu weinen und klammert sich noch fester an seine Mutter.

Ein wichtiger Entwicklungsschritt

Nicht wenige Eltern empfinden so ein Verhalten als sehr unangenehm. Zum einen, weil sie merken, dass das Gegenüber es persönlich nimmt, und sie niemanden vor den Kopf stoßen wollen. Zum anderen aber auch, weil sie befürchten, dass es ein schlechtes Licht auf sie zurückwirft. Schließlich könnten die Leute denken, das Baby würde die Ansicht der Eltern reflektieren. Was natürlich umso unerquicklicher ist, je näher man diesen Menschen selbst steht. Wie bei der Oma.

Dabei wäre es doch ein Grund, sich zu freuen, wenn das Baby fremdelt. Schließlich macht es damit wieder einen wichtigen Entwicklungsschritt: Es kann jetzt zwischen bekannten und unbekannten Gesichtern unterscheiden. Das ist doch großartig – auch wenn zum Leidwesen vieler Großeltern zu den unbekannten Gesichtern auch solche zählen, die man zwar regelmäßig, aber eben nur ab und zu sieht. Das Baby beginnt, ein Verständnis für Beziehungen zu entwickeln, in denen die Menschen um es herum verschiedene Positionen einnehmen. Ein bedeutender Schritt in der Entwicklung sozialer Fähigkeiten.

Vor allem aber ist das Fremdeln ein Zeichen dafür, dass das Baby eine Bindung zu seinen Bezugspersonen aufgebaut hat. Und das wiederum bestätigt, dass man als Eltern alles richtig macht und die Eltern-Kind-Beziehung stabil und gut ist.

Wer ist das denn?

Wenn ein Elternteil den ganzen Tag nicht zu Hause ist, kann es sogar passieren, dass das Baby auch ihm gegenüber zu fremdeln beginnt. In diesem Fall ist es besonders wichtig, das Verhalten nicht persönlich zu nehmen, weil dies der Bindung wenig förderlich wäre. Es ist verständlich, dass derjenige, der das Baby den ganzen Tag nicht gesehen hat, traurig ist, wenn er nicht mal die kurze verbleibende Zeit „übernehmen" kann. Genauso hat sich vermutlich der daheimbleibende Elternteil Entlastung erhofft, die nun erst mal ausbleibt. Gegenseitige Vorwürfe und Schuldzuweisungen bringen hier jedoch wenig und belasten die Partnerschaft unnötig. Das Baby braucht einfach Zeit, um zu begreifen, dass beide Eltern zur Familie gehören, auch wenn einer erst ab dem Nachmittag oder Abend dabei ist. Aber dann wird es den Heimkehrer begeistert begrüßen und sich freuen, ihm nah zu sein.

◤ FÜNFTER BIS NEUNTER MONAT ◢

In Sicherheit die Welt entdecken

Geben Sie Ihrem Baby die Sicherheit, die es braucht und die es sich von Ihnen erhofft. Wenn Sie es trotz offensichtlichem Unwohlsein oder sogar lautem Protest der unbekannten Person aussetzen, fühlt es sich von Ihnen im Stich gelassen. Es ist Ihre Aufgabe, das Baby zu „schützen", auch indem Sie einen gewissen räumlichen Abstand halten. Auf Ihrem Arm fühlt sich Ihr Schatz sicher und kann das unbekannte Gegenüber erst mal beobachten und die Situation einschätzen.

Nehmen Sie die Gefühle Ihres Babys ernst. Sie können ihm erklären, wer der andere ist und was er will, dürfen aber dabei sein Verhalten nicht abwerten („Jetzt stell dich doch nicht so an") oder es gar regelrecht zwingen, Kontakt aufzunehmen. Zum Beispiel indem Sie es dem anderen in den Arm geben. Genauso liegt es an Ihnen, dem Gegenüber zu erklären, was Ihr Baby gerade „durchmacht", und um Verständnis dafür zu bitten, dass es gerade keinen Kontakt haben will. Auch wenn das vielleicht schmerzt, vor allem wenn man es bisher gewohnt war, Körperkontakt zu haben (Stichwort „Oma").

Manche Babys überwinden dank dieser Unterstützung ihre Scheu dann doch recht schnell. Andere brauchen länger und manche wollen tatsächlich einfach nur bei Mama oder Papa bleiben. Das ist zum einen natürlich eine Typfrage, kann zum anderen aber auch von der Tagesform abhängen – oder davon, wie sich der unbekannte Mensch dem Baby nähert. Rücksichtsvoll, leise und freundlich oder bestimmt und laut. Nicht zuletzt spielt auch die Umgebung eine Rolle: In den eigenen vier Wänden fühlen sich Babys sicher. Dort fällt die Reaktion oft weniger stark aus.

Nicht aufgeben

Die Fremdelphase erstreckt sich meist bis weit ins zweite Lebensjahr hinein. Und auch später noch sind Kinder unterschiedlich zurückhaltend und schüchtern, sodass es häufig schwierig ist, sie an fremde Personen zu gewöhnen, etwa an den Babysitter, die Tagesmutter oder die Betreuerin in der Kindertagesstätte. Hier ist vonseiten der Erwachsenen viel Geduld und Einfühlungsvermögen gefragt, damit die Kleinen sich öffnen und Vertrauen aufbauen können.

Aber im Grunde hat es die Natur doch sehr geschickt eingerichtet: In dem Moment, wo Babys mobil werden und sich aufmachen könnten, selbstständig die Welt zu entdecken, bilden sie ein Misstrauen gegenüber allem Fremden aus, das sie dann doch bei den Eltern bleiben lässt. Sie sind sein sicherer Hafen. Freuen Sie sich darüber, auch wenn das bedeutet, dass es dadurch besonders stark auf Sie fixiert ist und Sie das noch eine gewisse Zeit zu Hause „anbindet". Es ist ja auch nicht so, dass Sie dafür nichts bekommen würden. Im Gegenteil. So anstrengend die Fremdelphase zuweilen auch ist, wiegt eines doch alle Mühen auf: das exklusive Lächeln und die exklusive Zuneigung Ihres Babys. Genießen Sie diese innige Zweisamkeit ganz bewusst. Denn im Nachhinein geht auch diese Zeit viel zu schnell zu Ende.

Beim Kuckuck-Spielen verliert Ihr Schatz spielerisch die Angst vor der Trennung: Man ist ganz kurz weg und dann gleich wieder da. Spielen Sie jedoch immer nur so lang, wie Ihr Kind Spaß daran hat. Testen Sie nicht aus, wie viel Trennung es schon verkraftet.

Der erste Brei

In den vergangenen Monaten mussten Sie sich so gut wie keine Gedanken zur Ernährung machen. Sobald Ihr Baby verstanden hatte, wie es an der Brust oder Flasche saugen musste, lief es vermutlich wie am Schnürchen. Doch so optimal Mutter- und Fertigmilch auf die Bedürfnisse eines Säuglings ausgerichtet sind: Irgendwann reicht Milch allein nicht mehr aus, um den stetig wachsenden Nährstoffbedarf des Babys zu decken.

▶ FÜNFTER BIS NEUNTER MONAT ◀

Die Zeit ist reif

Ernährungsexperten und Kinderärzte empfehlen, Babys bis zum Ende des vierten Monats voll zu stillen beziehungsweise ihnen das Fläschchen zu geben, und sie dann nach und nach an Beikost heranzuführen. Das Verdauungssystem und die Nieren sind nämlich bereits um den fünften Monat herum so weit ausgereift, dass ein Baby auch andere Nahrung als Milch zu sich nehmen kann. Ebenfalls um diese Zeit herum wird der angeborene Saugreflex mehr und mehr von dem Bedürfnis abgelöst, zu kauen und zu schlucken. Ohnehin steckt das Baby alles in den Mund – und vielleicht schießen ja sogar schon die ersten Zähnchen ein. Alles in allem gute Voraussetzungen für die Umstellung auf feste Kost.

Ich will essen!

Meistens merken Eltern selbst, wann der richtige Zeitpunkt gekommen ist, mit dem Füttern zu beginnen. Ihr Baby findet es dann zum Beispiel ziemlich spannend, wenn sie selbst essen. Es beobachtet sie aufmerksam und steckt sich dabei vielleicht sogar auffällig oft das Händchen in den Mund, um daran zu saugen. Auch wenn Babys nach dem Stillen zunehmend quengelig sind oder öfter trinken wollen als bisher, kann das darauf hinweisen, dass ihnen Milch allein nicht mehr reicht und dass sie mehr wollen.

All das bedeutet aber keinesfalls, dass Sie nun umgehend abstillen müssten oder Ihrem Baby kein Milchfläschchen mehr geben dürften. Bis es ganz ohne Milch „auskommt", dauert es noch. Es muss sich ja schließlich erst an die neue Nahrung gewöhnen – auch mengenmäßig. Starten Sie daher mit kleinen Portionen zum Ausprobieren und geben Sie Ihrer Tochter oder Ihrem Sohn dann wie gewohnt die Brust oder das Fläschchen zum Sattwerden.

Babys sind von Natur aus neugierig und deshalb probieren die meisten auch gern aus, was es außer (Mutter-)Milch noch zu essen gibt.

■ FÜNFTER BIS NEUNTER MONAT ■

Fragen rund um den Brei

Mund auf, Löffel rein, fröhliches Quietschen: In der Babybrei-Werbung sieht das Füttern immer so kinderleicht aus. Ist es ja eigentlich auch – sobald die ersten Hürden überwunden sind.

MEIN BABY MAG KEINEN BREI

Jedes Baby ist anders. Die einen zeigen schon mit fünf Monaten ein reges Interesse am Essen ihrer Eltern. Andere sind mit der Brust oder Flasche total zufrieden. Wenn Ihr Schatz (noch) nicht mit dem Löffel gefüttert werden will, sollten Sie ihm den Brei keinesfalls aufzwingen. Warten Sie einfach noch und probieren Sie es im Abstand von ein, zwei Wochen immer wieder mal aus.

VIEL ZU UNGEDULDIG

Mund aufmachen, Mund zumachen, Brei mit der Zunge nach hinten befördern, runterschlucken: Wenn ein Baby sehr hungrig ist, ist es viel zu hektisch, um das alles zu koordinieren. Und es wird immer hektischer, weil partout nichts in den Bauch kommt. Das kann ja nicht klappen. Oft hilft es, das Baby vor der Breimahlzeit kurz anzulegen oder ihm ein kleines Fläschchen zu geben, um den größten Hunger zu stillen. Dann hat es mehr Geduld. Und Freude am Essen.

RICHTIG SCHLUCKEN

Es dauert in der Regel ein bis zwei Wochen, bis es mit dem Schlucken richtig klappt. Ist der Löffel zu voll, ist das Baby daher schnell überfordert. Im schlechtesten Fall kommt dann überhaupt nichts in den Magen, sondern das Kleine schiebt mit der Zunge alles wieder vorn raus. Ein Extra-Fütterlöffel macht es ihm leichter. Er ist schmäler als ein normaler Teelöffel und daher optimal an den kleinen Babymund angepasst. Und noch ein Löffelchen …

DAS SCHMECKT NICHT

Ihr Kind ist zwar noch klein, aber das heißt nicht, dass es nicht schon seinen eigenen Geschmack hätte. Deswegen kann es durchaus sein, dass ihm der Brei, den die Tochter Ihrer Freundin über alles liebt, eben nicht mag. Trotzdem sollten Sie nicht gleich die Sorte wechseln, wenn es nicht sofort klappt. Der Geschmackssinn braucht auch ein bisschen Zeit, um sich an neue Aromen zu gewöhnen. Experten empfehlen, eine Speise bis zu achtmal anzubieten. Hat das Baby dann immer noch keine Lust darauf, kann man etwas anderes ausprobieren.

WEICH ODER STÜCKIG?

Mit einem halben Jahr kann ein Baby noch nicht kauen. Sein Essen muss daher püriert werden – am Anfang möglichst fein, dann fällt ihm das Schlucken leichter. Etwa ab dem achten Monat kann man versuchen, den Brei gröber zu pürieren oder die weich gekochten Zutaten nur noch mit der Gabel zu zerdrücken, sodass der Brei noch kleine Stückchen enthält. Viele Babys mögen das, weil sie das neue Mundgefühl spannend finden. Einigen ist es jedoch noch zu früh dafür. Sie bleiben lieber bei der gewohnten Konsistenz. In diesem Fall gilt ebenfalls: immer wieder mal anbieten.

PLÖTZLICH KLAPPT ES NICHT MEHR

Eigentlich hat das Breifüttern schon perfekt funktioniert, aber plötzlich macht das Baby den Mund nicht mehr auf. Das kommt gar nicht so selten vor. Es gibt immer wieder Entwicklungsphasen, in denen es Eltern vorkommt, als mache ihr Baby eher einen Schritt zurück als nach vorn. Oft liegt dann aber nur sein Fokus auf etwas anderem und es braucht altgewohnte Sicherheiten, um sich den neuen Herausforderungen widmen zu können. Auch wenn die Zähne kommen oder das Baby kränkelt, verlangt es oft wieder die Brust oder Flasche. Und damit auch ganz viel Nähe.

VERANTWORTUNGSVOLL FÜTTERN

Natürlich ist es wichtig, was ein Baby isst. Genauso kommt es aber auch auf das Drumherum an:

- *Füttern Sie Ihr Baby selbst und liebevoll. Halten Sie Augenkontakt und ermuntern Sie es mitzumachen.*
- *Nehmen Sie sich für jede Mahlzeit genug Zeit und haben Sie Geduld.*
- *Beobachten Sie Ihren Schatz: Wann hat er Hunger? Wann ist er satt? Zwingen Sie ihn nicht zu essen.*
- *Versuchen Sie eine Atmosphäre zu schaffen, in der das Kleine nicht zu sehr abgelenkt ist. Je mehr es zu gucken gibt, umso schneller verliert es das Interesse am Essen.*
- *Unterstützen Sie Ihren Schatz dabei, eigenständig zu essen – auch wenn man das Kind danach umziehen muss und es für Sie vielleicht eine Extrarunde Saubermachen bedeutet.*

Füttern Sie Ihr Baby möglichst immer zur selben Uhrzeit. Am besten orientieren Sie sich dabei an Ihren eigenen Essenszeiten, denn bald ist Ihr Baby so weit, dass Sie alle gemeinsam am Familientisch essen können.

■ FÜNFTER BIS NEUNTER MONAT ■

Was braucht ein Baby?

Um weiterhin so gut zu wachsen wie bisher und damit es genug Energie zum Welt-Entdecken hat, benötigt das Baby immer mehr Nährstoffe – zwischen 500 und 700 Kalorien pro Tag verbraucht es im zweiten Lebenshalbjahr. Dabei variiert der tatsächliche Bedarf nicht nur je nach Alter, sondern hängt auch davon ab, ob es gerade einen Wachstumsschub hat. Und natürlich spielt es eine Rolle, wie viel das Kleine sich bewegt.

Fett

Weil Fett rund doppelt so viele Kalorien hat wie Eiweiß und Zucker, ist es ein wichtiger Energielieferant. Schon als Säugling bezieht das Baby die Hälfte seines Energiebedarfs aus dem Fett in der Milch. Das bleibt auch erst mal so.
Den Tagesbedarf von mittlerweile 25 bis 30 Gramm Fett stillen Babys auch weiterhin zum Großteil über die Muttermilch, die genau die Fettsäuren enthält, die ein Kind in diesem Alter gerade braucht (daran orientieren sich auch die Hersteller von Fertigmilch). Weil der Körper Fett aber auch benötigt, um die fettlöslichen Vitamine aufnehmen und verwerten zu können, zum Beispiel das Beta-Carotin in Möhren, rührt man dem Brei ebenfalls einen Teelöffel Pflanzenöl unter.

Eiweiß

Eiweiß ist wichtig als Baustoff für Muskeln und Organe. In den vergangenen Monaten wurde Ihr Baby durch die (Mutter-)Milch ausreichend damit versorgt. Weil Sie anfangs noch weiterstillen, wird das auch in den nächsten Monaten so bleiben. Dazu kommt dann mit der Zeit noch das Eiweiß aus dem Mittagsbrei mit Fleisch oder Fisch sowie in kleineren Mengen aus dem Getreide aus dem Milch-Getreide-Brei am Abend sowie dem Getreide-Obst-Brei.

Der Tagesbedarf an Eiweiß beträgt im Alter von vier bis sechs Monaten insgesamt etwa elf Gramm, im zweiten Lebenshalbjahr dann rund neun Gramm. Mehr sollte es nicht sein, denn wie zu viel Fett fördert auch zu viel Eiweiß Übergewicht.

Kohlenhydrate

Bisher war die für Babys gut verträgliche Laktose in der (Mutter-)Milch die Haupt-Kohlenhydratquelle. Von nun an decken neben Milch nach und nach Kartoffeln, Getreide, Gemüse und Obst den Bedarf, später dann auch Vollkornnudeln, -reis und -brot.
Im Gegensatz zu Weißmehl und Zucker enthalten diese Lebensmittel Kohlenhydrate in komplexer Form. Die machen nicht nur länger satt. Sie sind zudem reich an Ballaststoffen. Diese Nahrungsbestandteile kann der Körper zwar nicht verwerten, sie sind aber wichtig für die gesunden Darmbakterien. Außerdem regen sie die Verdauung an und beugen so Verstopfung vor, die bei der Umstellung auf feste Kost schon mal auftreten kann. Deshalb ist es auch wichtig, dass Ihr Baby viel trinkt.

Vitalstoffe

Um gesund zu bleiben, braucht der Körper neben diesen Nährstoffen Vitamine, Mineralstoffe und Spurenelemente. Sie liefern zwar selbst keine Energie, sind jedoch maßgeblich am Stoffwechsel und an der Verwertung der anderen Energielieferanten beteiligt. Von einigen Vitalstoffen brauchen Babys im Vergleich zu Erwachsenen deutlich größere Mengen. Pro Kilo Körpergewicht ist das zum Beispiel
- **40-mal so viel** Vitamin D für Knochen und Zähne. Der hohe Bedarf wird über die Vitamin-D-Prophylaxe gedeckt;
- **4,5-mal so viel** Vitamin A für die Augen;
- **4-mal so viel** Vitamin C fürs Bindegewebe und zur Verbesserung der Eisenaufnahme;
- **6-mal so viel** Eisen für die Blutbildung;
- **5-mal so viel** Kalzium für Knochen und Zähne;
- **4-mal so viel** Zink und Jod für die Entwicklung des Gehirns.
Weil der Körper viele dieser Vitalstoffe nicht selbst herstellen kann, muss man sie ihm mit der Nahrung zuführen – zunächst durch unterschiedlich zusammengesetzte Breie.

DAS KOMMT IN DEN BREI

GEMÜSE Für den Anfang Möhre, Pastinake, Kürbis – möglichst bald in Kombination mit Kartoffeln (wichtiger Kohlenhydratlieferant); später alle anderen milden Sorten wie Brokkoli, Kohlrabi, Blumenkohl, Zucchini oder Fenchel.

FLEISCH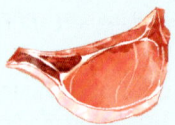

Wegen des höheren Eisengehalts am besten Rind und Lamm, aber auch Huhn, Pute und Schwein.

FISCH Seefisch liefert Jod und je nach Sorte wertvolle Omega-3-Fettsäuren. Gut geeignet sind zum Beispiel Seelachs, Kabeljau und Lachs – in Bioqualität oder aus nachhaltigem Fischfang (MSC-Siegel). Wichtig: vor dem Pürieren Grätenkontrolle nicht vergessen.

Für den Abendbrei eignen sich vor allem Grieß, Dinkel und Hafer (alle am besten in der Vollkornvariante) sowie Hirse. Grobes Vollkornbrot können Babys noch nicht verdauen. Besser sind fein gemahlenes Schrotbrot oder „normales" Graubrot. **GETREIDE**

OBST Zum Einstieg eignen sich gedünstete Äpfel und Birnen sowie zerdrückte Bananen, weil sie mild und süß schmecken. Ab dem siebten Monat auch alle anderen weichen beziehungsweise gedünsteten Früchte.

Besteht keine Allergierisiko, können Sie Getreidebrei mit Vollmilch anrühren, ersatzweise auch mit Fertigmilch (Pre oder 1). Bei Babys mit erhöhtem Allergierisiko verwenden Sie HA-Milch. **MILCH**

ÖL Rapsöl hat eine gute Fettsäurenzusammensetzung; alternativ können Sie auch ein bisschen fein zerdrückte Avocado unterrühren.

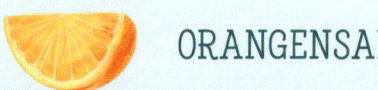

ORANGENSAFT Ein paar Tropfen frisch gepresster Orangensaft (Vitamin C) im Fleisch- oder Fischbrei verbessern die Eisenaufnahme.

Gläschen oder selbst gekocht?

Von Kürbis über Brokkoli mit Kartoffeln und mediterranes Gemüse oder Birchermüsli und Joghurt auf Früchten bis zu Spaghetti bolognese oder Seelachs mit Kartoffelbrei: So ziemlich alles, was uns Großen schmeckt, gibt es für Babys auch im Glas. Aber muss es tatsächlich immer Fertignahrung sein? Kann man nicht auch selbst kochen?
Fakt ist: Beide Ernährungsformen haben Vor- und Nachteile. Und wenn man ein paar Dinge beachtet, sind beide genauso gesund. Es spricht übrigens auch nichts dagegen, beides zu kombinieren: Wenn man Zeit und Lust hat oder im Garten gerade die Zucchini wie wild wachsen, kocht man selbst. Und wenn es mal schnell gehen muss, gibt es eben ein Gläschen. Guten Appetit!

Gläschen

+ Praktisch und schnell, spart Zeit
+ Hygienisch einwandfrei
+ Auch Nicht-Bioprodukte sind wegen der strengen Vorgaben für Babynahrung praktisch frei von Pestiziden, Dünger und Nitrat.
− Bei Gemüse-Fleisch-Gläschen häufig zu geringer Fleischgehalt (Eisenversorgung nicht gewährleistet), zu geringer Fett- und Kaloriengehalt und zu wenig Vitamin C (für die Eisenaufnahme)
− Bei Frucht-Getreide-Gläschen oft zu geringer Getreideanteil
− Reine Obstgläschen ersetzen keine komplette Mahlzeit.
− Viele Fertigprodukte enthalten Zucker, Salz, Gewürze, künstliche Aromen, Emulgatoren und so weiter.

Selbst gekocht

+ Sie bestimmen selbst, was drin ist.
+ Ermöglicht ausgewogenen Fleisch-, Vitamin-C-, Fett- und Kaloriengehalt
+ Vielfältige Kombinationen möglich – ganz nach Geschmack
+ Saisongemüse und -obst sind besonders reich an Vitalstoffen. Dünsten Sie Gemüse aber nur leicht, so bleiben die Vitamine erhalten.
+ Natürlicherer Geschmack durch weniger Zutaten
+ Ermöglicht langsame Gewöhnung an verschiedene Lebensmittel und Geschmäcker
− Für manche Babys nicht fein genug püriert
− Einwandfreie hygienische Zustände müssen gewährleistet sein.

◼ FÜNFTER BIS NEUNTER MONAT ◼

Eins, zwei, Brei – jetzt geht's los!

Bisher kennt Ihr Baby als Nahrung nur Milch. Alles andere ist erst mal neu und vollkommen ungewohnt. Und das betrifft nicht nur die Konsistenz und das seltsame Mit-dem-Löffel-Essen, sondern vor allem auch den Geschmack. Nicht zuletzt muss sich der Verdauungstrakt umgewöhnen. Verlieren Sie also nicht den Mut und auch nicht die Nerven, wenn Ihr Schatz am Anfang nicht recht mitmachen will. Irgendwann lernt jedes Baby, wie man isst – und tut es dann auch gern.

Als Erstes kommt der Mittagsbrei

Mit Gemüse fängt alles an: Um die sensiblen Geschmacksnerven nicht zu überfordern, gibt es in den ersten Tagen mittags Karotte, Kürbis oder Pastinake pur. Starten Sie ganz langsam, mit ein paar Löffelchen, dann stillen Sie wie gewohnt.
Sobald das Baby verstanden hat, wie Gefüttert-Werden funktioniert, und nicht mehr alles aus dem Mund herausquillt, kommen Kartoffel und etwas Öl zum Gemüse. Das schmeckt ihm? Dann kann es nach ein paar Tagen gleich zügig weitergehen und es kommt noch das Fleisch dazu. Und wenn es Fleisch akzeptiert, können Sie es an Fisch heranführen. Und natürlich an die vielen anderen gesunden Gemüsesorten …
Nach und nach steigern Sie die Menge allmählich von ein paar Löffelchen auf ungefähr 200 Gramm. Das reicht aus, um eine volle Milchmahlzeit zu ersetzen. Das heißt: Sobald Ihr Baby eine ganze Portion Gemüse-Kartoffel- oder Gemüse-Kartoffel-Fleisch-Brei schafft, stillen Sie mittags nicht mehr.

Fleisch häppchenweise

Etwa 30 Gramm Fleisch sollte ein Gemüse-Kartoffel-Fleisch-Brei enthalten. Im Gegensatz zu Gemüse ist es bei Fleisch allerdings ziemlich mühsam, die Miniportionen jedes Mal frisch zuzubereiten. Es bleibt einfach immer zu viel übrig. Am besten garen Sie daher ein größeres Stück, pürieren es anschließend sehr fein und frieren es so in einem Eiswürfelbehälter ein. Bei Bedarf brauchen Sie dann nur einen Würfel entnehmen, auf kleiner Flamme in einem Topf auftauen und erwärmen und unter das Gemüse mischen.

In der Woche sollte ein Baby ungefähr 90 Gramm Fleisch essen. Wenn Sie selbst kochen, genügen dazu drei Gemüse-Kartoffel-Fleisch-Breie. Einmal gibt es dann zum Mittagessen Fisch, an den anderen Tagen nur Gemüse und Kartoffeln. Bei Gläschenkost kann das anders sein, denn sie enthält zum Teil deutlich weniger Fleisch.

Der Abendbrei

Erst wenn Ihr Baby den Mittagsbrei als vollständigen Ersatz für die Milchmahlzeit akzeptiert hat und Sie schon etwa vier Wochen fleißig zusammen löffeln, folgt der nächste große Schritt. Sie führen nun den abendlichen Milch-Getreide-Brei ein – genauso langsam und mit viel Liebe und Verständnis.

Feine Reis- oder Vollkornflocken sind besonders leicht verdaulich. Und im Gegensatz zu Grieß muss man sie nicht lang kochen, sondern nur mit heißer Milch übergießen, alles verrühren und dann noch kurz quellen lassen. Achten Sie aber darauf, dass die Flocken nicht noch andere Zutaten enthalten, vor allem keinen zusätzlichen Zucker. Die Flocken schmecken je nach Sorte trotzdem unterschiedlich: Reis und Hirse süßlich, Hafer und Dinkel eher nussig.

Als kleiner Vitaminhappen kommt zum Schluss immer noch ein Klecks Fruchtpüree in den Milch-Getreide-Brei. Oder zerdrückte Banane. Oder geriebener Apfel. Öl braucht es diesmal nicht, weil die Milch selbst fett genug ist. Etwas später dürfen (und sollten) Sie dann beim Obst auch immer mal wieder eine neue Sorte ausprobieren und so die Neugier auf frische Lebensmittel wecken.

Obstbrei am Nachmittag

Klappt alles gut und bereitet die Essensumstellung Ihrem Baby keine Probleme, können Sie ihm im Prinzip bereits nach einer Woche auch nachmittags einen Brei aus Getreide und Obst anbieten. Dazu rühren Sie die Getreideflocken mit warmem Wasser an und geben dann wieder etwas Fruchtpüree und Öl dazu.

Das schnellste Fruchtmus aller Zeiten: einen halben süßlichen Apfel schälen, würfeln und in 50 ml Wasser weich dünsten. Ein halbe Banane oder eine Handvoll Heidelbeeren dazu, alles einmal durchmixen – fertig!

Ernährungsplan für das erste Jahr

	MORGENS	VORMITTAGS
1. BIS 4. MONAT	🍼	🍼
AB 5. MONAT	🍼	🍼
AB 6. MONAT	🍼	🍼
AB 7. MONAT	🍼	🍼
AB 10. MONAT	🍼	🌾🍏

| MITTAGS | NACHMITTAGS | ABENDS |

◣ FÜNFTER BIS NEUNTER MONAT ◢

Lieblingsrezepte

Haben Sie Lust, es einfach mal selbst auszuprobieren und für Ihr Baby zu kochen? Hier finden Sie sechs Basisrezepte für jede Tageszeit. Alles, was Sie dazu brauchen, sind ein Waage, ein Messbecher, ein Topf, ein Pürierstab und natürlich die frischen, leckeren Zutaten.

BASIC-GEMÜSEBREI

*150 g **Möhren, Pastinaken** oder **Hokkaidokürbis** schälen und klein würfeln, in **30 ml Wasser** bei geschlossenem Deckel 15 Minuten weich dünsten und dann mit dem Kochwasser pürieren. Zum Schluss noch **1 TL Rapsöl** unterrühren. Viel schneller geht wirklich nur Gläschen-Aufdrehen.*

KARTOFFEL-GEMÜSE-BREI

*Für einen Kartoffel-Gemüse-Brei schälen Sie **80–100 g Kartoffeln** und **100 g Möhren** (oder auch jedes andere Gemüse), würfeln sie und garen sie in **30 ml Wasser** weich. Anschließend wird alles püriert und mit **1 TL Rapsöl** verfeinert.*

FLEISCH-GEMÜSE-BREI

*100 g **Fenchel** oder **Kohlrabi** putzen, waschen, in kleine Würfel schneiden und in **30 ml Wasser** etwa 5 Minuten dünsten. Währenddessen **30 g Rindfleisch** würfeln. Das Fleisch zum Gemüse geben und alles weitere 10 Minuten garen. Aus der Garflüssigkeit heben, abtropfen lassen und mit **1 TL Rapsöl** sowie **2 EL frisch gepresstem Orangensaft** fein pürieren. Mmmh!*

FISCH-GEMÜSE-BREI

100 g Brokkoli waschen und in kleine Röschen teilen. *50 g Kartoffeln* schälen und würfeln. *30 g Seelachs-* oder *Lachsfilet* gründlich auf Gräten untersuchen und dann ebenfalls klein schneiden. Alles mit *60 ml Wasser* bei mittlerer Hitze etwa 10 Minuten weich garen. Wie immer mit *1 TL Rapsöl* pürieren.

OBST-GETREIDE-BREI

Geht fast genauso wie der Getreide-Milch-Brei, allerdings werden diesmal *20 g Reis-* oder *Getreideflocken* mit *100 ml kochend heißem Wasser* angerührt. 5 Minuten quellen lassen, dann *100 g Fruchtpüree* sowie *1 TL Rapsöl* unterrühren. Fertig!

GETREIDE-MILCH-BREI

In einem Schälchen *20 g Reis-* oder *Getreideflocken* oder *Grieß* mit *200 ml heißer Vollmilch* oder *Fertigmilch* (Pre oder 1) übergießen, gründlich umrühren und kurz quellen lassen (wie lang genau, steht auf der Packung). Anschließend *4 EL Obstpüree* unterrühren – selbst gemacht oder aus dem Gläschen – und noch mal kräftig pusten.

Auf Vorrat kochen

Wer gern selbst kocht, aber nicht jeden Tag die nötige Zeit dafür hat, bereitet gleich eine größere Portion Gemüsebrei zu und friert den Brei dann ein. Am Anfang genügt pro Portion ein Eiswürfelchen (wie beim Fleisch, siehe Seite 204), später füllt man den abgekühlten Brei dann in 200-Gramm-Portionen in Gefrierdosen oder -beutel. Am besten eignen sich eher herzhafte Gemüsesorten zum Einfrieren. Zartes wie Zucchini verliert durchs Aufwärmen schnell an Aroma. Und Fisch sollte ohnehin immer frisch zubereitet werden.

◼ FÜNFTER BIS NEUNTER MONAT ◼

Erstes Fingerfood

Wenn sich das Baby mit etwa acht Monaten an den Brei gewöhnt hat und vielleicht auch schon die ersten Zähnchen durchblitzen, können Sie beginnen, den Brei weniger fein zu pürieren oder die gegarten Zutaten vielleicht sogar nur noch mit der Gabel zu zerdrücken (bei Gläschenkost greifen Sie wahlweise zu Produkten, die größere Stückchen enthalten. Die Auswahl ist hier groß.)

Beim Essen-im-Mund-Umherschieben, beim Daran-Lutschen, beim Kauen und Schlucken müssen viele Bewegungen im Mund koordiniert werden, außerdem werden Zunge und Kaumuskulatur trainiert. Das ist eine gute Vorbereitung aufs Sprechen, bei dem man Mund und Zunge ja auch auf die unterschiedlichste Weise bewegen muss.

Die meisten Babys sind neugierig und finden es aufregend, unterschiedliche Konsistenzen kennenzulernen. Manche sind jedoch auch verunsichert und spucken das „neuartige Zeug" lieber erst mal wieder aus. In diesem Fall ist abermals viel Geduld und Einfühlungsvermögen nötig, damit das Baby den Spaß am Essen nicht verliert und sich trotzdem auf Neues einlässt.

Mit der Zeit können Sie es dann auch mit gekochtem Gemüse und gekochten Kartoffeln in größeren Stückchen, mit Nudeln, Reis und was sonst noch so auf einen Löffel passt oder sich mit einer kleinen Gabel aufpicken lässt versuchen. Auch diese „Herausforderung" lässt sich jetzt bewältigen. Nur Fleisch bereitet zuweilen Schwierigkeiten, weil es recht faserig ist.

Feines für zwischendurch

Als Snack für zwischendurch bieten sich Reiswaffeln oder feines Vollkorngebäck an, das die Kleinen gut einspeicheln und am Gaumen zerdrücken können. Frisches Obst ist als Dessert nach dem Mittagessen ideal und eignet sich natürlich auch als Zwischenmahlzeit. Es sollte jedoch immer in mundgerechte Schnitze geteilt werden, ohne Kerne und Steine. Trauben, Kirschen und Heidelbeeren halbieren Sie, weil so die Gefahr sinkt, sie zu verschlucken. Das Gleiche gilt bei Cocktailtomaten. Achtung bei rohen Möhren: Mit den Schneidezähnchen nagen Babys schnell keine Stücke ab, die sie aber nicht im Mund zerdrücken können und daher besonders oft verschlucken. Wenn Sie Möhren anbieten wollen, schneiden Sie sie in dicke Stifte und dünsten oder dämpfen Sie diese dann so weich, dass man sie gerade noch gut halten kann.

FÜNFTER BIS NEUNTER MONAT

Was ist Baby-led Weaning?

Es gibt Babys, die überhaupt nicht mit Brei gefüttert werden, sondern stattdessen am Ende des sechsten Monats direkt mit Fingerfood beginnen. Sie bekommen von Anfang an nur solche Nahrungsmittel, die sie selbst fassen und in den Mund führen können, um daran zu lutschen und darauf herumzukauen. Anstatt relativ zügig eine Milchmahlzeit nach der anderen durch Brei zu ersetzen, steuert der Nachwuchs so die Entwöhnung von Brust oder Flasche selbst. Dementsprechend bezeichnet man diese Beikostmethode als Baby-led Weaning, also babygeführtes Abstillen – was so viel bedeutet wie: Die Eltern lassen ihrem Baby bei der Milchentwöhnung freie Hand. Weil die Babys dabei gerade am Anfang nur sehr kleine Mengen feste Kost zu sich nehmen, dauert die Umgewöhnung natürlich deutlich länger. (Mutter-)Milch bleibt für diese Kinder daher im gesamten ersten Lebensjahr das Hauptnahrungsmittel.

Anhänger des Baby-led Weaning betonen, dass die Methode die Eigenständigkeit und Selbstbestimmung des Kindes fördert, seine Auge-Hand-Koordination schult und seine Kaumuskulatur stärkt. Die Babys können außerdem den Geschmack, die Konsistenz, den Geruch und die Farbe von Speisen erforschen und akzeptieren erfahrungsgemäß mehr verschiedene Nahrungsmittel. Das wiederum soll den Spaß am Essen fördern und den Kleinen für immer neue Geschmackserlebnisse öffnen.

Baby-led Weaning-Kritiker dagegen befürchten durch das „Häppchenessen" eine unzureichende Versorgung mit lebenswichtigen Nährstoffen, Vitaminen und Mineralstoffen, sodass sich die Babys nicht altersgerecht entwickeln können. Sie plädieren daher weiterhin für „normale" Beikost.

Eine gute Mischung

Für viele Eltern scheint es jedoch vermutlich ohnehin unvorstellbar, die Ernährung im wahrsten Sinn des Wortes komplett in die Hände ihres Babys zu legen und dieses überhaupt nicht zu füttern. Sehr oft läuft es daher auf eine Mischform aus Brei und Fingerfood hinaus. Das Baby wird dann zum Beispiel morgens, mittags und abends gefüttert, vormittags und nachmittags isst es statt Brei ab und zu auch mal frisches Obst oder knabbert an Vollkorngebäck. Oder es wird morgens noch gestillt und bekommt dazu als zweites Frühstück ein klein geschnittenes Butterbrot. Auf diese Weise erfüllt die Nahrung zum einen den ernährungsphysiologischen Bedarf des heranwachsenden Babys, zum anderen kann dieses aber auch mit allen Sinnen genießen und spielerisch erste Erfahrungen mit gesunder Ernährung sammeln. Denn einen Vorteil haben die „puren" Häppchen auf jeden Fall: Das Baby kann mit ihnen eine Vielzahl an Geschmacksrichtungen kennenlernen – zumal Kinder in diesem Alter noch so gut wie alles probieren und wenig mäkelig sind. Breikost ist gegenüber dem Fingerfood, auch wenn man selbst kocht, geschmacklich deutlich weniger abwechslungsreich.

■ FÜNFTER BIS NEUNTER MONAT ■

Beikost bei erhöhtem Allergierisiko

Egal, ob Brei oder Fingerfood: Eltern, die selbst an einer Allergie leiden, befürchten oft, dass das Allergierisiko auch für ihr Kind steigt, wenn sie zu früh mit dem Beifüttern beginnen. Diese Angst ist jedoch unbegründet. Es empfiehlt sich lediglich, sich bei der ganzen Sache etwas mehr Zeit zu lassen und zum Beispiel pro Monat nur einen Brei einzuführen. So wird weiterhin lang gestillt, was die Verträglichkeit neuer Lebensmittel erhöht. Auch die einzelnen Zutaten sollten jeweils mehrere Tage „durchgefüttert" werden, ehe ein neuer Bestandteil dazukommt. So kann man genau beobachten, was das Baby verträgt. Hier sind Selbstkocher eindeutig im Vorteil. Wenn Sie Gläschenkost füttern, sollten Sie immer erst die puren Gemüsesorten testen, ehe Sie Gemüsemischungen anbieten. Die Auswahl ist hier jedoch relativ begrenzt.

Der Verzicht auf Lebensmittel, die besonders oft Allergien auslösen wie Fisch oder Weizen, hat dagegen keinen nachweislich schützenden Effekt und kann die Toleranzentwicklung sogar negativ beeinflussen. Wenn Kinder dagegen schon im ersten Lebensjahr einmal wöchentlich Fisch essen, hilft das nachweislich, Allergien vorzubeugen. Selbst Vollmilch (3,5 Prozent Fett) ist im Milch-Getreide-Brei erlaubt, ebenso wie Weizen. Nur als Trinkmilch sollte im ersten Lebensjahr auf sie verzichtet werden.

BESONDERER SCHUTZ

Besteht ein erhöhtes Allergierisiko, ist es besonders wichtig, dass das Baby von Giftstoffen in der Luft geschützt wird, etwa vor Tabakrauch, Autoabgasen oder Lösungsmitteln. Betroffene Kinder reagieren häufig auch auf übertriebene Pflege sowie Schadstoffe in der Kleidung. Impfen dagegen löst keine Allergien aus, das bestätigen zahlreiche Studien. Auch Eltern allergiegefährdeter Babys sollten daher den Empfehlungen der Ständigen Impfkommission folgen.

Möhren standen ein Zeit lang im Verdacht, Allergien auszulösen. Sie haben jedoch keine allergene Wirkung.

Folgende Lebensmittel sind für Baby-Fingerfood gut geeignet:

FLEISCH
Hähnchen-, Puten- und Rinderfilet
sehr weich gegart und ohne feste Fasern

OBST
Aprikose
Avocado
Erdbeeren
Nektarine
Wassermelone, ohne Kerne

GEMÜSE

Brokkoli- und Blumenkohlröschen
Kohlrabi
Zucchini
alles schön weich gegart/gedünstet,
ohne dass es zerfällt

KOHLENHYDRATE

Feines Vollkornbrot (nicht das
dunkle grobe, sondern Schrotbrot
ohne Körnchen und Samen)
Kartoffeln
Nudeln
Reiswaffeln

Bieten Sie Getränke von Anfang an in der Schnabeltasse mit zwei Henkeln an, die das Baby bald schon selbst halten kann. Der Schnabel ist zwar erst mal ungewohnt, weil mehr herauskommt als aus dem Fläschchen oder der Brust – was für manche unfreiwillige Überschwemmung sorgt. Aber die Kleinen haben den Dreh schnell raus.
Motorisch fitte Babys können es ab dem achten Monat zwischendurch auch immer mal wieder schon mit kleinen Schlückchen aus einem ganz normalen Becher versuchen – auch wenn das vermutlich bedeutet, dass man sehr, sehr oft nach dem Trinken das Oberteil wechseln muss. Weil eben doch noch eine Menge danebengeht. Aber Übung macht den Meister.

Trinken

Solange man zur Breimahlzeit noch stillt oder das Fläschchen gibt, reicht die Milch in der Regel aus, um den Flüssigkeitsbedarf des Babys zu decken. Je mehr das Kind isst und erst recht wenn die Milchmahlzeit komplett ersetzt ist, muss man ihm aber regelmäßig etwas zu trinken anbieten. Am besten geeignet sind stilles Mineralwasser sowie ungesüßter Früchte- oder Kräutertee. Wählen Sie bei Tee eher milde Sorten wie Fenchel, Kamille oder Malve. Aromatisierte Tees sind nichts für Babys, genauso wie Teegranulat, das immer Zucker und/oder künstliche Süßstoffe enthält.
Leitungswasser ist für Babys ebenfalls geeignet. Das Bundesumweltamt stuft die Qualität hierzulande als einwandfrei ein. Wenn Sie unsicher sind, fragen Sie beim zuständigen Wasseramt nach, wie sauber das Wasser ist und ob es auch für Babys unbedenklich ist. Da alte Rohre und Leitungen ursprünglich reines Wasser belasten können, empfiehlt sich je nach Baujahr Ihres Wohnhauses zusätzlich eine Trinkwasseranalyse. Wichtig: Bei Babys unter drei Monaten sollten Sie auch sauberes Leitungswasser immer kurz abkochen. Danach können Sie es dann direkt aus dem Hahn verwenden. Lassen Sie es aber stets erst eine Zeit lang laufen und zapfen Sie nur kaltes Wasser.

Gezuckerte Getränke

Sie sollten zunächst generell tabu sein. Zum einen natürlich, weil sie Karies fördern – und zwar unabhängig davon, wie viele Zähne Ihr Schatz schon hat. Zum anderen mindern sie aber auch den Appetit auf wirklich nahrhafte Speisen. Das bedeutet: Das Baby nimmt mit ihnen zwar viele Kalorien auf, aber kaum andere wichtige Nährstoffe. Und wird auch nicht mehr viele andere gesunde Sachen essen, weil es eben schon ziemlich satt ist. Das gilt auch für Fruchtsäfte, die an sich ein gesundes Image haben. Sie können zudem flüssigen Stuhl und einen wunden Po verursachen.

Wie viel trinken?

Im ersten Jahr braucht der Körper 200 Milliliter Flüssigkeit pro Tag, je nach Temperatur auch mehr. Bieten Sie daher immer wieder ein Schlückchen an oder stellen Sie für Babys, die schon krabbeln und sitzen können, eine Schnabeltasse an strategisch günstige Stellen, damit sie sich selbst bedienen können. Achten Sie aber bei diesen selbstständigen Kindern darauf, dass sie sich nicht zu Dauernucklern entwickeln. Selbst wenn nur Wasser im Becher ist, die Zähne also nicht geschädigt werden, kann eine Schnabeltasse im Dauereinsatz Kieferfehlstellungen begünstigen.

ZEHNTER BIS ZWÖLFTER MONAT

Jetzt wird Ihr Baby groß

◼ ZEHNTER BIS ZWÖLFTER MONAT ◼

Immer weiter und weiter

Fortbewegung hat jetzt oberste Priorität. Kein Sturz, kein blauer Fleck, keine Beule kann den Bewegungsdrang stoppen. Unermüdlich versuchen die Kleinen sich hinzusetzen, nach oben zu ziehen, sich irgendwo entlangzuhangeln oder sogar schon die ersten Schritte zu laufen ...

BEWEGUNGSDRANG FÖRDERN

Je mehr sich Ihr Baby bewegt, desto sicherer wird es. Bewegung ist außerdem auch wichtig für die geistige Entwicklung. Durch sie lernt ein Baby sich selbst, seinen Körper, seine Fähigkeiten und Grenzen kennen. Und natürlich auch seine Umwelt. Wer sich wenig bewegt, kann auch nur wenige Erfahrungen sammeln. Unterstützen Sie Ihren Schatz daher in seinem Bewegungsdrang!

SIND DIE FÜSSE IN ORDNUNG?

Babyfüße sind nicht nur viel kleiner als unsere eigenen, sondern auch viel weniger weit entwickelt. Dreht Ihr Kind die Füße momentan im Stehen noch nach außen, ist das daher mit sehr hoher Wahrscheinlichkeit keine Fehlstellung. Der Fuß muss sich einfach noch straffen, Längs- und Quergewölbe müssen sich ausbilden. Häufiges Barfußlaufen fördert das Gefühl in den Zehen und Fußsohlen.

ANTI-RUTSCH

Ist es fürs Barfußlaufen zu kalt, sind Anti-Rutsch-Socken auf glatten Böden beinahe Pflicht, um das Sturzrisiko nicht noch zusätzlich zu erhöhen. Dank Strumpfhosen mit ABS-Kniepartie wird auch schnelles Krabbeln nicht mehr zur Schlitterpartie. Mit einem 3-D-Liner aus dem Bastelgeschäft kann man jede Strumpfhose „tunen". Nach dem Trocknen muss die Plusterfarbe dann nur noch von links gebügelt werden und die Strumpfhose ist bis 40 Grad waschfest. Auf die Plätze ...

Damit sich Ihr Baby nicht die Finger einklemmt oder versehentlich einsperrt, sollten Sie alle Türen vorübergehend mit einem Gummistopper sichern.

TREPPEN STEIGEN

Treppen sind gefährlich und müssen daher unbedingt abgesichert werden. Aber unter Mamas oder Papas Aufsicht kann das Baby ruhig ab und zu üben, die Stufen zu bewältigen. Rauf ist meist gar kein so großes Problem, runter ist da schon schwieriger. Man muss dem Kind vor allem zeigen, dass es nicht mit Kopf und Armen voran-, sondern rückwärtskrabbeln muss. Und dabei für den Fall der Fälle am besten immer direkt auf der Stufe unter ihm stehen.

EINE GANZ NEUE PERSPEKTIVE

Je mobiler es wird, umso besser kann das Baby seine Umwelt visuell kontrollieren. Mit dem Greifen geht es los: Jetzt kann es Gegenstände genau unter die Lupe nehmen und auch anhand ihres Gewichts und ihrer Oberflächenbeschaffenheit beurteilen. Mit dem Krabbeln erreicht es dann auch solche Dinge, die weiter entfernt von ihm sind, und nimmt sie aus verschiedenen Perspektiven wahr. Das Gleiche gilt für Räume. Sobald es sich dann hochzieht, kommt noch eine weitere Ebene hinzu.

AN DEN HÄNDEN LAUFEN

Mit Ihrer Hilfe kann das Baby die ersten freien Schritte bewältigen. Aber auch wenn es ihm noch so viel Spaß macht: Übertreiben Sie es nicht, denn wie das Sitzen lässt sich auch das Laufen nicht erzwingen. Beim Heben der Arme wird die Rumpfmuskulatur anders belastet, das Baby geht zudem ins Hohlkreuz. Sobald es frei stehen kann, wird es auch die ersten freien Schritte wagen. Haben Sie Geduld und geben Sie Ihrem Schatz die Zeit, die er braucht.

Zugtiere sind gern willkommene Freunde beim Laufenlernen.

FREI STEHEN

Immer öfter lässt das Baby seine Stütze kurz los, um frei zu stehen. Recht breitbeinig schwankt es dabei aber noch ziemlich hin und her. Und sobald es sich nicht mehr hundertprozentig konzentriert, kippt es um. Aber das hält es wie gesagt nicht davon ab, es bei der nächsten Gelegenheit gleich noch einmal zu probieren. Zum Glück findet es meist aber auch relativ schnell heraus, wie es die Knie beugen muss, um aus dem Stehen wieder ins Sitzen zu kommen – ohne umzuplumpsen.

Rechts- oder Linkshänder

Wissenschaftler vermuten zwar, dass Links- oder Rechtshändigkeit angeboren ist. Für Prognosen ist es jetzt aber noch zu früh, auch wenn Ihr Baby bevorzugt mit einer Hand zugreift. Oft ändert sich diese Vorliebe nämlich in den kommenden Monaten nochmals. Erst im Alter von zwei bis drei Jahren kristallisiert sich tatsächlich heraus, ob ein Kind Links- oder Rechtshänder ist.

◤ ZEHNTER BIS ZWÖLFTER MONAT ◢

Geschickte Finger

Bewegung ist nicht nur Krabbeln und Laufen, sondern schließt auch die Fingerfertigkeit mit ein. Auch hier tut sich in den nächsten drei Monaten einiges.

Pinzetten- und Zangengriff

Mit den Monaten werden Babys immer geschickter. Sie können nun schon kleine Dinge fassen – und zwar mit der Spitze von Daumen und Zeigefinger. Weil die Finger dabei anfangs noch gestreckt sind, nennt man diesen Griff Pinzettengriff. Erst mit ungefähr elf Monaten beugen die Kinder dann den Zeigefinger, wie wir es selbst tun, wenn wir zum Beispiel ein Haar von einem Pullover zupfen. Dieser Zangengriff erlaubt ihnen noch präziseres „Arbeiten". Und so verbringen sie nicht wenige Stunden damit, begeistert Fluse um Fluse vom Teppich zu zupfen oder auf der Terrasse die Kieselsteinchen zu sortieren. Lassen Sie es machen, auch wenn Ihnen diese Beschäftigung langweilig erscheinen mag. Passen Sie aber auf, dass es nichts in den Mund steckt und verschluckt!

Studieren geht übers Sortieren

Weil ihnen das Aufsammeln so viel Spaß macht, kann man Babys in diesem Alter mit den einfachsten Dingen glücklich machen. Mit Korken, Wäscheklammern, einem Muffinblech und einer leeren Kaffeedose. Legen Sie zum Beispiel die Korken in die Mulden des Muffinblechs und lassen Sie Ihren Schatz sie dann umsortieren – nach allen erdenklichen Kriterien. Füllen Sie die Dose mit Wäscheklammern, die dann mit Begeisterung erst aus-, dann wieder eingeräumt werden. Oder machen Sie es genau umgekehrt ... Vielleicht passt sogar die Dose ins Blech? Herumprobieren macht schlau!

Hauskonzert

Die Auge-Hand-Koordination funktioniert mittlerweile bestens. Hält das Baby in jeder Hand einen Gegenstand, kann es daher jetzt beide treffsicher aneinanderschlagen. Das lässt sich für ein Hauskonzert nutzen: Bauklotz an Bauklotz, Puppentopfdeckel an Puppentopfdeckel, Kochlöffel an Kochlöffel ... Daran hat jedes Baby Spaß. Ganz schön laut? Dann singen Sie doch einfach völlig übertrieben dazu. Das lenkt vom Geklapper ab und ist für Ihren Schatz das Allergrößte.

ES GIBT VIELE
SCHÖNE SPIELE,
DIE DIE FEINMOTORIK
FÖRDERN, ZUM BEISPIEL:

- *Puzzles*
- *Sortierspiele*
- *Steckspiele*
- *Motorikschleifen*
- *Kugelbahnen*
- *Klopfbänke*
- *Stapelbecher*

▶ ZEHNTER BIS ZWÖLFTER MONAT ◀

Alles babysicher?

Je mobiler ein Baby wird, desto leichter erreicht es Dinge, die definitiv nicht in seine Hände gehören – und desto öfter kann es ungewollt in Gefahrensituationen geraten. Es wird eben nicht mehr immer nur herumgetragen, wenn es nicht gerade im Stubenwagen oder Bettchen schläft. Damit Ihr Schatz sich sorglos auf Erkundungstour begeben kann, heißt es, die Wohnung babysicher zu machen und alle möglichen Gefahrenstellen zu „entschärfen".

EINRICHTUNG

- Sobald sich Ihr Baby hochziehen kann, sollten Sie den Lattenrost im Babybett auf der tiefstmöglichen Position anbringen. So verhindern Sie, dass das Baby kopfüber herausstürzt, wenn es sich übers Gitter beugt.
- Befestigen Sie Regale, Kommoden und Schränke an der Wand, damit sie nicht umkippen können, falls das Baby daran herumhangelt oder hineinklettern will.
- Sichern Sie Schubladen so, dass sie nicht herausfallen können und sich das Baby nicht einklemmen kann.
- Verhindern Sie eingeklemmte Finger, indem Sie an allen Zimmertüren einen Türstopper anbringen.
- Teppiche und Läufer halten dank Anti-Rutsch-Matten auch den ersten Laufversuchen stand.
- Alle scharfen Ecken und Kanten mit Ecken- und Kantenschützern polstern.
- In mehrgeschossigen Wohnungen und Häusern Treppengitter anbringen.
- Tischdecken verführen zum Sich-Hochziehen. Besser erst mal weglassen.
- Entfernen Sie giftige Pflanzen (zum Beispiel Dieffenbachie, Efeu, Ficus, Alpenveilchen, Weihnachtsstern, Amaryllis) oder verschenken sie an Nachbarn oder Bekannte.
- Lassen Sie Ihren Schatz nie unbeaufsichtigt im Hochstuhl sitzen. Dieser könnte umkippen, wenn das Kind zu lebhaft ist.

ELEKTRO

- Sichern Sie alle Steckdosen mit einer entsprechenden Kindersicherung.
- Schieben Sie den Fernseher auf dem Sideboard oder im Regal so weit wie möglich nach hinten oder hängen Sie ihn gleich an die Wand.
- Kabel versteckt man am besten hinter Möbeln, damit sie nicht zum Dranherumziehen verlocken.
- Elektrokleingeräte wie Föhn, Toaster oder Bügeleisen nach jedem Gebrauch ausstecken und in kindersicherer Höhe verstauen. Wichtig: auch hier auf herabhängende Kabel achten.

ZEHNTER BIS ZWÖLFTER MONAT

KÜCHE

- Sichern Sie Herd und Backofen.
- Am besten benutzen Sie in der nächsten Zeit nur die hinteren Herdplatten und drehen Pfanne und Töpfe so, dass Stiele und Griffe für das Baby nicht erreichbar sind.
- Alle Putzmittel kindersicher wegschließen; Reinigungsmittel nie in leere Getränkeflaschen umfüllen. Sonst besteht die Gefahr, dass das Baby daraus trinkt.
- Schubladen und Türen sichern.
- Messer und andere scharfe beziehungsweise spitze Gegenstände an Magnetleisten an der Wand oder in den Oberschränken aufbewahren.
- Abfall- und Mülleimer sind für kleine Detektive leider superinteressant und sollten daher ebenfalls kindersicher verstaut werden.

BAD

- Rutschige Fließen mit Anti-Rutsch-Matten oder -Stickern „entschärfen".
- Medikamente und Reinigungsmittel wegschließen. Das Gleiche gilt für Shampoos, Duschgel und Co.
- Nagelschere, Nagelfeile und andere spitze Geräte sicher wegräumen.
- Damit sich das Baby nicht versehentlich einsperrt, wenn es den spannenden Riegel erforscht, ist ein Türstopper hier besonders wichtig.
- Nicht vergessen: Toilettendeckel sichern, damit er nicht versehentlich zuklappt und sich das Baby die Fingerchen einquetscht.

FENSTER UND BALKON

- Halten Sie das Baby von geöffneten Fenstern fern.
- Lassen Sie das Fenster nie offen, wenn das Baby unbeaufsichtigt im Raum ist. Das gilt auch dann, wenn das Baby schläft.
- Entfernen Sie von Vorhängen Kordeln und Ähnliches, an dem sich das Baby strangulieren könnte.
- Fenster und Balkontüren eventuell mit verschließbaren Griffen nachsichern.
- Lassen Sie Ihr Baby nie allein auf dem Balkon.
- Räumen Sie übergangsweise alle Dinge vom Balkon, die als Kletterhilfe dienen könnten (Getränkekisten, Stühle, große Blumentöpfe etc.).
- Entfernen Sie auch hier giftige Pflanzen (zum Beispiel Efeu, Buchs, Oleander, Engelstrompete, Glyzine).

ZIEMLICH PRAKTISCH

Die ersten freien Schritte sind ein wichtiger Meilenstein. Ein stabiler Puppenwagen kann helfen, das Gleichgewicht zu halten. Außerdem lassen sich darin prima gleich Dinge hin und her transportieren. Von sogenannten Lauflerngeräten, in denen das Baby wie in einem Schwimmring hängt, raten Kinderärzte dagegen wegen des schwerwiegenden Unfallrisikos dringend ab.

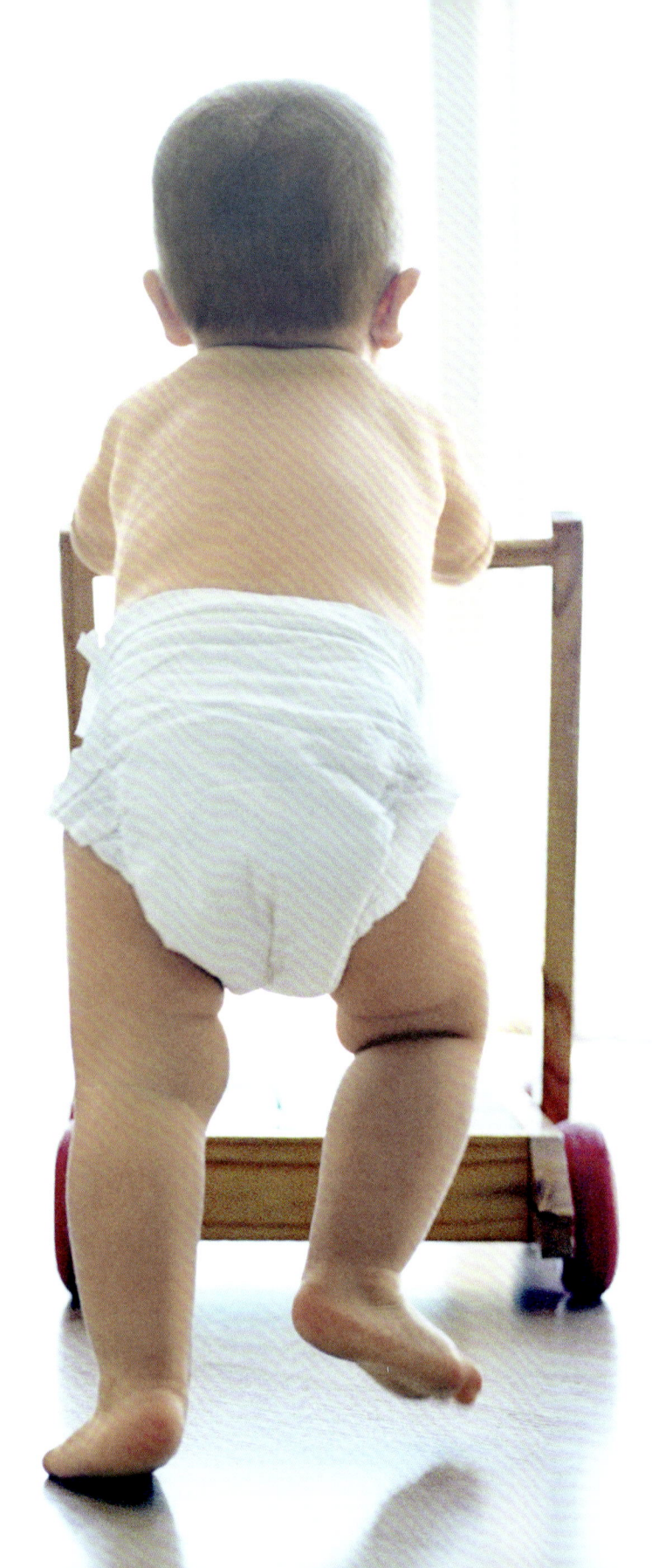

◾ ZEHNTER BIS ZWÖLFTER MONAT ◾

Die ersten Schuhe

Ihr Baby braucht nicht gleich ein Paar Schuhe, sobald es die ersten Schritte macht. Je besser es dabei den Boden spürt, desto leichter fällt es ihm, das nötige Körpergefühl zu entwickeln. Muskeln, Motorik und Koordinationsgefühl können sich ausbilden und an die neue Aufgabe anpassen. Schuhe sind erst nötig, wenn es tatsächlich selbstständig läuft, das auch draußen tun möchte und Barfußlaufen aufgrund der Witterung nicht möglich ist.

BRAUCHT EIN KIND LAUFLERNSCHUHE?

Nein! Laufen lernt das Baby auch ohne Schuhe, sogar viel besser. Genauso wenig sind ausgefeilte Fußbetten ein Qualitätsmerkmal. Erstens ist nämlich jeder Fuß anders, zweitens soll sich der Fuß ja nicht ausruhen, sondern darf vielmehr beansprucht werden. Besser für die Fußanatomie ist es, die Schuhe regelmäßig zu wechseln und viel barfuß zu laufen.

WEICH UND ELASTISCH

Schuhe sollen festen Halt geben, gleichzeitig aber nicht einengen und den Bewegungsablauf nicht einschränken. Sie müssen also einerseits weich, elastisch und ausreichend groß sein, andererseits jedoch gut geschlossen sein und eine rutschfeste Sohle haben. Wenn Sie die Sohle der Länge nach zwischen Daumen und Zeigefinger biegen und seitlich mit den Händen verwinden können, ist die nötige Elastizität gegeben. Und wenn Sie die Schuhe von innen abtasten, dürfen nirgendwo Nähte oder Klebestellen scheuern.

SCHNÜRBAND ODER KLETTVERSCHLUSS

Für den Anfang eindeutig Klettverschluss. Mit ihm lässt sich die Weite fast genauso gut regulieren, er wird jedoch nicht zur Stolperfalle, wenn er aufgeht. Außerdem kann Ihr kleiner Schatz damit schon bald beim Anziehen mithelfen. Das fördert die Selbstständigkeit und stärkt das Selbstvertrauen.

WIE SCHNELL WACHSEN BABYFÜSSE?

In den ersten drei Lebensjahren wachsen die Füße ziemlich schnell: im Monat durchschnittlich 1,5 Millimeter. Leider merken Kinder aber nicht, wenn es an den Füßen drückt. Daher sollten Sie etwa alle acht Wochen überprüfen, ob die Schuhe noch passen.

DIE RICHTIGE GRÖSSE

Wichtig ist die Innenlänge, daher reicht es nicht, den Schuh einfach an den Babyfuß zu halten. Aber auch vorn auf die Schuhe zu drücken, ist nicht aussagekräftig. Denn kleine Kinder ziehen dabei reflexartig die Zehen an, was das Ergebnis verfälscht. Lässt sich die Einlegesohle herausnehmen, müssen Sie Ihr Kind daraufstellen. Ist an den Zehen eine Daumenbreite Platz und auch an den Seiten etwas Luft, passt die Länge. Alternativ können Sie Ihr Baby auch barfuß auf ein Stück Karton stellen, die Füße nachzeichnen, oben 17 Millimeter, rechts und links jeweils etwa zwei Millimeter dazugeben und das Ganze dann als Schablonen ausschneiden. Passen sie in die Schuhe, ohne umzuknicken?

NEU ODER GEBRAUCHT?

Gebrauchte Schuhe waren lang tabu. Vor einigen Jahren hat jedoch eine Studie an der Uni Wien gezeigt, dass die Bedenken unbegründet sind. Solange die Sohlen nicht einseitig abgelaufen sind, können Babys und Kinder gut auch die Schuhe von Geschwistern oder vom Flohmarkt tragen. Aber auch bei Second-Hand-Modellen ist es wichtig, dass die Größe genau stimmt. Machen Sie auch hier den Einlegesohlen- oder Schablonentest.

HAUSSCHUHE

Solange sie nicht in der Kindertagesstätte sind, brauchen Kinder eigentlich keine Hausschuhe. Besser ist es, wenn sie zu Hause barfuß oder in dünnen Stoppersocken laufen. Beim Hausschuhkauf dann auf gute Materialien achten, denn gerade günstige Modelle sind oft aus Kunststoff und schaffen so ein schlechtes Mikroklima. Untersuchungen zeigen zudem, dass gerade Hausschuhe zu lang getragen werden und daher oft zu kurz sind. Regelmäßiges Nachmessen also nicht vergessen.

Sobald Ihr Kind richtig läuft, sind für Matschwetter Gummistiefel ideal. Denn Pfützen üben eine magische Anziehungskraft aus. Vorher genügt es, Regenfüßlinge überzuziehen.

Wachsende Selbstständigkeit

Am Anfang ist ein Baby nahezu eins mit seiner Bezugsperson. Sie gibt ihm zu essen, trägt es herum und schenkt ihm eigentlich ununterbrochen Aufmerksamkeit und Liebe. Und diese Rundumversorgung braucht das Baby auch, um sich ans Leben außerhalb des Mutterleibs anzupassen. Irgendwann aber beginnt es zu merken, dass es ein eigenständiges Wesen ist und selbst etwas bewirken kann: indem es schreit und lauthals Nahrung, Zuwendung oder Ruhe einfordert.
Je mobiler das Baby im Laufe der Monate wird, desto mehr wächst sein „Verständnis" dafür, dass es von seinen Eltern unabhängig ist. Es kann allein von einem Platz zum anderen kommen, kann allein nach Dingen greifen, die es faszinieren, kann vielleicht auch schon allein essen…

Mut machen

Wenn Kinder im Teenageralter beginnen, ihre eigenen Wege zu gehen, ist dieser Loslöseprozess für die Eltern oft schmerzlich. Schließlich führt er ihnen vor Augen, dass die gemeinsame Zeit als Familie begrenzt ist. Solange die Kinder Babys sind, liegt diese Erkenntnis noch in ferner Zukunft. Und deshalb sind Eltern erst einmal unglaublich stolz auf den eigenständigen Nachwuchs. Außerdem genießen sie die kleinen Zeitfenster, die sich zwischendurch immer wieder auftun und in denen sich ohne das Baby im Schlepp-tau vergleichsweise viel erledigen lässt. Genießen Sie diese neue Erfahrung und freuen Sie sich, dass Ihr Schatz Sie nicht mehr jede Sekunde um sich braucht. Das zarte Pflänzchen Selbstständigkeit kann allerdings nicht wachsen, wenn man dem Kind zu wenig zutraut und sich zu schnell einmischt. Lassen Sie Ihren Schatz die Dinge in seinem eigenen Tempo ausprobieren, auch wenn etwas nicht auf Anhieb klappen sollte, und ermutigen Sie ihn, es weiter zu versuchen. Erst wenn Sie merken, dass der Elan langsam in Frust zu kippen droht, zeigen Sie ihm liebevoll, wie es geht.

Gelassen bleiben

Der Entdeckungsdrang des Babys beschränkt sich natürlich nicht nur auf die Spielzeugecke. Die Küchenschubladen sind genauso interessant wie der Kleiderschrank, das Schuhregal, der Korb mit der Schmutzwäsche oder die Handtasche. Kein Wunder, dass plötzlich nichts mehr einen festen Platz zu haben scheint und man überall in der Wohnung Dinge findet, die eigentlich ganz woanders hingehören. Das ein oder andere Ding taucht leider auch gar nicht mehr auf ...

Es kann natürlich ganz schön an den Nerven der Eltern zerren, wenn zum Beispiel jeden zweiten Tag die Haarbürste verschollen ist und erst abends wieder auftaucht – mal unterm Sofa, mal im Küchenschrank und mal in Papas Hausschuh. Man sollte aber trotzdem nicht schimpfen, das bringt nichts. Besser ist es, die Dinge gemeinsam mit dem Kind zu suchen, wieder dorthin zu bringen, wohin sie gehören, und dabei zu erklären, warum das so ist. Auch das hilft dem Kleinen zu verstehen, wie die Welt funktioniert. Der wichtigste Tipp für Eltern in dieser Phase jedoch lautet: Lassen Sie nichts herumliegen, das wirklich wichtig ist, wie zum Beispiel den Haus- und den Autoschlüssel, den Geldbeutel oder die Kreditkarte.

Viel Gleichmut ist auch gefragt, wenn nach dem Selber-Essen nicht nur das Baby gewaschen und umgezogen werden muss, sondern auch noch Hochstuhl, Tisch und Boden gewischt werden müssen. Oder wenn das Selber-Hände-Waschen regelmäßig zur Überschwemmung im Bad führt. Trösten Sie sich: Ihr Kind lernt recht schnell, wie es besser geht. Und bald braucht es Ihre Hilfe dazu ohnehin nicht mehr.

Rückmeldung geben

Wie groß Ihr Baby schon ist, zeigt sich auch darin, dass es sich zunehmend selbst beschäftigt. Es sortiert, steckt und stapelt geduldig die immer gleichen Dinge in- und aufeinander, ohne sich dabei zu langweilen. Wenn Mama oder Papa mitmachen, ist das natürlich toll. Aber auch allein kommt das Baby immer besser zurecht. Mussten die Eltern bisher stets in unmittelbarer Nähe sein, schaffen es viele Babys jetzt auch mal, keinen direkten Sichtkontakt zu haben. Man kann dann zum Beispiel in der Küche einen Kaffee kochen oder kurz duschen, während das Baby im Wohnzimmer spielt. Solange es hört, dass jemand in der Nähe ist, fühlt es sich sicher. Manchmal jedoch will es sich vergewissern, dass es nicht allein ist, und ruft nach Mama oder Papa. Oft genügt es dann aber, wenn diese aus dem anderen Zimmer antworten – und so Bescheid geben, dass sie noch da sind. Alles okay!

Freie Bahn

Je selbstständiger Ihr Baby wird, umso wichtiger ist eine babygerechte Umgebung. Gut möglich, dass es völlig vertieft in ein Spiel auf der Krabbeldecke sitzt, wenn Sie den Raum verlassen. Genauso ist es aber auch gut möglich, dass es ein paar Minuten später in der anderen Ecke den Zeitungskorb inspiziert. Räumen Sie daher unbedingt alles Gefährliche außer Reichweite (siehe auch Seite 224–225).

Wer (noch) nicht argumentieren kann, muss seine Meinung auf anderem Weg kundtun. Das kann schon mal zu wütendem Protest führen, den man so bisher nicht kannte.

ZEHNTER BIS ZWÖLFTER MONAT

Der eigene Wille

Babys entwickeln mit der Zeit nicht nur eigene Interessen, sondern auch einen eigenen Willen. Dass der nicht immer mit dem seiner Eltern übereinstimmt, liegt in der Natur der Dinge. Und so können Wickeln, Anziehen, In-den-Kinderwagen-Setzen und andere ganz alltägliche Situationen, die bisher völlig unproblematisch verliefen, plötzlich zu richtigen kleinen Machtkämpfen ausarten.

Kinder brauchen Grenzen

Dem Kind einfach nachzugeben, damit es nicht zornig wird, ist der falsche Weg. Das mag momentan vielleicht noch nicht so problematisch sein. Im Grunde ist es ja kein Ding, das Baby zum Beispiel schnell aus dem Kinderwagen zu heben, wenn es unbedingt rauswill. Leider lernt es dabei aber auch schnell: Ich muss mich nur richtig aufführen, dann bekomme ich, was ich will. Und solche Verhaltensmuster verfestigen sich. Bleiben Sie daher auch hier geduldig und erklären Sie Ihrem Rebellen, warum etwas nötig ist und dass er jetzt gerade nicht darum herumkommt. Sie können ihm außerdem in Aussicht stellen, dass es viel schneller geht, wenn er einen Moment mitmacht – und dass er dann gleich etwas anderes tun kann, das ihm vielleicht mehr Spaß macht. Auf seinem eigenen Standpunkt zu beharren, hat nichts mit autoritärer Erziehung zu tun. Kinder brauchen Grenzen, auch schon in diesem jungen Alter. Sie helfen ihnen herauszufinden, was geht und was nicht – und sich auch zukünftig daran zu orientieren.

Was tun gegen die Wut?

Protest und Wutanfälle sind in diesem Alter keine Seltenheit – und geben schon mal eine Vorahnung auf das, was im zweiten Lebensjahr in der Trotzphase auf die Familie zukommt. Versuchen Sie, sich seelisch dafür zu wappnen, auch indem Sie immer wieder Ruheinseln für sich selbst einplanen und Kraft schöpfen. So gelingt es Ihnen, im nötigen Augenblick geduldig zu bleiben, anstatt aus der Haut zu fahren. Das nämlich würde die Situation nur verschlimmern.
Machen Sie sich klar, dass die Wut Ihres Babys nicht auf Sie als Person abzielt. Es ist einfach frustriert, weil irgendetwas gerade nicht so läuft, wie es gern möchte. Bleiben Sie ihm zugewandt und nehmen Sie seine Enttäuschung ernst. Ihre Ruhe und Ihr Verständnis helfen ihm, sich wieder zu beruhigen, ohne dass Sie in der Sache nachgeben. Und fast immer ist die Wut dann auch schnell wieder vergessen. Das Leben ist doch auch einfach viel zu schön dafür.

ZEHNTER BIS ZWÖLFTER MONAT

Nein sagen

Wenn ein Baby beginnt, die Welt zu erforschen, ist erst einmal alles gleich aufregend. Alles ist neu, alles weckt sein Interesse. Leider aber ist nicht alles erlaubt. Und deshalb werden Sie als Eltern um das Wörtchen „Nein" ab und zu nicht herumkommen.

Klare Ansage

Babys und kleine Kinder können noch nicht selbst zwischen richtig und falsch unterscheiden. Dazu brauchen sie das Feedback von Erwachsenen. Und das geht bei unerwünschtem Verhalten meist mit einem Nein einher.

Bis der Nachwuchs begreift, welche Bedeutung dieses Wort hat, dauert es allerdings. Daher ist es vor allem anfangs wichtig, es mit einer entsprechenden Mimik, Gestik oder Stimmlage zu verbinden. Wird das Nein nur so nebenbei ausgesprochen, nimmt das Baby es nicht wahr – und kann dementsprechend nicht lernen, was es heißt und wie es richtig darauf reagieren soll. Das Gleiche gilt, wenn Sie es zu nett oder lustig darauf aufmerksam machen, was es nicht tun soll. Dann versteht es nämlich im wahrsten Sinn des Wortes den Ernst der Lage nicht. Und vielleicht denkt es sogar, das Ganze wäre ein lustiges Spiel, bei dem die Mama immer so ulkig redet, wenn es die Steckdose anlangen will. Bleiben Sie also klar und eindeutig.

Alternativen anbieten

Erklären ist wichtig. Wenn es allerdings um Verbote geht, lenkt es zu sehr vom Eigentlichen ab: dem Nein. Besser ist es, das Kind beim Nein anzuschauen, damit es sieht, dass es Ihnen ernst ist, und ihm dann den Gegenstand, den es nicht nehmen darf, wegzunehmen oder es selbst aus der „Gefahrenzone" zu tragen.

Sehr oft hilft es auch, sofort eine Alternative anzubieten und so das Interesse von den „verbotenen" Dingen abzuziehen. In den allermeisten Fällen lässt sich der Nachwuchs auf diesen Deal ein – und die Chancen stehen umso besser, wenn Mama oder Papa anbieten mitzumachen.

Gibt es Dinge, die das Baby immer wieder magisch anziehen, etwa die Stereoanlage oder der Herd, empfiehlt es sich, ein „Babyexemplar" davon zuzulegen. Ein altes Radio zum Knöpfchen-Drehen (ohne Stromkabel und Batterien), ein ausgemistetes Handy ohne Akku zum Draufherumdrücken, einen Puppenherd …

ZEHNTER BIS ZWÖLFTER MONAT

Konsequenz ist wichtig

Verbote sind doof und wenn zu viel nicht erlaubt wird, steigt die Bereitschaft, sich öfter mal darüber hinwegzusetzen. Das ist, ganz ehrlich, bei vielen Erwachsenen auch nicht anders. Ihr Baby wird deshalb Regeln und Grenzen viel eher akzeptieren, wenn Sie diese nur wohldosiert setzen.

Bei den wenigen Dingen, die Sie nicht möchten, sollten Sie aber konsequent bleiben. Schließlich dauert es auch hier seine Zeit, bis das Baby verinnerlicht hat, was ein Nein bedeutet. Zudem testen Kinder ganz gern auch mal das Durchhaltevermögen ihrer Eltern. Wenn die mal erlauben, dass es an den Knöpfen der Waschmaschine herumdreht, mal nicht, brauchen sie sich nicht wundern, wenn es ihre Ermahnung nicht ernst nimmt.

Die Sache wird übrigens nicht leichter, wenn Mama und Papa verschiedene Dinge erlauben, weshalb man sich zumindest anfangs in Erziehungsfragen einig sein sollte. Wenn Ihr Kind größer ist, wird es lernen, dass unterschiedliche Menschen unterschiedliche Dinge von ihnen erwarten – und sich auch entsprechend verhalten. Momentan ist es dazu aber noch zu klein.

Verletzte Gefühle

Bei aller Konsequenz dürfen Sie aber auch nicht zu streng sein. Hier macht vor allem der Ton die Musik: Fest und klar heißt nicht laut und grob. Kinder in diesem Alter können noch nicht zwischen sich selbst und der Handlung, die sie gerade ausüben, unterscheiden. Sie fühlen sich deshalb schnell als Person abgelehnt und stellen die innige Verbundenheit mit den Eltern infrage. Wenn ein Baby zwar auf ein Nein reagiert, dann aber weint und kuscheln will, sollen Trost und Zuneigung ihm bestätigen, dass Mama und Papa es immer noch lieb haben. Zeigen Sie es ihm!

Ich mag auch nicht!

Sobald es versteht, was Nein bedeutet, wird Ihr Schatz auch selbst immer öfter protestieren, wenn er irgendetwas nicht tun will, sei es durch Kopfschütteln, die abwehrende Hand oder ein „echtes" Nein. Wie Ihr Kind brauchen auch Sie das nicht persönlich nehmen. Freuen Sie sich lieber über diesen neuen Entwicklungsschritt, der dem Baby hilft, sich als eigenständige Persönlichkeit zu begreifen, die aus eigener Kraft etwas bewirken kann. Nehmen Sie seine Äußerungen ernst, so wie Sie es in gewisser Weise ja auch von ihm erwarten. Und reden Sie mit ihm, wenn es trotzdem etwas tun muss. Denn auch wenn Kinder einen eigenen Willen entwickeln dürfen, bedeutet das noch lang nicht, dass sie alles so entscheiden können, wie sie es wollen. Hier beginnt mehr und mehr die Diplomatie der Erziehung.

ZEHNTER BIS ZWÖLFTER MONAT

Trennung auf Zeit

Gegen Ende des ersten Jahres macht das Baby so große Schritte in Richtung Selbstständigkeit, dass es manchmal vor dem eigenen Mut regelrecht zu erschrecken scheint. Dann will es plötzlich wieder ständig herumgetragen werden, klammert, sucht eventuell wieder verstärkt die Brust …

Es ist ganz normal, dass Ihr Schatz Ihre Nähe sucht. Er muss sich zwischendurch immer wieder versichern, dass die Bindung auch dann besteht, wenn er sich von Ihnen entfernt. Ihre Aufgabe ist es, Ihrem Baby zu zeigen, dass Sie immer für es da sind. Auch wenn Sie einmal nicht dabei sind. Bestärken Sie es nicht in seinem Trennungsschmerz, sondern unterstützen Sie es beim Loslassen. Ihr Kind verliert Sie genauso wenig, wie Sie Ihr Kind verlieren. Stattdessen schenken Sie ihm ein ganz neues Selbstbewusstsein.

In der Krabbelgruppe

Was früher die (Groß-)Familie war, ist heute für viele Menschen der Freundes- und Bekanntenkreis. Daher treffen sich fast alle Eltern schon früh mit Gleichgesinnten – um unter Leute zu kommen oder um sich über gemeinsame Erfahrungen, Sorgen und Probleme auszutauschen. Solche Treffen finden meist im privaten Rahmen statt und Eltern und Kinder sind immer zusammen.

Mit ungefähr zehn Monaten ist Ihr Baby jetzt aber auch schon alt genug, um ein- oder zweimal in der Woche für ein, zwei Stunden eine pädagogisch betreute Krabbelgruppe zu besuchen. Anfangs werden Sie dort sicher ebenfalls noch dabeibleiben. Nach einer gewissen Eingewöhnung können Sie aber auch versuchen, Ihr Kind dort einmal allein zu lassen – in der Gewissheit, dass man sich gut um Ihren Schatz kümmern wird.

Auch wenn Ihr Schatz die Treffen liebt, wird es nicht ausbleiben, dass er anfangs weint, wenn Sie gehen. Es ist schließlich eine ganz neue Erfahrung, der es sich stellen muss. Daher sollten Sie sich auch nicht einfach heimlich wegschleichen, sondern sich liebevoll, aber klar verabschieden. Die Erfahrung zeigt, dass die Tränen meist schnell versiegen, wenn Mama oder Papa erst aus dem Blick sind. Und anfangs müssen Sie auch gar nicht lang wegbleiben. Ihr Kind wird schnell begreifen, dass Sie immer wiederkommen. Und das gibt ihm so viel Halt und Sicherheit, dass es bald auch länger ohne Sie sein kann. Schließlich kann es sich darauf verlassen, dass Sie es abholen.

Falls Ihr Kind in absehbarer Zeit eine Kindertagesstätte besuchen soll, ist diese Erfahrung bei der Eingewöhnung eine wichtige Stütze. Aber auch wenn es die nächsten Jahren noch bei Ihnen zu Hause bleibt, wird es einige Stunden oder Tage geben, die Sie nicht zusammen verbringen. Deshalb ist es gut, wenn es solche Situationen kennt.

ZEHNTER BIS ZWÖLFTER MONAT

Das Übergangsobjekt

Die wenigsten Kinder schaffen den Weg in die Selbstständigkeit ganz allein. Rund drei Viertel suchen sich dazu ein sogenanntes Übergangsobjekt. So nüchtern dieser Begriff auch klingen mag, das zu diesem Zweck auserwählte Objekt ist für den Nachwuchs emotional überaus wertvoll. Seine ehrenwerte Aufgabe: Es hilft zu akzeptieren, dass Mama, Papa oder eine andere Bezugsperson für kurze Zeit weg sind.

TROSTSPENDER

Welchen Gegenstand ein Kind als Übergangsobjekt wählt, darauf haben Eltern so gut wie keinen Einfluss. Es kann ein Stofftier sein, ein kleines Kissen oder eine Decke, ein Spielzeugauto, der Schnuller … Es muss auch weder besonders schön sein noch besonders weich. Es muss nur eins: Trost und Halt geben.

PATINA

Das Übergangsobjekt soll das Kind auch in einer fremden Umgebung oder einer neuen Situation an Vertrautes erinnern. Deshalb ist es selten ein neues Spielzeug, sondern im Gegenteil oft schon abgegriffen oder abgewetzt. Auch sein Geruch und der gewisse Grauschleier gehören einfach dazu. Also nicht zu oft waschen – und am besten per Hand gemeinsam mit dem Kind.

DOPPELT HÄLT BESSER

Es kommt einer ausgewachsenen Katastrophe gleich, wenn das Lieblingsstück verschwindet. Entsprechend grausam wäre es, es dem Kind einfach wegzunehmen oder durch irgendein anderes Objekt zu ersetzen. Sofern dies möglich ist, sollten Sie daher für den Notfall einen „Doppelgänger" als Ersatz zur Hand haben.

EINSCHLAFHILFE

In vielen Familien entspannt sich auch das abendliche Zubettgehen deutlich, sobald sich das Kind einen „Dauerbegleiter" auserkoren hat. Kein Wunder, denn im Grunde ist Einschlafen nichts anderes, als sich vorübergehend von den Eltern zu trennen. Und deshalb fällt es manchen Kindern einfach unendlich schwer. Aber zu zweit ist eben vieles leichter.

Zurück an den Arbeitsplatz?

Keine Mutter muss ein schlechtes Gewissen haben, wenn sie (wieder) arbeiten geht und ihr Kind währenddessen von jemand anderem betreuen lässt. Die ersten drei Lebensjahre sind zwar prägend, das bedeutet aber nicht, dass die Kinderseele durch eine außerhäusliche Betreuung zwangsläufig Schaden nimmt. Wichtig ist jedoch, dass das Kind eine feste Bezugsperson hat, die sich verlässlich, feinfühlig und liebevoll um es kümmert. Und dass man das Baby so stressfrei wie möglich an die neue Situation gewöhnt, damit es sich aufgehoben und geliebt fühlt.

Temperamentsache

Ob Ihr Kind besser bei einer Tagesmutter oder in der Krippe aufgehoben ist, ist auch eine Typfrage. Wie selbstbewusst beziehungsweise schüchtern ist es? Fühlt es sich in der Gruppe wohl oder hat es die Aufmerksamkeit seiner Bezugsperson lieber für sich allein? Für gewöhnlich ist in der Krippe der Betreuungsschlüssel niedriger, die Gruppe also größer und der Lärmpegel entsprechend höher als bei der Tagesmutter. Auch was die Buchungszeiten angeht, ist eine Tagesmutter meist flexibler. Für die Krippe spricht: Das Personal ist gut ausgebildet, alle Räume sind altersgerecht ausgestattet, es gibt zahlreiche Möglichkeiten zur frühkindlichen Förderung und das Baby kann außerdem viel von den anderen Kindern lernen. Das stärkt seine soziale Kompetenz und ist gerade dann wichtig, wenn die Kleinen sonst nicht viel Gelegenheit haben, regelmäßig andere Kinder zu treffen.

Den einen richtigen Zeitpunkt ...

... das Kind zu einer Tagesmutter oder in die Krippe zu geben, gibt es nicht. Die Entscheidung hängt wie so oft von der individuellen Situation ab. Prinzipiell aber fällt es Kindern in bestimmten Entwicklungsphasen schwerer, sich an die außerfamiliäre Betreuung zu gewöhnen. Dazu gehören zum Beispiel die Fremdelphase oder die Zeit um den ersten Geburtstag herum, wenn es Trennungsangst entwickelt.

Eingewöhnung

Eine sanfte Eingewöhnung ist wichtig, damit das Kind den Einschnitt möglichst stressfrei bewältigen kann – in der Regel dauert das vier bis sechs Wochen, in denen das Kind ankommen und eine stabile Beziehung zu seiner neuen Bezugsperson knüpfen kann. Die ersten Tage bleiben Mama oder Papa die ganze Zeit über dabei. Das gibt dem Nachwuchs Sicherheit und die Eltern bekommen einen Eindruck vom Tagesablauf und davon, wie die zukünftige Betreuerin (Männer sind in diesem Beruf nach wie vor in der absoluten Minderheit) mit ihrem Kind umgeht. Um Einrichtungen oder Tagesmütter, die die Zeit dafür verwehren, sollten Sie besser einen Bogen machen.

Oma und Opa

Viele Eltern wünschen sich, dass ihre eigenen Eltern die Betreuung des Enkels übernehmen. Diese Konstellation hat ja auch durchaus Vorteile: Das Baby kennt Oma und Opa schon, die beiden haben vermutlich eine stärkere Bindung zu ihrer Enkelin oder ihrem Enkel als eine fremde Person und kostengünstig ist die Sache auch noch. Damit es jedoch im Alltag nicht zu Konflikten kommt, sollten Sie einige Absprachen treffen. Zum Beispiel wie oft und wie lang Oma und Opa auf das Kind aufpassen sollen. Nur so haben beide Seiten die Möglichkeit zu planen. Auch in Erziehungsfragen sollte man sich im Großen und Ganzen einig sein. Wobei man den Großeltern ruhig auch einen Spielraum zugestehen darf. In der Kinderkrippe läuft ebenfalls einiges anders ab als zu Hause – und Kinder sind durchaus in der Lage, das auseinanderzuhalten.

Recht auf Betreuung

Seit August 2013 haben Eltern von ein- und zweijährigen Kindern in Deutschland einen Rechtsanspruch auf einen Betreuungsplatz in einer Kindertagesstätte oder bei einer Tagesmutter. Allerdings sind die tatsächlichen Chancen auf einen Platz nicht überall gleich gut. Gleichzeitig aber ist die Hürde für eine Klage auf Schadensersatz beziehungsweise auf Erstattung der Mehrkosten für eine nicht kommunal geförderte Betreuung hoch. Gerade in Städten ist es daher wichtig, sich möglichst frühzeitig anzumelden, am besten noch in der Schwangerschaft. Mit Krippen- und Kindertagesstätten-Datenbanken im Internet informieren viele Städte über ihre eigenen und über private Einrichtungen vor Ort. Um die Chance zu verbessern, lohnt es sich, nicht nur im direkten Umkreis der Wohnung zu suchen, sondern zum Beispiel auch in der Nähe des Arbeitsplatzes. Bei wie vielen Einrichtungen Sie sich gleichzeitig anmelden dürfen, regelt jede Kommune unterschiedlich.

ABGUCKEN ERLAUBT

Noch spielen Kinder in diesem Alter zwar nicht mit-, sondern nebeneinander. Aber dabei schauen sie sich von den Gleichaltrigen eine Menge ab. Regelmäßige Spieltreffen, egal, ob in der Krabbelgruppe oder mit befreundeten Familien, sind also nicht nur eine willkommene Abwechslung, sondern auch eine gute Gelegenheit, Neues (kennen) zu lernen. Dasselbe gilt natürlich auch für die Ganztagsbetreuung bei der Tagesmutter oder in der Kinderkrippe.

Neue Schlafgewohnheiten

Auch mit fast einem Jahr braucht Ihr Baby noch viel Schlaf, im Durchschnitt 14 Stunden am Tag. Anders als in den vergangenen Monaten holt es sich den aber nun zum größten Teil nachts. Um die zwölf Stunden dauert die Nachtruhe, die restlichen zwei Stunden werden auf je ein Schläfchen am Vormittag und am Nachmittag verteilt.

Wann muss das Baby ins Bett?

Nach wie vor gibt das Baby den Rhythmus vor. Zum Glück sind die meisten Familien noch nicht an feste Termine gebunden, sodass man sich einfach an Babys innere Uhr anpassen kann. Kleine Lerchen sind frühzeitig munter und abends entsprechend zeitig müde. Eulenkinder werden dagegen abends erst später müde, schlafen dafür aber in der Früh länger.
Wacht Ihr Schatz zum Beispiel jeden Morgen um halb acht auf, müsste er abends um halb acht schlafen, um auf seine zwölf Stunden zu kommen. Das wiederum bedeutet, dass Sie ihn um 19 Uhr herum schlaffertig machen müssten, um genug Zeit fürs Insbettbringen zu haben – wenn sich das Kind beim Einschlafen schwertut, sogar noch entsprechend früher. Planen Sie den Tag entsprechend.

Mittagsschlaf oder Kuschelstündchen?

Die meisten Babys brauchen tagsüber noch ein Päuschen (oder auch zwei). Schließlich ist es anstrengend, sich so viel zu bewegen und die ganze Zeit Neues zu entdecken. Ein paar aber wollen schon jetzt partout keinen Mittagsschlaf mehr halten. Aber auch wenn sich Schlaf nicht erzwingen lässt: Auf eine Ruhepause können Sie durchaus bestehen. Kuscheln Sie sich gemeinsam mit Ihrem Baby aufs Sofa oder ins Bett und „lesen" Sie ein Buch, erzählen Sie sich ruhig und leise etwas oder hören Sie ein wenig Musik. Auch so kann man abschalten und neue Kraft schöpfen. Und wer weiß: Vielleicht fällt ja doch das ein oder andere Äuglein zu.
Etwas anderes ist es, wenn Ihr Baby abends nicht müde ist. Das ist nämlich ein eindeutiges Zeichen dafür, dass es tagsüber zu viel geschlafen hat. Kommt dies öfter vor, sollten Sie den Mittagsschlaf deutlich verkürzen und Ihr Kind aufwecken – auch wenn das vermutlich erst einmal Knatsch bedeutet. Versuchen Sie die beiden Powernaps auf ein Schläfchen am Mittag zusammenzuziehen. So hat Ihr Schatz danach genug Zeit sich auszutoben und ist abends genauso müde, wie er sein soll.

ZEHNTER BIS ZWÖLFTER MONAT

Durchschlafen

Mit dem Alter verändert sich auch die Schlafstruktur. Die Tiefschlafphasen werden länger und damit auch die Dauer der einzelnen Schlafzyklen insgesamt. Weil dadurch wiederum die Gesamtzahl der Schlafzyklen abnimmt, gibt es weniger Momente, in denen das Kind zwischendurch kurz aufwacht. Viele Babys haben außerdem bereits gelernt, sich in so einem Fall selbst zu regulieren, und schlafen dann einfach von allein wieder ein. Dabei hilft auch, dass die meisten Kinder in diesem Alter abends schon Brei essen, davon schön satt sind und daher nachts keinen Hunger mehr haben. Nichtsdestotrotz gibt es immer wieder mal Nächte, in denen das Baby weint. Weil es zahnt, sein Bauch wehtut, es erschrocken ist ... Noch vor ein paar Monaten hätte man es vermutlich einfach aus dem Bett genommen und angelegt. Doch mittlerweile sind andere Beruhigungsstrategien gefragt. Zunächst sollten Sie immer versuchen, es im Bett zu trösten, damit es aus eigener Kraft zurück in den Schlaf findet. Das stärkt sein Selbstvertrauen. Setzen Sie sich zu ihm, streicheln Sie seine Hand oder sein Köpfchen, reden Sie leise mit ihm oder summen Sie ihm etwas vor. Bleiben Sie so lange bei ihm, bis Sie das Gefühl haben, dass es sich beruhigt hat und es eventuell auch ohne Sie schafft. Orientieren Sie sich aber immer an Ihrem Baby und daran, was es gerade braucht. Erzwingen Sie nichts. Bleiben Sie lieber bei ihm, bis es wieder schläft, anstatt die Situation immer wieder aufs Neue anzuheizen.

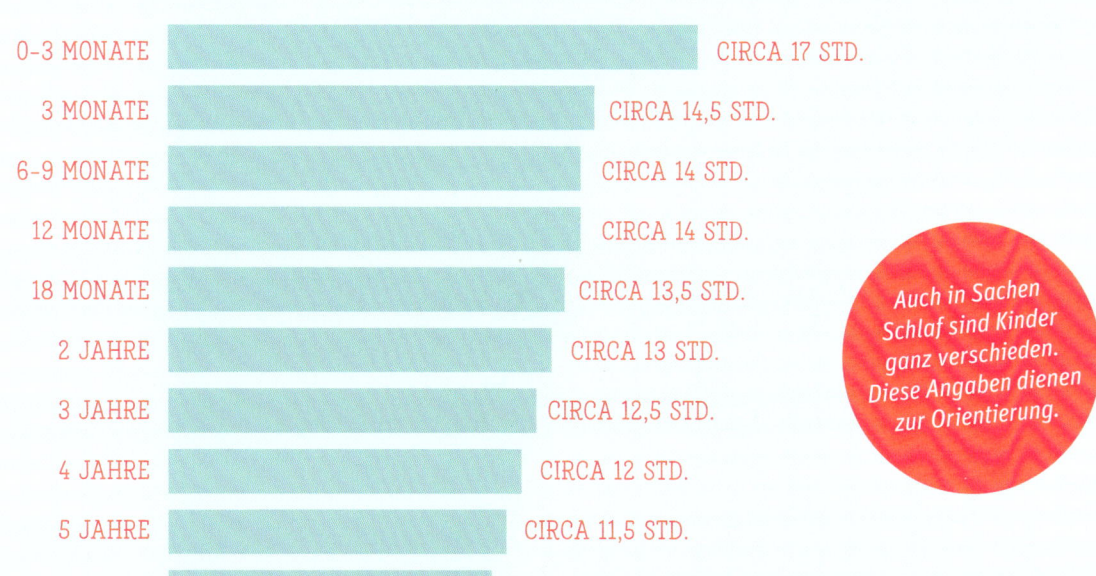

DURCHSCHNITTLICHE SCHLAFDAUER
VON KINDERN IM ALTER VON 0–6 JAHREN JE 24 STUNDEN

0–3 MONATE	CIRCA 17 STD.
3 MONATE	CIRCA 14,5 STD.
6–9 MONATE	CIRCA 14 STD.
12 MONATE	CIRCA 14 STD.
18 MONATE	CIRCA 13,5 STD.
2 JAHRE	CIRCA 13 STD.
3 JAHRE	CIRCA 12,5 STD.
4 JAHRE	CIRCA 12 STD.
5 JAHRE	CIRCA 11,5 STD.
6 JAHRE	CIRCA 11 STD.

Auch in Sachen Schlaf sind Kinder ganz verschieden. Diese Angaben dienen zur Orientierung.

ZEHNTER BIS ZWÖLFTER MONAT

Gute-Nacht-Rituale

Solange Babys nur Milch trinken, ist das abendliche Stillen oder Fläschchen in den meisten Familien fester Bestandteil des Gute-Nacht-Rituals. Einige behalten diese Extra-Kuscheleinheit zwar auch nach der Einführung der Abendbreis noch eine Weile bei. Irgendwann jedoch werden die Kleinen sich daran gewöhnen müssen, auch ohne Milch einzuschlafen. Einschlafrituale sind dann nach wie vor wichtig, sie sollten jedoch altersgerecht sein. Aus Wickeln, Stillen und Vorsingen werden vielleicht zunächst Baden und Buch-Anschauen, später Zähneputzen und Vorlesen … Jede Familie hat hier vermutlich ihre eigenen Vorstellungen. Wichtig ist nur, dass sich eine gewisse Routine einstellt. Und auch, dass sich das Ganze im zeitlichen Rahmen hält. Zieht sich das Zubettbringen nämlich zu lang hin, schränkt es den Alltag irgendwann so sehr ein, dass alle darunter leiden.

Angst im Dunkeln

Um den ersten Geburtstag herum entwickeln Kinder häufig neue Ängste. Sie fürchten sich dann zum Beispiel plötzlich vor der Dunkelheit, mit der sie bisher überhaupt kein Problem hatten. Das kann das Einschlafen natürlich erschweren.
Erklären Sie Ihrem Schatz, dass es ganz normal ist, wenn es abends weniger hell ist. Und dass Sie trotzdem in seiner Nähe sind, auch wenn er Sie nicht sieht. Ein sanftes Nachtlicht, zum Beispiel eine kleine LED-Lichterkette unter dem Bett, wirkt oft Wunder. Sie können aber auch einfach die Zimmertür einen Spalt offen und das Licht im Flur brennen lassen. Keine Sorge: Ein gewisser Geräuschpegel wird Ihr Kind nicht stören. Im Gegenteil. Es hört dann, dass es nicht allein ist und fühlt sich sicher.

Umzug ins Kinderzimmer

Wenn Ihr Baby bisher bei Ihnen geschlafen hat, ist jetzt ein guter Zeitpunkt, es langsam in sein eigenes Zimmer „umzusiedeln". Die Eingewöhnung sollte aber ganz sanft vonstattengehen. Halten Sie sich zunächst tagsüber immer wieder gemeinsam im Kinderzimmer auf, um dort zu spielen. Dadurch verknüpft Ihr Schatz diesen Raum mit etwas Schönem. Irgendwann kann er dann seinen Mittagsschlaf dort halten, damit er sieht, dass man hier auch allein sein und sich ausruhen kann. Wenn das gut klappt, kann er auch nachts hier schlafen. Behalten Sie alle anderen Einschlafrituale wie bisher bei, das hilft, sich schnell umzugewöhnen.

Eine Ruhepause am Tag ist immer noch wichtig, damit das Baby abends gut einschläft. Wenn es mittags partout nicht ins Bett will, können Sie ihm dafür zum Beispiel auch ein gemütliches Lager in seiner Spielecke einrichten.

DIE SECHSTE
Vorsorgeuntersuchung

Zwischen dem zehnten und zwölften Monat erfolgt mit der U6 die „Einjahresuntersuchung". Sie ist die letzte der eng getakteten gesetzlichen Vorsorgeuntersuchungen im Babyalter. Von nun an werden die Abstände von U zu U größer.

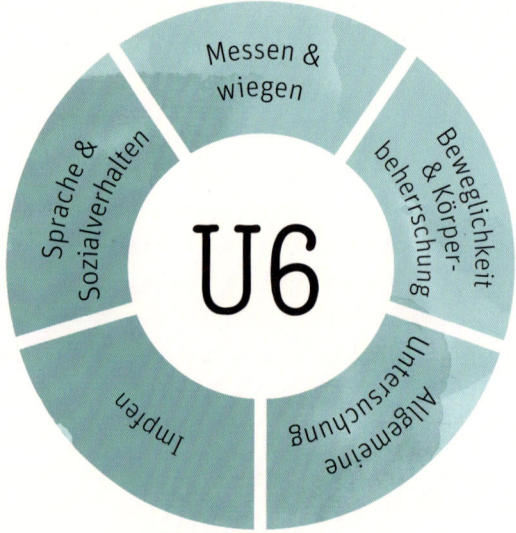

Messen und wiegen

Wie bei jeder Vorsorgeuntersuchung wird das Baby wieder gewogen und gemessen. Im Durchschnitt hat sich sein Gewicht seit der Geburt verdreifacht und es ist um 25 Zentimeter gewachsen. So rasant kann es natürlich nicht ewig weitergehen. Und so werden in den nächsten Jahren statistisch gesehen immer weniger Zentimeter dazukommen und der nächste große Wachstumsschub erfolgt erst wieder in der Pubertät. Kinder wachsen von nun an deutlich individueller, je nach genetischer Veranlagung. Die Streubreite ist also insgesamt größer als bisher und die Perzentilenkurve (siehe Seite 18–19) dient daher eher als Anhaltspunkt.

Beweglichkeit und Körperbeherrschung

Weil in der Entwicklung gerade alles auf Bewegung abzielt, interessiert den Arzt natürlich ganz besonders, wie mobil das Baby ist. Bewegt es sich viel und gern? Beherrscht es seinen Körper? Krabbeln ist vermutlich schon ein alter Hut, aber wie sieht es mit dem freien Sitzen aus? Zieht es sich schon allein hoch? Kann es allein stehen, wenn es sich irgendworan festhält? Macht es vielleicht schon erste Gehversuche? Auch die feinmotorische Entwicklung interessiert ihn: Benutzt das Baby schon den Pinzettengriff? Zur Beurteilung spielt es allerdings auch eine wichtige Rolle, wann genau die Untersuchung erfolgt, denn hier kann sich innerhalb weniger Tage sehr viel ändern.

Allgemeine Untersuchung

Herz, Atmung, Haut, andere Organe und Skelett werden routinemäßig auf Auffälligkeiten überprüft. Wie schon in den vorherigen Us liegt ein besonderes Augenmerk auf den Augen und Ohren, um mögliche Sehstörungen und Hörfehler frühzeitig zu entdecken.

Impfen

Die letzte Teilimpfung zur Grundimmunisierung gegen Tetanus, Diphtherie, Keuchhusten, Hib, Polio, Hepatitis B und Pneumokokken sollte zwischen dem elften und 14. Monat erfolgen. Außerdem empfiehlt die Ständige Impfkommission ab dem elften Monat eine Mehrfachimpfung gegen Masern, Mumps, Röteln und Windpocken sowie nach Vollendung des zwölften Monats die einmalige Impfung gegen Meningokokken C (siehe Seite 128). Vielleicht lässt sich die Vorsorgeuntersuchung gleich für eine der Impfungen nutzen. Anderenfalls vereinbaren Sie einen baldigen Termin für die (Auffrisch-)Impfungen.

Sprache und Sozialverhalten

Wie kommuniziert das Baby? Zeigt es auf Dinge? Spricht es Doppelsilben und erste Worte? Versteht es einfache Fragen und Aufforderungen? Wie reagiert es auf ein Nein? Fremdelt es? Hier ist der Arzt wie immer auch auf Informationen der Eltern angewiesen. Denn wenn die Kleinen bei der Untersuchung verunsichert sind oder keine Lust haben mitzumachen, ist die Beurteilung schwierig. Dasselbe gilt fürs Schlafverhalten.

Was macht die Ernährung?

Natürlich will der Arzt auch wissen, wie die Ernährungsumstellung verläuft. Welche Milchmahlzeiten werden bereits durch Brei ersetzt? Wird das Baby zusätzlich noch gestillt oder bekommt es die Flasche? Ist es auch schon selbstständig? Gibt es irgendeinen Verdacht, dass es bestimmte Speisen nicht verträgt? Im Hinblick auf die Kariesprophylaxe wird er wie schon bei der U5 auf die Zahnpflege zu sprechen kommen und auf bestimmte Kariesfallen hinweisen (zum Beispiel süße Getränke).

ABENTEUER **SPIELPLATZ**

Sobald Babys mobil werden, wollen Sie auch draußen nicht mehr nur im Kinderwagen liegen oder getragen werden. Zeit für den ersten Spielplatzbesuch. An weniger warmen Tagen packen Sie Ihren Schatz dafür am besten einfach in eine Matschhose und Regenfüßlinge. Im Sommer sind Sonnenhut und Sonnencreme Pflicht, Ihre „Zelte" sollten Sie aber trotzdem an einem schattigen Plätzchen aufschlagen. Zu Hause ist dann Baden angesagt. Waschen Sie dabei auch die Haare mit mildem Babyshampoo, um Sandreste zu entfernen.

◾ ZEHNTER BIS ZWÖLFTER MONAT ◾

Abstillen

Stillen bedeutet für ein Baby nicht nur Nahrungsaufnahme, sondern auch Zuwendung, Nähe und Geborgenheit. Daher sollte man es nicht von heute auf morgen von der Brust entwöhnen, sondern ihm Zeit geben, sich an die neue Situation zu gewöhnen.

SANFTER AUSKLANG

Wer von heute auf morgen mit dem Stillen aufhört, überfordert nicht nur das Baby, sondern auch den eigenen Körper. Milchstau und Brustentzündung sind dann quasi vorprogrammiert. Lässt man das Stillen dagegen langsam ausklingen, wird die Milch automatisch immer weniger, bis die Brust irgendwann gar keine Milch mehr bildet. Sie können diesen Prozess noch unterstützen, indem Sie die BH-Träger möglichst kurz einstellen und so die Brust „hochbinden".

ZEIT ZUM KUSCHELN

Indem Sie langsam eine Milchmahlzeit nach der anderen durch Brei ersetzen, erfolgt die Veränderung ohnehin schon schrittweise – bis am Schluss nur noch morgens gestillt wird. Viele Mütter geben ihren Babys statt Frühstücksbrei dazu lieber ein zweites Frühstück aus klein geschnittenem Butterbrot (ohne Rinde). Und behalten so das morgendliche Kuscheln noch eine Weile bei.

SIGNALE DES BABYS

Am Verhalten Ihres Babys an der Brust können Sie erkennen, ob es bereit zum Abstillen ist. Nuckelt es eher nur ein bisschen an der Brustwarze herum, statt sich wirklich satt zu trinken, sucht es in erster Linie Behaglichkeit. Auch wenn es zwar „andockt", sich beim Trinken aber sehr schnell ablenken lässt, braucht es die Brust eigentlich nicht mehr als Nahrungsquelle.

SCHLECHTES TIMING

Ist das Baby krank, steht ein Umzug bevor, wird es in der Kinderkrippe eingewöhnt? Dann ist die Zeit gerade nicht ideal, um endgültig abzustillen. Veränderungen verunsichern Kinder. Sie brauchen dann neben besonders viel Nähe auch Gewohntes. Gerade beim Stillen bekommen sie beides.

Das Lieblingskuscheltier ist ab einem bestimmten Alter bei den meisten Kindern wichtig, um gut einschlafen zu können. Seine Anwesenheit tröstet oft auch über den Verlust von Mamas Busen hinweg.

MIT PAPAS HILFE

Verlangt das Baby vor allem dann die Brust, wenn es nachts aufwacht, ist es am Erfolg versprechendsten, wenn der Vater eine Zeit lang das Trösten übernimmt. Der Duft von Mamas Busen ist einfach zu verführerisch. Nuckelt das Baby tagsüber ab und zu am Schnuller, kann dieser meistens auch nachts Hilfe leisten und dem Baby das Einschlafen erleichtern. Halten Sie daher immer genügend Ersatzschnuller bereit, damit das Baby erst gar nicht lange weinen und sich in seine Verzweiflung hineinsteigern muss.

WANN SOLLTE MAN AUFHÖREN?

Jede Mutter sollte selbst entscheiden dürfen, wann sie aufhört, ihr Kind zu stillen. Sie müssen sich keine Vorwürfe machen, wenn Sie bereits nach fünf Monaten zufüttern. Genauso wenig brauchen Sie sich schämen, wenn Sie Ihrem Baby nach 24 Monaten noch die Brust geben. Solange ein Kind genug geeignete Beikost bekommt, kann es bedenkenlos weitergestillt werden.

Abschied nehmen

Das Ende der Stillzeit ist nicht nur fürs Kind gewöhnungsbedürftig, sondern auch für die Mutter. Schließlich geht damit eine ganz besondere Phase der innigen Zweisamkeit vorüber. Es ist daher normal, wenn eine Frau traurig ist. Besonders schwer fällt der Abschied, wenn man zum Beispiel wegen einer Krankheit ganz abrupt mit dem Stillen aufhören muss. Auch beim letzten Kind würden Frauen gern oft noch immer weiter stillen – im Bewusstsein, dass es diesmal das letzte Mal sein wird. Wenn auch Sie sich schwertun: Vertrauen Sie darauf, dass es auch weiterhin genug Gelegenheiten geben wird, mit dem Kind zu kuscheln und ihm Liebe und Geborgenheit zu schenken.

ZEHNTER BIS ZWÖLFTER MONAT

Essen wie die Großen

Bis der erste Zahn hervorblitzt, vergehen durchschnittlich sieben Monate. Aber dann geht es relativ flott. Um den ersten Geburtstag herum sind bei vielen Babys oben und unten jeweils vier Zähnchen und sogar die ersten Backenzähne durchgebrochen, sodass sie nicht nur nagen, sondern tatsächlich schon recht gut kauen können. Diese neuen Fähigkeiten läuten das Ende der Breizeit ein.

Ran an die Teller

Bisher waren alle Breimahlzeiten ungefähr gleich groß. Mit der Umstellung auf die Familienkost ändert sich das. Von nun an gibt es drei Hauptmahlzeiten und zwei kleine Zwischenmahlzeiten. Die größte Veränderung aber ist, dass das Kind jetzt selbstständig isst. Für den Nachwuchs bedeutet das, sich wieder einmal umzugewöhnen, und nicht alle Kinder kommen auf Anhieb mit der neuen Situation zurecht. Dann spricht nichts dagegen, noch eine Weile weiter zu füttern. Die meisten aber freuen sich über die neu gewonnene Selbstständigkeit und probieren begeistert die neuen Speisen.

Feste Essenszeiten

Als Ihr Baby noch gestillt wurde beziehungsweise das Fläschchen bekam, haben Sie sich vermutlich meistens an seinem eigenen Rhythmus orientiert und ganz individuell nach Bedarf gefüttert. Mit Einführung der Beikost hat sich das geändert und es gab den Brei zu ganz bestimmten Tageszeiten. Daher weiß Ihr Schatz, dass es feste Essenszeiten gibt. Und die sollten Sie auch weiterhin beibehalten. Zum einen sind die Mahlzeiten mit den Schlafenszeiten wichtige Taktgeber und helfen dem Baby, den Tag in seiner Gesamtheit zu begreifen. Zum anderen lernt es, dass Essen nichts ist, was man einfach mal so zwischendurch macht, quasi als Beschäftigungsprogramm. Und nicht zuletzt wird es natürlich gleichmäßig mit Energie versorgt.

AM FAMILIENTISCH

Essen im Kreis der Familie ist etwas Wunderbares. Damit sich Ihr Kind genauso wichtig genommen fühlt wie die Großen, braucht es spätestens jetzt seinen festen Platz am Tisch. Genauso sollte es sein eigenes Geschirr, sein eigenes Besteck und seinen eigenen Becher bekommen. Für uns Erwachsene mögen das Kleinigkeiten sein. Für Ihr Baby bedeutet es: „Mama und Papa denken an mich. Man nimmt mich ernst. Ich gehöre dazu."

Gar nicht so einfach, mit Besteck zu essen – wobei es mit der Gabel oft sogar besser geht als mit dem Löffel, weil man eins nach dem anderen aufpicken kann. Kleines Erstlingsbesteck mit dicken Griffen erleichtert den Einstieg in die noch ungewohnten Tischmanieren. Trotzdem werden anfangs zwischendurch die Finger immer wieder mithelfen müssen. Haben Sie das Gefühl, Ihr Schatz bekommt nicht genug ab, können Sie außerdem auch mit einer zweiten Gabel das ein oder andere Häppchen zufüttern.

Frühstück

Auch wenn Ihr Baby schläft, verbraucht sein Körper Energie. Sein Herz schlägt, es atmet, sein Gehirn verarbeitet die Eindrücke des Tages ... Wenn es nach der langen Nachtruhe aufwacht, müssen daher erst einmal die verbrauchten Energiereserven aufgefüllt werden, um anschließend schwungvoll in den neuen Tag zu starten.
Kohlenhydrate sind morgens ideal, weil sie schnell neue Kraft schenken. „Normales" Müsli ist momentan allerdings noch zu schwer verdaulich. Sie können stattdessen aber zum Beispiel Porridge aus zarten Haferflocken und Vollmilch kochen.
Wenn Sie (oder Ihr Kind) erst mal genug von Brei haben, können Sie natürlich auch ein Brot mit Butter oder Frischkäse anbieten – gern auch mit einer Scheibe mildem Schnittkäse, etwas zerdrückter Banane oder einem Löffel Apfelmark obendrauf. Beide sind ein guter Ersatz für Konfitüre, die sehr viel Zucker enthält und daher für Babys nicht ideal ist. Das Brot wird weiterhin erst mal in kleine Würfel geschnitten, so lässt es sich besser essen. Dazu gibt es eine Tasse Vollmilch, ungesüßten Früchte- oder Kräutertee oder einfach Wasser. Übrigens: Honig ist für Kinder in den ersten zwölf Lebensmonaten absolut tabu. Als reines Naturprodukt kann er nämlich Bakterien enthalten, die bei Babys schwere Vergiftungen auslösen können (Säuglingsbotulismus).

Mittagessen

Mittags bleibt es im Prinzip bei den Zutaten aus dem Brei: Es gibt Kartoffeln, Nudeln oder Reis (am besten die Vollkornvarianten), dazu viel Gemüse und zwei- bis dreimal die Woche ein bisschen Fleisch oder Fisch. Allerdings wird das alles jetzt nicht mehr püriert, sondern lediglich in kleine Stücke geschnitten oder sehr grob zerdrückt. Neben Fleisch und Fisch kann ab und zu auch ein Ei die Speisekarte bereichern. Im Prinzip kann Ihr Kind jetzt alles essen, was Sie auch mögen, solange es nicht stark gewürzt, besonders fettig oder schwer verdaulich ist. Überhaupt steigert es seine Neugier auf neue Zutaten und Geschmacksrichtungen, wenn Sie selbst das Gleiche essen und ihm dabei zeigen, wie gut es Ihnen schmeckt.

Abendessen

Ob Brotzeit mit Butter- oder (Frisch-)Käsebrot und etwas Gurke oder Tomate, ob gedünstetes Gemüse mit Reis und Sauce, ob Suppe, Grießbrei, Quark oder Joghurt mit frischem Obst: Das Abendessen sollte in erster Linie leicht verdaulich sein. Das fördert den Schlaf. Bei der Brotzeit sollte der Belag zudem möglichst dünn sein, denn auch zu viel Fett macht dem Magen so spät unnötig Arbeit. Außerdem schaben viele Babys und Kleinkinder eine dicke Schicht Butter oder Ähnliches mit den Zähnen ab und lassen das Brot dann links liegen. Wenn sie dann einschlafen sollen, haben sie oft schon wieder Hunger – oder sie wachen nachts auf, weil der Magen knurrt.

Zwischenmahlzeiten

Herumtollen macht hungrig und so kann es schon mal sein, dass die Zeit bis zur nächsten Mahlzeit zu lang und das Kind zwischendurch quengelig wird. Ein kleiner Snack sorgt in so einem Fall schnell wieder für Energie. Allerdings sollte er nicht zu kalorienhaltig sein, schließlich gibt es bald wieder etwas „Richtiges". Ideal sind frisches Obst oder Rohkost in mundgerechten Stücken (Äpfel, Möhren und andere harte Sorten erst, wenn das Kind gut kaut) oder ein Naturjoghurt. Sind Sie gerade unterwegs, sind Dinkelstangen, Reiswaffeln oder Vollkornzwieback eine gute Alternative. Süßes wie beispielsweise Kekse sollten Sie so lang wie möglich vermeiden und Ihrem Kind auch später nur ab und zu anbieten. Und wenn dann möglichst aus Vollkornmehl.

Wie viel ist genug?

Der Appetit ist nicht jeden Tag gleich groß. Wenn Ihr Schatz gerade wächst oder besonders aktiv war, isst er womöglich für zwei. Dann gibt es wieder Phasen, in denen zwei Bissen zu genügen scheinen. Zwingen Sie Ihr Kind daher nicht, alles aufzuessen. Das verdirbt ihm die Freude am Essen. Am besten geben Sie ihm einfach immer nur eine kleine Portion auf den Teller – etwa so viel, wie in seine Hand passen würde. Bei Bedarf können Sie dann ja noch mal nachfüllen.

Wichtiger als die Menge ist die Zusammensetzung der Nahrung: Ein Kind sollte viel Gemüse und Obst essen, Fleisch, Fisch, Käse, Eier und Milchprodukte dagegen nur in Maßen und Fettes sowie Süßes lediglich in Miniportionen. So bekommt es alles, was es braucht, um sich gut zu entwickeln. Solange es fröhlich und aktiv ist, zufrieden erscheint und keine Probleme mit dem Stuhlgang hat, ist alles im grünen Bereich.

Kinderlebensmittel

Die Nahrungsmittelindustrie entwickelt immer mehr Lebensmittel speziell für Kinder. Glaubt man Werbung und Verpackung, schmecken sie Kindern angeblich nicht nur besonders gut, sondern sind auch noch besonders wertvoll. Dabei ist meist genau das Gegenteil der Fall. „Kinderlebensmittel" enthalten oft verhältnismäßig viel Zucker und Fett, außerdem Farb- und Aromastoffe, die, auch wenn sie als „natürlich" ausgezeichnet sind, nichts mit gesunder Ernährung zu tun haben. Außerdem gewöhnen sich die Kleinen schnell an die intensiven Aromen und können unbehandelten, natürlichen Lebensmitteln nichts mehr abgewinnen. Schade, denn die würden sie tatsächlich groß und stark machen.

DER ERSTE GEBURTSTAG!

Ihr Schatz ist jetzt kein Baby mehr, sondern ein Kleinkind. Und Sie selbst sind seit einem Jahr Eltern. Das muss gefeiert werden! Bei aller Freude sollten Sie es aber klein halten. Sie brauchen nicht alle Freunde und alle Mütter aus der Krabbelgruppe einladen. Zu viel Trubel überfordert das Geburtstagskind und es wird quengelig. Statt guter Laune macht sich so schnell Frust breit. Auch Geschenke sind Nebensache. Sicher: Auspacken macht Spaß, aber das Wichtigste ist, dass Mama und Papa sich richtig viel Zeit nehmen.
Am Abend, wenn der Nachwuchs selig schlummert, können Sie das vergangene Jahr noch einmal Revue passieren lassen. Die Meilensteine auf den nächsten Seiten helfen Ihnen, sich noch einmal all die großartigen Dinge, die Ihr Schatz schon erreicht hat, in Erinnerung zu rufen.

◣ MEILENSTEINE 1. HALBJAHR ◢

Babys Meilensteine

GANZ NEUE AUSSICHTEN

*Bisher waren die Bewegungen hauptsächlich von Reflexen gesteuert. Mit etwa **drei Monaten** können sich die meisten sich auf den Unterarmen abstützen, sie können den Brustkorb heben und den Kopf eine Weile stabil oben halten.*

HIER BIN ICH

*Um die **vierte oder fünfte Woche** herum nimmt der Säugling aktiv Kontakt zu seinen Eltern auf und lächelt sie das erste Mal richtig an. Unvergessen! Mit diesem Kontaktlächeln endet die Neugeborenenphase.*

| 1. MONAT | 2. MONAT | 3. MONAT |

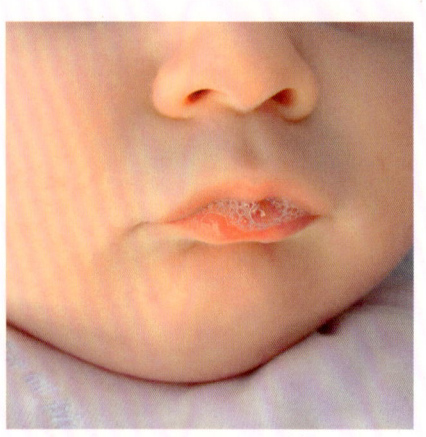

ES GLUCKERT, GURRT UND BLUBBERT

*Bereits im **zweiten Monat** lauscht das Baby entzückt den Geräuschen, die es selbst hervorbringt. Und wenn man darauf reagiert, kann man schon fast eine kleine „Unterhaltung" mit ihm führen.*

MEILENSTEINE 1. HALBJAHR

PLAPPERMÄULCHEN
*Nach ungefähr **fünf Monaten** wird aus dem anfänglichen Gluckern richtiges Plappern. Das Baby fügt einzelne Silben in Endlosschleife zu langen Wortketten aneinander und „erzählt" so liebend gern unglaubliche Geschichten.*

GUTEN APPETIT
*Bis zum Ende des **vierten Monats** sollten Babys ausschließlich (Mutter-)Milch trinken. Dann kann die Umstellung auf Beikost beginnen. Wer damit noch ein bisschen warten möchte: kein Problem. Erst ab dem zweiten Lebenshalbjahr reicht Milch allein nicht mehr aus.*

| 4. MONAT | 5. MONAT | 6. MONAT |

HER DAMIT
*Erst einmal muss das Baby lernen, Gegenstände mit den Augen zu fixieren. Das dauert. Doch dann streckt es mit etwa **vier Monaten** plötzlich sein Ärmchen aus und packt zu. Und um das Ding noch genauer zu untersuchen, wird es – schwupps – in den Mund gesteckt.*

HIN UND HER
*Mit rund **sechs Monaten** dreht sich das Baby allein vom Rücken auf den Bauch – und kurze Zeit später schafft es auch die Rolle in die entgegengesetzte Richtung. Jetzt kann es selbst bestimmen, was es von der Welt sieht.*

MEILENSTEINE 2. HALBJAHR

20 KLEINE BEISSERCHEN

*Einer von insgesamt 20 kleinen Meilensteinchen: Mit etwa **sieben Monaten** schiebt sich der erste Zahn durchs Zahnfleisch. In der Regel ist es einer der unteren mittleren Schneidezähne. Bis zum dritten Geburtstag ist das Milchgebiss dann normalerweise vollständig.*

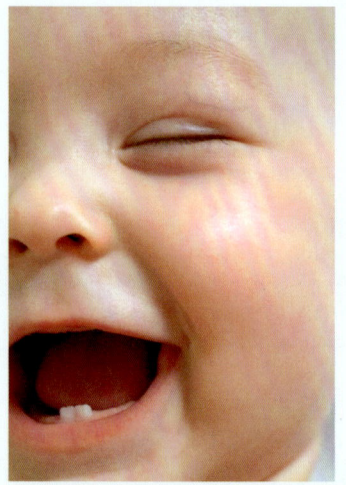

KENN ICH SCHON!

*Mit etwa **acht Monaten** kennen Babys ihren Namen und drehen ihren Kopf in Ihre Richtung, wenn Sie sie ansprechen. Überhaupt ist das Wortverständnis inzwischen gewaltig gewachsen. Sie erkennen zum Beispiel Dinge in einem Bilderbuch wieder, wenn man danach fragt. Spricht man ihnen langsam eine Silbe vor, gelingt es oft, diese nachzusprechen. Und den ganz Schnellen kommen sogar schon die ersten richtigen Worte über die Lippen.*

WER BIST DU DENN?

*Ebenfalls im Alter von rund **acht Monaten** kann das Baby zwischen bekannten und unbekannten Gesichtern unterscheiden. Es beginnt zu verstehen, dass ihm nicht alle Mitmenschen nahestehen, und fängt an zu fremdeln.*

| 7. MONAT | 8. MONAT | 9. MONAT |

AUF ALLEN VIEREN

*Um den **siebten Monat** herum scheinen die Babys der Meinung zu sein, sie wären nun lang genug herumgelegen. Das große Krabbeln beginnt. Erst unbeholfen und kippelig, erobern sie aber schon bald auf allen Vieren die Welt.*

FREIE SICHT

*Gut gestützt, klappt es schon eine Weile, aber erst mit etwa **neun Monaten** ist die Muskulatur kräftig genug, dass das Baby auch frei sitzt. Das verschafft ihm nicht nur ungewohnte Perspektiven, sondern erschließt auch eine neue Spielwelt. Denn es kann jetzt frei greifen.*

◾ **MEILENSTEINE 2. HALBJAHR** ◾

NACH OBEN

Es zieht sich hoch, hangelt sich vielleicht ein paar Schritte seitlich am Sofa entlang und steht plötzlich freihändig: Mit ungefähr **zehn Monaten** *erinnert das Baby noch ein wenig an einen schwankenden Matrosen, wie es so breitbeinig versucht, seinen Körper auszubalancieren. Und tatsächlich gelingt es ihm anfangs nur kurz, das Gleichgewicht zu halten. Aber es dauert nicht lang, dann steht es wie eine Eins.*

AUF EIGENEN FÜSSCHEN

Es gibt nur noch ein Ziel: selbst laufen. Ab dem **zehnten Monat** *etwa versucht man es zunächst an Mamas und Papas Händen. Die Fitten wagen dann mit* **zwölf Monaten** *die ersten freien Schritte. Andere warten damit lieber noch ein paar Wochen oder Monate – jeder nach seiner Fasson. Irgendwann können es alle und sind bereit für die nächsten wunderbaren Abenteuer…*

| 10. MONAT | 11. MONAT | 12. MONAT |

SAMMELLEIDENSCHAFT

Erst musste das Baby mit der ganzen Hand zupacken, wenn es etwas haben wollte. Mit rund **elf Monaten** *ist seine Feinmotorik so ausgereift, dass es mit Daumen und Zeigefinger selbst kleinste Schnipsel aufpicken kann. Wie mit einer Pinzette.*

ZUM NACHSCHLAGEN

Hier finden Eltern Rat und Hilfe

◤ ZUM NACHSCHLAGEN ◥

Schnelle Hilfe

Egal, wie aufmerksam Sie sind und wie liebevoll Sie Ihr Baby pflegen: Es kann dennoch krank werden oder sich verletzen. Kleinere Wehwehchen kann man oft sehr gut selbst behandeln. Liebevoller Trost ist in diesen Fällen ohnehin meist wichtiger als Pflaster oder Medikamente. Gerade bei den jüngsten Patienten ist es im Zweifelsfall aber immer ratsam, den Kinderarzt zu konsultieren, um schwerwiegende Probleme ausschließen beziehungsweise umgehend die erforderlichen Maßnahmen ergreifen zu können.
In lebensbedrohlichen Situationen ist es das Wichtigste, dass Sie als Eltern Ruhe bewahren. Wenn Sie selbst in Panik geraten, wirkt sich das zusätzlich negativ auf Ihr Baby aus. Verständigen Sie umgehend den Notarzt oder suchen Sie eine Erste-Hilfe-Stelle in Ihrer Nähe auf, damit man Ihr Baby fachgerecht versorgen kann.

Atemnot

Fällt dem Baby das Atmen schwer und haben Sie den Eindruck, es bekommt nur schlecht Luft beziehungsweise leidet es erkennbar an Atemnot, sollten Sie umgehend den (Not-)Arzt oder eine Erste-Hilfe-Stelle kontaktieren.
Bei einer leichten Asthma- oder Pseudokrupp-Attacke stellen Sie sich mit dem Baby ans geöffnete Fenster oder auf den Balkon, denn kalte, feuchte Luft hilft. Sofern es nicht der erste Anfall ist, haben Sie vielleicht auch ein entsprechendes Medikament zu Hause, das Sie Ihrem Baby geben können. Etwas Kaltes zu trinken lindert die Beschwerden.

Bewusstlosigkeit

Rufen Sie sofort den Notarzt, wenn Ihr Baby ohne Bewusstsein ist. Bis er eintrifft, müssen die Atmung und der Herzschlag des Babys die ganze Zeit über überprüft werden (seinen Puls fühlen Sie am besten an der Innenseite des Oberarms). Ist beides spürbar, drehen Sie Ihr Baby auf den Bauch und seinen Kopf zur Seite. Der Mund muss leicht geöffnet sein (siehe Abbildung Seite 265).
Atmet das Baby nicht und sind Sie allein, müssen Sie sofort mit Wiederbelebungsversuchen beginnen. Erst nachdem Sie es eine Minute reanimiert haben, alarmieren Sie den Notarzt. Für die Reanimation legen Sie Ihr Baby auf den Rücken auf eine harte Unterlage. Entfernen Sie, sofern vorhanden, Fremdkörper (Erbrochenes, Blut) aus dem Mund, strecken Sie seinen Kopf vorsichtig leicht nach hinten und halten Sie das Kinn mit zwei Fingern. Beginnen Sie dann mit der Mund-zu-Mund-und-Nase-Beatmung (Mund und Nase des Babys müssen von Ihrem Mund umschlossen sein). Holen Sie tief

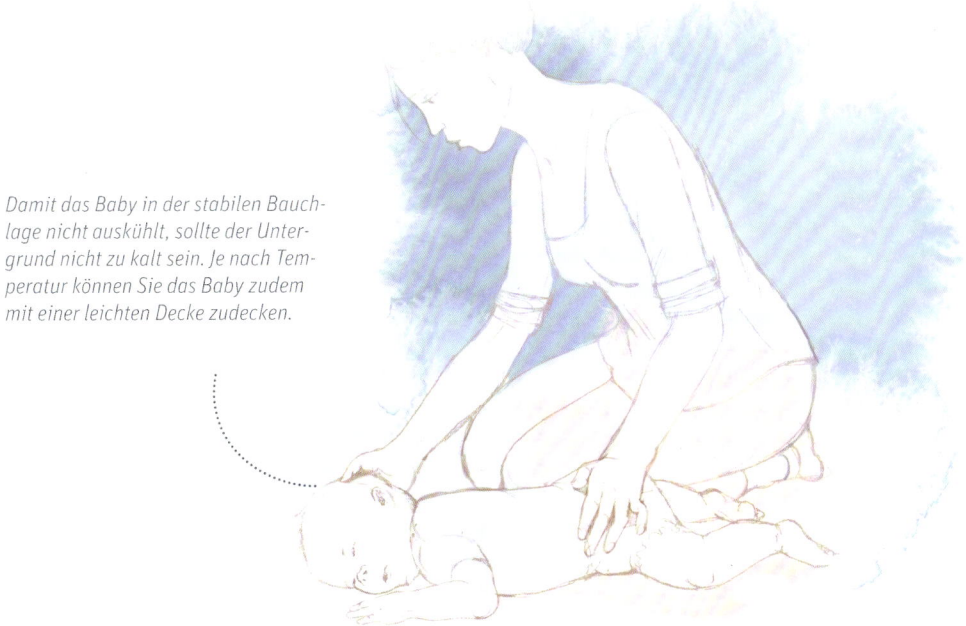

Damit das Baby in der stabilen Bauchlage nicht auskühlt, sollte der Untergrund nicht zu kalt sein. Je nach Temperatur können Sie das Baby zudem mit einer leichten Decke zudecken.

Luft und blasen Sie diese in Mund und Nase des Babys, sodass sich sein Brustkorb hebt. Bedenken Sie dabei, dass in seine kleinen Lungen sehr viel weniger Luft passt als in Ihre eigenen. Reagiert das Baby nach fünf Beatmungen nicht, machen Sie 30 Herzdruckmassagen, indem Sie im unteren Drittel des Brustbeins den entkleideten Brustkorb ein Drittel eindrücken. Dann folgen erneut zwei Beatmungen. Machen Sie im Wechsel 30:2 weiter, bis der Notarzt eintrifft.

Wichtig: Auch bei einer ganz kurzen Ohnmacht sollten Sie umgehend den Kinderarzt informieren, um den möglichen Auslösern auf den Grund zu kommen.

Durchfall

Aufgrund des hohen Flüssigkeits- und Mineralstoffverlusts sollten Sie bei anhaltendem Durchfall (mehr als viermal innerhalb von 24 Stunden) den Kinderarzt aufsuchen. Dasselbe gilt bei blutigen Stühlen sowie Durchfall mit Fieber und/oder Erbrechen. Das Wichtigste ist, dass das Baby viel trinkt und seine Haut straff und rosig ist. Legen Sie Ihr Baby häufiger an beziehungsweise geben Sie ihm öfter das Fläschchen. Bei anhaltenden Beschwerden kann der Kinderarzt auch eine Elektrolytlösung verschreiben.

Fieber

Die normale Körpertemperatur liegt bei Babys zwischen 36 und 37,5 Grad. Bei höheren Temperaturen spricht man bis 38 Grad von erhöhter Temperatur, ab 38 Grad von Fieber und ab 39 Grad von hohem Fieber. Bei Säuglingen unter drei Monaten sollte ab einer Temperatur von 38 Grad der Kinderarzt zu Hilfe gezogen werden. Bei älteren Babys können Sie mit dem Arztbesuch bis zum nächsten Tag warten, wenn es ihnen außer dem Fieber gut geht und sie ausreichend trinken.

▶ ZUM NACHSCHLAGEN ◀

Insektenstiche

In den allermeisten Fällen ist ein Stich zwar schmerzhaft, aber nicht lebensbedrohlich. Gefährlich wird es nur, wenn Ihr Baby auf Bienen- oder Wespengift allergisch ist oder das Insekt im Mund- oder Rachenraum zustich. Achten Sie daher im Freien darauf, dass sich keine Bienen oder Wespen am Sauger, auf dem Löffel oder der Nahrung befinden. Bemerken Sie nach einem Stich, dass der Hals Ihres Babys zuschwillt oder es an Atemnot leidet, verständigen Sie umgehend einen Arzt oder suchen eine Erste-Hilfe-Station auf. Bis dahin kühlen Sie seinen Hals mit kalten Umschlägen. Bei zusätzlichen Atemproblemen müssen Sie das Baby notfalls beatmen (siehe Stichwort „Bewusstlosigkeit"). Zecken sind zwar selbst nicht giftig, können jedoch verschiedene Krankheiten übertragen (Borreliose, FSME). Daher sollten sie schnellstmöglich entfernt werden. Fassen Sie den Kopf der Zecke dicht an der Haut und ziehen Sie das Tier mit einer leichten Drehbewegung heraus, ohne es dabei zu zerquetschen. Am einfachsten gelingt das mit einer Spezialpinzette aus der Apotheke. Geben Sie weder Öl noch Klebstoff oder Nagellack auf die Zecke. Damit riskieren Sie nur, dass die Krankheitserreger noch schneller in die Haut Ihres Babys eindringen.

Prellungen und Blutergüsse

Beginnt das Baby mobil zu werden, gehören kleine Stürze und Unfälle zum Alltag – und damit auch Prellungen und Blutergüsse. Meistens ist das nicht schlimm und die blauen Flecken verschwinden nach ein paar Tagen von ganz allein wieder. Erhöhte Vorsicht ist dagegen geboten, wenn sich das Baby den Kopf prellt. Kühlen Sie die betroffene Partie dann sofort mit einem kalten ausgewrungenen Waschlappen, damit sie gar nicht erst anschwillt. Beobachten Sie anschließend, ob Ihr Baby schläfrig oder benommen wirkt oder sich erbricht. In diesem Fall sollten Sie umgehend einen Arzt aufsuchen oder den Notarzt rufen. Starke Prellungen am Kopf, etwa nach einem Sturz von der Wickelkommode, sollte ein Arzt auch bei ausbleibenden Begleiterscheinungen untersuchen.

Verbrennungen

Babys können sich nicht nur an Feuer, am Bügeleisen oder an einer Herdplatte verbrennen. Auch heiße Flüssigkeiten wie Tee, Kaffee oder Suppe führen schnell zu schweren Verbrühungen. Trägt das Baby an der betroffenen Partie Kleidung und klebt diese nicht fest, ziehen Sie es aus. Bei kleineren Verbrennungen und Verbrühungen kühlen Sie die Haut dann sofort einige Minuten unter fließendem Wasser (Vorsicht, nicht zu kalt, etwa 20 Grad). Größere Flächen dürfen Sie nicht mit Wasser kühlen, da Sie damit riskieren würden, dass Ihr Baby unterkühlt. Bedecken Sie die Wunde stattdessen mit einem sterilen Tuch und kontaktieren Sie umgehend den (Not-)Arzt. Ab einer Fläche von der Größe eines Arms droht Lebensgefahr.

ZUM NACHSCHLAGEN

Vergiftungen

Hat Ihr Baby etwas Giftiges geschluckt, wenden Sie sich am besten sofort an die Giftnotrufzentrale (entsprechende Nummern finden Sie im Anhang auf Seite 272). Damit man Ihnen bestmöglich weiterhelfen kann, sollten Sie wissen, was Ihr Baby geschluckt hat (möglichst genaue Produkt- oder Firmenbezeichnung), wie viel es geschluckt hat, wann es passiert ist, wie alt Ihr Baby ist und wie viel es wiegt, welche Auffälligkeiten es gibt und was Sie bisher unternommen haben.

Bei Hautkontakt mit giftigen Substanzen entfernen Sie Ihrem Baby die Kleidung und spülen die Partie mit reichlich klarem Wasser ab. Achten Sie dabei aber auch auf sich selbst. Wurden giftige Stoffe eingeatmet, lüften Sie als Allererstes ausgiebig. Kontaktieren Sie auch in diesen beiden Fällen nach der Erstversorgung die Giftnotrufzentrale, um zu erfahren, wie Sie am besten weiterhelfen können.

Verschlucken

Sobald Babys beginnen, alles in den Mund zu stecken, steigt das Risiko, dass sie einen Fremdkörper verschlucken. Meist würgt das Baby diesen selbst wieder heraus, manchmal wandert er weiter über den Magen in den Darm und wird dann ausgeschieden. Solange dabei keine giftigen Stoffe ausgeschieden werden, wie zum Beispiel bei Batterien, ist das nicht schlimm.

Bleibt der Fremdkörper jedoch im Rachen stecken oder gelangt er in die Luftröhre, besteht Erstickungsgefahr. Handeln Sie schnell: Legen Sie das Baby über Ihren Arm oder Ihr Bein halb schräg nach unten und klopfen Sie mit der flachen Hand einige Male sanft auf seinen Rücken. Dadurch löst sich der Fremdkörper und das Baby kann ihn abhusten oder herauswürgen. Nützt auch das nichts, müssen Sie sofort den Notarzt rufen. Bekommt das Baby plötzlich viel schlechter Luft oder atmet es gar nicht mehr, müssen Sie es umgehend beatmen und mit der Wiederbelebung beginnen, bis der Notarzt eintrifft (siehe Stichwort „Bewusstlosigkeit").

Wunden

Schnitt-, Platz- und Schürfwunden sind in der Regel nicht gefährlich, auch wenn das Baby blutet. Bei kleineren Verletzungen genügt es, die Wunde mit klarem Wasser zu säubern, ein nicht brennendes Desinfektionsspray aufzusprühen und sie dann mit einem Pflaster oder einer sterilen Kompresse abzudecken. Darf das Baby dann zum Kuscheln auf den Arm, wird es ausgiebig getröstet und vielleicht auch ein wenig abgelenkt, beruhigt es sich meist recht bald.

Größere Riss- oder Schnittwunden müssen eventuell genäht werden, daher sollten Sie nach der Erstversorgung gleich mit Ihrem Baby zum Arzt gehen. Bewahren Sie aber Ruhe, denn Aufregung macht für Ihr Baby alles nur noch schlimmer.

Adressen und Internetlinks

BETREUUNG

Bundesarbeitsgemeinschaft Elterninitiativen (BAGE) e. V.
Geschäftsstelle Berlin
Norbert Bender
Crellestr. 19/20
10827 Berlin
www.bage.de
Informationen und Unterstützung für Eltern, die die außerfamiliäre Kinderbetreuung selbst organisieren wollen.

kita.de
Umfassendes Informationsportal zur Kinderbetreuung; Kitasuche.

www.tagesmutter.com
Rat für Eltern und Tagesmütter.

FAMILIE

Arbeitskreis Neue Erziehung e. V.
Hasenheide 54
10967 Berlin
www.ane.de
Unabhängiger Verein, der sich für eine von gegenseitigem Respekt und demokratischen Prinzipien getragene Kindererziehung einsetzt; Herausgeber der Elternbriefe.

Verband alleinerziehender Mütter und Väter e. V.
Hasenheide 70
10967 Berlin
www.vamv.de
Beratung, Tipps und Informationen für alleinerziehende Eltern.

wellcome GmbH
Hoheluftchaussee 95
20253 Hamburg
www.wellcome-online.de
Ehrenamtliche wellcome-Teams an bundesweit rund 250 Standorten unterstützen im Rahmen der Nachbarschaftshilfe Familien mit Babys im ersten Jahr nach der Geburt.

www.baby-und-familie.de
Informationen rund um die Themen Schwangerschaft, Partnerschaft, Krankheiten und Erziehung.

www.familienhandbuch.de
Internethandbuch zum „Nachschlagen" – von der Familienplanung über Pflege, Ernährung und Betreuung bis zu finanziellen Unterstützungsmöglichkeiten.

www.happymomundbaby.de
Wertvolle Tipps zu Ernährung, Pflege, Schlafen und Gesundheit im ersten Lebensjahr; empfohlen vom Berufsverband der Kinder- und Jugendärzte.

FRÜHKINDLICHE FÖRDERUNG

Bundesverband der Mütterzentren e. V.
Hospitalstr. 10
65549 Limburg
www.muetterzentren-bv.de
Der Verband unterstützt und vernetzt rund 400 Mütterzentren in Deutschland. Hier finden Sie auch ein Zentrum in Ihrer Nähe.

Bundesverband für Kindertagespflege e. V.
Baumschulenstr. 74
12437 Berlin
www.bvktp.de
Informationen rund um die frühkindliche Bildung und Förderung.

PEKiP e. V.
Brunhildenstr. 42
42287 Wuppertal
www.pekip.de
Informationen zum PEKiP-Konzept; mit Gruppensuche.

GEBURT

Gesellschaft für Geburtsvorbereitung – Familienbildung und Frauengesundheit – Bundesverband e. V.
Pohlstr. 28
10785 Berlin
Tipps, Wissenswertes und Ratschläge u. a. zu Schwangerschaft, Geburt, Familienbildung und Frauengesundheit; PLZ-Suche nach Geburtsvorbereitung, Familienbegleitung, Mütterpflegerin, Väterbegleiter und Babymassage.

Verein zur Unterstützung der WHO-/UNICEF-Initiative „Babyfreundliches Krankenhaus" (BFHI) e. V.
Jan-Wellem-Str. 6
51429 Bergisch Gladbach
www.babyfreundlich.org
Hier finden Sie eine Liste zertifizierter Krankenhäuser.

GELD UND RECHT

Bundesministerium für Familie, Senioren, Frauen und Jugend
Glinkastr. 24
10117 Berlin
www.familien-wegweiser.de
Service des Bundesfamilienministeriums, der Familien über eine Vielzahl von Leistungen und Angeboten informiert wie Mutterschutz, Elterngeld, Elternzeit, Kindergeld, Geldleistungen, steuerliche Ermäßigungen und vieles mehr.

GESUNDE ERNÄHRUNG

Deutsche Gesellschaft für Ernährung e. V.
Godesberger Allee 18
53175 Bonn
www.dge.de
Umfassende Infos zur vollwertigen Ernährung für die ganze Familie.

Forschungsinstitut für Kinderernährung (FKE)
Heinstück 11
44225 Dortmund
www.fke-do.de
Informationen für die gesunde Ernährung – von Anfang an.

www.bzfe.de
Das Kompetenz- und Kommunikationszentrum für Ernährungsfragen in Deutschland bietet Basiswissen rund um die gesunde Ernährung für die ganze Familie.

GESUNDHEIT

Berufsverband der Kinder- und Jugendärzte e. V.
Mielenforster Str. 2
51069 Köln
www.kinderaerzte-im-netz.de
Elternportal des Berufsverbands der Kinder- und Jugendärzte e. V. Hier finden Sie umfassende Informationen zur Gesundheitsvorsorge, zum Impfen, zu Krankheiten, Erster Hilfe und vielem mehr. Außerdem Kinderärzte in Ihrer Nähe und Adressen der zuständigen Erste-Hilfe-Stellen in Ihrer Stadt beziehungsweise Ihrem Landkreis.

Bundesverband „Das frühgeborene Kind" e. V.
Darmstädter Landstr. 213
60598 Frankfurt am Main
www.fruehgeborene.de
Ausführliche Informationen für Frühchen-Eltern.

Bundeszentrale für gesundheitliche Aufklärung (BZgA)
Maarweg 149–161
50825 Köln
www.kindergesundheit-info.de
Umfassende Infos rund um die Gesundheit und Entwicklung von Kindern und Jugendlichen; unter der Rubrik „Sicher aufwachsen" finden Sie außerdem die Nummern der Giftnotrufzentralen sowie Infos über Gefahren für Kinder und darüber wie sie verringert beziehungsweise verhindert werden können.

Deutsche Gesellschaft für Kinder- und Jugendmedizin e. V. (DGKJ)
Chausseestr. 128/129
10115 Berlin
www.dgkj.de
Wissenschaftliche Fachgesellschaft der Kinder- und Jugendmedizin in Deutschland. Unter der Rubrik „Eltern" finden Sie Spezialistenporträts und können kostenlos verschiedene Informationsblätter zu Gesundheit und Ernährung herunterladen. Unter „Service" gibt es u. a. eine Suchfunktion zu Kinderkliniken in Ihrer Nähe.

Deutsche Liga für das Kind in Familie und Gesellschaft (Initiative gegen frühkindliche Deprivation) e. V.
Charlottenstr. 65
10117 Berlin
www.liga-kind.de
Die Deutsche Liga für das Kind ist ein interdisziplinärer Zusammenschluss zahlreicher Verbände und Organisationen. Ziel der Liga ist es, die seelische Gesundheit von Kindern zu fördern sowie ihre Rechte und Entwicklungschancen in allen Lebensbereichen zu verbessern.

Deutsches Grünes Kreuz e. V.
Biegenstr. 6
35037 Marburg
www.dgk.de
Umfassende Informationen rund ums Thema Gesundheit für die ganze Familie; zudem Extra-Stichwort „Kind und Gesundheit".

GEPS-Deutschland e. V.
Bundesgeschäftsstelle
Simone Beardi
Fallingbosteler Str. 20
30625 Hannover
www.geps.de
Die Gemeinsame Elterninitiative Plötzlicher Kindstod GEPS-Deutschland e. V. bietet Aufklärung und Hilfe für Betroffene.

Gesund ins Leben – Netzwerk Junge Familie
Bundeszentrum für Ernährung (BZfE)
Bundesanstalt für Landwirtschaft und Ernährung (BLE)
Deichmanns Aue 29
53179 Bonn
www.gesundinsleben.de
Informationen des bundesweiten Netzwerks Junge Familie zu Ernährung und Allergieprävention im ersten Lebensjahr.

Kindernetzwerk e. V.
Hanauer Str. 8
63739 Aschaffenburg
www.kindernetzwerk.de
Das Kindernetzwerk vermittelt mit seiner bundesweiten Datenbank umfassende Hilfe bei 2.000 Erkrankungen und Behinderungen. Die Datenbank enthält über 80.000 Adressen, zum Beispiel von Eltern, Selbsthilfegruppen, Kliniken, Bundesverbänden sowie Internetadressen.

Kinderumwelt gemeinnützige GmbH
Heinrich-Stürmann-Weg 7
49124 Georgsmarienhütte
www.allum.de
Internetportal zu Allergien, Umwelt und Gesundheit.

Robert Koch-Institut
Nordufer 20
13353 Berlin
www.rki.de
Vielfältige Infos zu Infektionskrankheiten und Gesundheit. Im RKI findet sich auch der Sitz des Expertengremiums der Ständigen Impfkommission (STIKO), deren aktuelle Impfempfehlungen Sie unter dieser Adresse ebenfalls erhalten.

www.zecken.de
Schutz und Maßnahmen bei Zeckenbissen; Übersichtskarte der Risikoregionen.

HEBAMMEN

Bund freiberuflicher Hebammen Deutschlands e. V.
Kasseler Str. 1 a
60486 Frankfurt
www.bfhd.de
Beratung und Informationen für Eltern rund ums Thema Hebammen und Stillen; bundesweite Suchfunktion für Geburtshäuser und Hebammen-Kreißsäle.

Deutscher Hebammenverband e. V.
Gartenstr. 26
76133 Karlsruhe
www.hebammenverband.de
Informationen zur Hebammenbetreuung und zum Stillen; bundesweite Übersicht der Geburtshäuser und Hebammen-Kreißsäle.

www.hebammensuche.de
Suchmaschine mit Adressen aus dem gesamten Bundesgebiet.

MEHRLINGE

ABC-Club, Internationale Drillings & Mehrlingsinitiative e. V.
Schuhstr. 4
30159 Hannover
Informationen und Unterstützung für Mehrlingsfamilien.

www.zwillisforum.de
Informations- sowie Austauschplattform für (werdende) Mehrlingseltern.

SCHREIBABYS

www.schreibaby.de
Hilfe für Eltern mit Schreibabys; hier finden Sie Kontaktadressen in Ihrer Nähe (auch in Österreich).

www.trostreich.de
Interaktives Netzwerk für Eltern von Schreibabys in D, A und CH.

STILLEN

Arbeitsgemeinschaft Freier Stillgruppen Bundesverband e. V.
Wallfriedsweg 12
45479 Mülheim an der Ruhr
www.afs-stillen.de
Gemeinnützige Organisation zur Förderung des Stillens.

Berufsverband Deutscher Laktationsberaterinnen IBCLC e. V.
Hildesheimer Str. 124 e
30880 Laatzen
www.bdl-stillen.de
Viele Elterninfos; Suchfunktion zu Stillberatung nach PLZ.

Bundesinstitut für Risikobewertung
Max-Dohrn-Str. 8–10
10589 Berlin
www.bfr.bund.de
Unter der Rubrik „Das Institut" finden Sie Infos der Nationalen Stillkommission am BfR Berlin.

La Leche Liga Deutschland e. V.
Geschäftsstelle
Eva Stroh
Dörriesstr. 2
53894 Mechernich
www.lalecheliga.de
Weltweite Organisation von stillenden und ehemals stillenden Müttern; hier finden Sie Stillgruppen und Stillberaterinnen in Ihrer Nähe.

www.still-lexikon.de
Infoportal rund ums Stillen – von der Vorbereitung bis zum Abstillen; mit Empfehlungen der WHO für die Ernährung gestillter Kinder.

WOHLFAHRTS- UND FAMILIENVERBÄNDE

AWO Bundesverband
Heinrich-Albertz-Haus
Blücherstr. 62/63
10961 Berlin
www.awo.org
U. a. Beratung zu Schwangerschaft, Erziehung, Familie und Mutter-/Vater-Kind-Kuren.

Deutscher Caritasverband e. V.
Karlstr. 40
79104 Freiburg
www.caritas.de
Beratung für Eltern und Familien, vor Ort mit PLZ-Suche und online.

Elly Heuss-Knapp-Stiftung
Deutsches Müttergenesungswerk
Bergstr. 63
10115 Berlin
Kuren für Mütter und Väter.

Mutter-Kind-Hilfswerk e. V.
Mill Berger Weg 1
94152 Neuhaus/Inn
www.mutter-kind-hilfswerk.de
Unterstützung bei allen Fragen zur Mutter-/Vater-und-Kind-Kur, deren Antragstellung und Vermittlung.

pro familia e. V.
Bundesverband
Stresemannallee 3
60596 Frankfurt/Main
Hilfe und Rat bei allen Fragen zu (unerfülltem) Kinderwunsch, Schwangerschaft und Elternsein.

ÖSTERREICH

La Leche Liga Österreich
Zentagasse 6/13
A-1050 Wien
www.lalecheliga.at
Informationen rund ums Stillen, Stillberatung, Stillgruppensuche.

Österreichisches Hebammengremium
Bundesgeschäftsstelle
Landstraßer Hauptstr. 71/2
A-1030 Wien
www.hebammen.at
Wissenswertes rund um Schwangerschaft, Geburt und Wochenbett; gezielte Hebammensuche nach Wohnortnähe.

www.geburtsinfo.wien
Infos rund um die Geburt und die ersten Tage mit dem Baby; Beratungsstellen, Ärzte- und Hebammensuche, Ämter und Bezüge.

www.kinderaerzte-im-netz.at
Rundum-Infos zu Vorsorge, Impfen, Krankheiten, Säuglingspflege und Stillen.

www.kinderbetreuung.at
Mehr als 10.000 Adressen von Kinderbetreuungsmöglichkeiten sowie alle wichtigen Informationen zu allen Fragen rund um das Thema Kinderbetreuung.

www.paediatrie.at
Guter Überblick über Kinder- und Jugendärzte sowie Kinderspitäler und -ambulanzen in allen Bundesländern Österreichs.

www.stillen.at
Neben vielen Infos zum Stillen und zur Muttermilch finden Sie hier Stillberaterinnen aus allen Bundesländern sowie eine Liste der babyfreundlichen Krankenhäuser in Österreich.

SCHWEIZ

Kinderärzte Schweiz
Badenerstr. 21
CH-8004 Zürich
Berufsverband der praktizierenden Fachärztinnen und Fachärzte für Kinder- und Jugendmedizin. Unter dem Stichwort „Links/Hilfreiche Materialien für die Praxis" finden auch Eltern Informationen, etwa zu Impfen, Arzneimittelsicherheit in der Stillzeit oder Allergien.

La Leche League Schweiz
Postfach 197
CH-8053 Zürich
www.lalecheleague.ch
Kostenlose Beratung zu allen Fragen rund ums Stillen.

Schweizerischer **Hebammenverband**
Geschäftsstelle
Rosenweg 25 C
CH-3007 Bern
www.hebamme.ch
Informationen für Schwangere, Mütter und Eltern.

Verein Schreibabyhilfe
CH-8730 Uznach
www.schreibabyhilfe.ch
Hilfsangebote, Interviews und Erfahrungsberichte von und für betroffene Eltern.

www.swissfamiliy.ch
Umfangreiche Informationen und Tipps zum Leben mit Baby und Kleinkind.

Notfallnummern

NOTFALLNUMMERN

Notrettung: 112
Ärztlicher Bereitschaftsdienst: 116 117

GIFTNOTRUF

Baden-Württemberg: 0761/19 240
Bayern: 089/19 240
Berlin: 030/19 240
Brandenburg: 030/19 240
Bremen: 0551/19 240
Hamburg: 0551/19 240
Hessen: 06131/19 240
Mecklenburg-Vorpommern: 0361/730 730

Niedersachsen: 0551/19 240
Nordrhein-Westfalen: 0228/19 240
Rheinland-Pfalz: 06131/19 240
Saarland: 06841/19 240
Sachsen: 0361/730 730
Sachsen-Anhalt: 0361/730 730
Schleswig-Holstein: 0551/19 240
Thüringen: 0361/730 730

Buchtipps

Baumann, Thomas: **Das Baby-Entwicklungsbuch. Vom Baby zum Kindergartenkind.** Trias, Stuttgart

Brucker, Bernd: **Fingerspiele. Klassiker und neue Ideen für Babys und Kleinkinder.** Heyne, München

Dohmen, Barbara: **Baby-Ernährung: Stillen, Fläschchen, Breie: Richtig und gesund ernährt von 0 bis 2 Jahre.** Trias, Stuttgart

Gerhard, Ingrid/Rias-Bucher, Barbara: **Richtig ernähren in Schwangerschaft und Stillzeit.** Mankau Verlag, Murnau

Guóth-Gumberger, Márta/Hormann, Elizabeth: **Stillen: Einfühlsame Begleitung durch alle Phasen der Stillzeit.** Gräfe und Unzer, München

Halsey, Claire: **Eltern Wissen: Baby-Entwicklung. So fördern Sie Ihr Kind in den ersten 24 Monaten.** Dorling Kindersley, München

Hein, Sybille: **Halli Hallo Halunken: Das Liederbuch für die Allerkleinsten** (mit CD). Beltz & Gelberg, Weinheim

Hein, Sybille: **Zippel Zappel Zappelfinger. Kinderreime für junge Eltern.** Ars Edition, München

Imlau, Nora: **Das Geburtsbuch. Vorbereiten–Erleben– Verarbeiten.** Beltz, Weinheim

Imlau, Nora: **Mein kompetentes Baby. Wie Kinder zeigen, was sie brauchen.** Kösel, München

Karp, Harvey: **Das glücklichste Baby der Welt. Schlafbuch.** Goldmann, München

Karp, Harvey: **Das glücklichste Baby der Welt: So beruhigt sich Ihr schreiendes Kind – so schläft es besser.** Goldmann, München

Keicher, Ursula: **Das Babybuch für werdende Eltern: Gut vorbereitet – und das Baby kann kommen!** Trias, Stuttgart

Keicher, Ursula: **Kinderkrankheiten: Alles, was wichtig ist.** Gräfe und Unzer, München

Keicher, Ursula: **Quickfinder Kinderkrankheiten.** Gräfe und Unzer, München

Largo, Remo H.: **Babyjahre.** Piper, München

Lüpold, Sibylle: **Ich will bei euch schlafen!** Urania, Freiburg

Maiwald, Stefan: **Wir sind Papa. Was Väter wirklich wissen müssen.** Gräfe und Unzer, München

Nedebock, Ulla: **Babys brauchen Bewegung.** Humboldt, Hannover

Nolte, Stephan Heinrich/Nolden, Annette: **Das große Buch für Babys erstes Jahr. Das Standardwerk für die ersten 12 Monate.** Gräfe und Unzer, München

Pantley, Elizabeth: **Schlafen statt Schreien. Das liebevolle Einschlafbuch.** Trias, Stuttgart

Pikler, Emmi: **Friedliche Babys – zufriedene Mütter: Pädagogische Ratschläge einer Kinderärztin.** Herder, Freiburg

Pulkkinen, Anne: **PEKiP. Babys spielerisch fördern.** Gräfe und Unzer, München

Rankl, Christine: **So beruhige ich mein Baby. Tipps aus der Schreiambulanz.** Patmos, Ostfildern

Renz-Polster, Herbert: **Kinder verstehen. Born to be wild: Wie die Evolution unsere Kinder prägt.** Kösel, München

Renz-Polster, Herbert: **Schlaf gut, Baby! Der sanfte Weg zu ruhigen Nächten.** Gräfe und Unzer, München

Renz-Polster, Herbert/Menche, Nicole/Schäffler, Arne: **Gesundheit für Kinder: Kinderkrankheiten verhüten, erkennen, behandeln: Moderne Medizin, Naturheilverfahren, Selbsthilfe.** Kösel, München

Rubin, Franziska: **Meine sanfte Medizin für Kinder. Mit Hausmitteln natürlich behandeln und heilen.** ZS Verlag, München

Scheffler, Ingeborg: **Strampeln. Krabbeln. Laufen. So unterstützen Sie die motorische Entwicklung Ihres Babys.** Trias, Stuttgart

Schmitz, Hannah: **Das Mama-Kochbuch. 101 Rezepte und Tipps für Mama & Baby – von der Schwangerschaft bis zum 3. Lebensjahr.** Callwey, München

Schütze, Tina: **KnuddelFit. Rückbildungsgymnastik mit Baby.** Kösel, München

Simoens, Anne Nina/Pallasch, Anja: **Babypedia: Elterngeld, Elternzeit, Anträge, Finanzen, Rechtsfragen, Ausstattung – Checklisten, Links, Apps, Literatur.** Goldmann, München

Stadelmann, Natalie: **Babybrei. Der sichere Einstieg in die Beikost. Informationen, Empfehlungen, die besten Rezepte.** Edition Styria, Wien

Steel, Susannah: **Babyspiele für jeden Tag. Ideen und 365 Aktivitäten im ersten Jahr.** Dorling Kindersley, München

Stern, Daniel N.: **Tagebuch eines Babys. Was ein Kind sieht, spürt, fühlt und denkt.** Piper, München

Stern, Loretta/Gaca, Anja Constance: **Das Wochenbett. Alles über diesen wunderschönen Ausnahmezustand.** Kösel, München

van de Rijt, Hetty/Plooij, Frans X.: **Oje, ich wachse! Von den acht „Sprüngen" in der mentalen Entwicklung Ihres Kindes während der ersten 14 Monate und wie Sie damit umgehen können.** Goldmann, München

von Ribbeck, Janko: **Schnelle Hilfe für Kinder. Notfallmedizin für Eltern.** Kösel, München

Voormann, Christina/ Dandekar, Govin: **Babymassage.** Gräfe und Unzer, München

Register

A
Abstillen 250 f.
Aktive Impfung 124
Allergien 77, 80, 213
–, Auslöser 213
Ängste 244
Anlegen 64
Anpassungsprobleme 20 ff.
APGAR-Test 13
Arbeitsplatz 238 f.
Armhaltung 41, 43
Atemnot 264, 266
ATNR 27
Auffrischimpfung 124
Auge-Hand-Koordination 166, 169, 222

B
Babyblues 37
Baby-led Weaning 212
Babymassage 99
Babyschwimmen 172
Babyspielzeug 141
Babyzahnbürste 148, 150
Baden 31, 80, 85 ff.
Bauchweh 76 f., 95
–, lindern 77
Bäuerchen 62
Beckenboden 38 f.
Beikost 196 ff., 252
Beißring 148
Besuch 34
Betreuungsangebote 236, 238 f.
Bewegungsspiele 187
Bewusstlosigkeit 264 f.
Bilderbücher 189
Blähungen 76
Blaslaute 174
Blutergüsse 266
Blutschwämmchen 22

Bonding 10
Breast Crawl 12
Brei 196 f.
–, Abend- 205
–, Fragen 198 f.
–, Gläschen 203
–, Mittags- 204 f.
–, Nachmittags- 205
–, Rezepte 208 f.
–, selbst gekochter 203
–, Zutaten 202
Brüste, geschwollene 20
Brustwarzen, wunde 12, 68

D
Darmflora 76 f.
Daumenlutschen 100
Diphtherie 125
Drehen 138, 169
Dreier-Regel 103
Dreimonatskoliken 76, 102
Dreitagefieber 157
Durchfall 77, 153, 162, 265
Durchschlafen 90, 132, 243

E
Eifersucht 34
Eigener Wille 169, 233 ff.
Eingewöhnung 239
Einschlafen 90 f., 132
Einschlafhilfe 237
Einschlafrituale 96 , 132, 244
Eiweiß 200 f.
Elektrolytlösung 162
Erbrechen 162 f.
Erkältung 158 f.
Ernährung, Mutter 61
Ernährungsplan 206 f.
Erste Hilfe 264 ff.
–, Atemnot 264, 267

–, Bewusstlosigkeit 264 f.
–, Blutergüsse 266
–, Durchfall 265
–, Erstickungsgefahr 267
–, Fieber 265
–, Insektenstiche 266
–, Platzwunden 267
–, Prellungen 266
–, Schnittwunden 267
–, Schürfwunden 267
–, Verbrennungen 266
–, Vergiftungen 267
–, Verschlucken 267
–, Wunden 267
–, Zeckenbisse 266
Erstickungsgefahr 267
Essenzeiten, feste 252

F
Familienbett 97
Familienkost 252
–, Abendessen 254
–, Frühstück 254
–, Menge 255
–, Mittagessen 254
–, Zwischenmahlzeiten 255
Feinmotorik 166, 223
Fertignahrung 72, 74 ff.
–, Bedarf 72
–, Fragen 74 f.
–, Geschmack 112
Feste Essenszeiten 252
Fett 200
Fieber 154 f., 157, 162, 265
–, messen 154
–, senken 155
Fieberkrampf 157
Finger 134, 185, 222
Fingerfood 211 ff.
Fleisch 204

Fliegergriff 43 f.
Fluorid 146 Flüssigkeitsbedarf 217
Fördern 138
–, Bewegung 187, 220
–, Feinmotorik 223
–, Motorik 170 f.
–, Sprache 176 ff.
–, Tastsinn 111
Frauenmilch, reife 57
Fremdeln 192 ff., 238
Füße 23, 220, 229
Fußmassage 23
Füttern, verantwortungsvoll 199

G

Gebärmutterrückbildung 37, 57
Gefahrenstellen 224 f.
Gehirn 111, 118, 169
Gemeinsames Schlafzimmer 97
Geschmacksgedächtnis 112
Geschmackssinn 112, 199
Geschwister 34
Geschwollene Brüste 20
Greifen 169, 185, 222
Greifreflex 25, 120
Grenzen 233 ff.
Grobmotorik 166
Großeltern 239

H

Hackenfuß 23
Haemophilus B 126
Harnkristalle 21
Haut 80
–, Aufgaben 80
–, Irritationen 82 ff.
–, Kälteschutz 85
–, Sonnenschutz 85
–, trockene 80
Hepatitis B 126

Herzdruckmassage 265
Hexenmilch 20
Hib 126
Hitzepickelchen 83
Hochheben 40 f.
–, aus der Bauchlage 40
–, aus der Rückenlage 41
–, aus der Seitlage 40
Hohlwarzen 70
Hörsinn 115
Hörtest 17
Hüftsonografie 16, 120
Husten 161

J

Immunsystem 122
Impfen 122, 124 ff., 151, 181, 213, 247
–, aktiv 124
–, Beratung 120
–, Diphtherie 125
–, Grundimmunisierung 122
–, Haemophilus B 126
–, Hepatitis B 126
–, Hib 126
–, Keuchhusten 126
–, Meningokokken B 127
–, Meningokokken C 127
–, Nebenwirkungen 127
–, passiv 124
–, Pertussis 126
–, Pneumokokken 127
–, Polio 125
–, Rotaviren 125
–, Tetanus 126
Impfkalender 128 f.
Innere Uhr 242
Insektenstiche 153, 266
Intertrigo 83

K

Kälteschutz 85
Karies 217
–, Prophylaxe 150, 247
Keuchhusten 126
Kinderkrippe 238 f.
Kinderlebensmittel 255
Kindertagesstätte 236
–, Eingewöhnung 239
Kindspech 49
Kleidung 31
Klinikaufenthalt 163
Kohlenhydrate 201
Kolostrum 57
Kopfgneis 82
Kopf halten 134
Krabbelgruppe 236
Krabbeln 183
Krampfanfälle 157
Krankheiten 152 ff.
–, vorbeugen 122, 160
Krankheitserreger 122, 153
Krupphusten 161
Kurzes Zungenbändchen 70

L

Lallphase 174
Laufen 221
Lauflernschuhe 228
Leitungswasser 217
Lippenverschlusslaute 174

M

Magen-Darm-Infekt 162 f.
Magenpförtnerverengung 163
Masern 127
Massage 138
–, Abend- 99
–, Füße 23
Mehrfachimpfung 124

Meilensteine 107 ff., 258 ff.
Mekonium 49
Meningokokken 127
Milchbildungshormon 57
Milchproduktion 60
Milchschorf 82
Milchstau 69 f.
Mittagsschlaf 242
Mittelohrentzündung 161
Mororeflex 27, 42
Motorik 166
–, Entwicklung 166 f.
–, Förderspiele 170 f.
Mumps 127
Mund-zu-Mund-zu-Nase-Beatmung 264 f.
Mundsoor 84
Muttermilch 56 ff.
–, Bedarf 71 f.
–, Bildung 58
–, Phasen 57
–, zu viel 69 f.

N

Nabelschnur 12 f.
–, Rest 52, 79
Nachsorgehebamme 37
Nachwehen 37
Nackenreflex 27
Nährstoffbedarf 200
Nährstoffe 200 f.
Nasentropfen 159
Nein sagen 234 f.
Nestschutz 123
Neugeborenenakne 20
Neugeborenengelbsucht 17, 21
Neugeborenenreflexe 17, 24 ff., 169, 180
Non-REM-Schlaf 89 f.
Notfälle 31, 264 ff.

O

Ohnmacht 265
Ohrtrompete 161
Oxytocin 10, 37, 57, 68

P/Q

Partnerschaft 33
Passive Impfung 124
Passivrauchen 92, 102
Pertussis 126
Perzentilenkurven 18 f.
Pflege 31, 78 f.
–, Augen 78
–, Haare 78
–, Nabel 79
–, Nägel 79
–, Nase 78
–, Ohren 78
–, Windelbereich 50 f., 79
Pilzinfektionen 84
Pinzettengriff 222
Platzwunden 267
Plötzlicher Kindstod 92
Pneumokokken 127
Polio 125
Po, wunder 51, 217
Prellungen 266
Pre-Milch 72
Quarkwickel 70

R

Reanimation 264
Regulationsstörungen 76
Reife Frauenmilch 57
Reiseapotheke 143
Reizüberflutung 103
REM-Schlaf 89 f.
Rituale 96, 132
Rotaviren 125
Röteln 127
Rückbildungsgymnastik 38 f.
–, Beckenschaukel 39
–, Cat & Cow 39
–, Umkehrhaltung 38
Rückmeldung 231

S

Saugreflex 25, 101, 120
Saugverwirrung 100
Schielen 116
Schlaf-wach-Rhythmus 132, 145
Schlafdauer 243
Schlafen 30, 89 ff., 132, 242 f.
–, Atemrückstau 92
–, Durchschlafen 90, 132, 243
–, Einschlafen 90 f., 96, 132, 137, 244
–, Hilfe 96 f.
–, Hindernisse 94 f.
–, im gemeinsamen Schlafzimmer 97
–, im Kinderzimmer 244
–, in Rückenlage 92
–, Wärmestau 92
Schlafphasen 89
Schlafzimmer, gemeinsames 97
Schlafzyklen 91, 243
Schluckreflex 25
Schlupfwarzen 70
Schmierinfektion 153, 158
Schnittwunden 267
Schnuller 100 f.
–, Entwöhnung 101
–, Material 101
Schnupfen 159
Schreibaby 102 f.
Schreitreflex 26
Schuhe 228 f.
Schulterhaltung 41
Schürfwunden 267

Sehsinn 116
Selbstgespräche 175
Selbstständigkeit 230 f.
Sichelfuß 23
Sicherheit 224 f.
Sitzen 184
Sonnenschutz 85
Soor 84
Sozialverhalten 247
Spazieren gehen 104 f.
Spielplatz 249
Sprachentwicklung 115, 137, 174 ff., 188 ff., 247
–, Förderspiele 176 ff.
Sprachförderspiele 176 ff.
Sprechen lernen 174 ff.
Spreizhaltung 46
Stehen 184, 221
Stillen 12, 56 f., 60 ff., 64, 67 ff.
–, Anlegen 64
–, Fragen 60 ff.
–, Positionen 67
–, Probleme 68 ff.
–, unterwegs 105
Stillhütchen 68
Stillpositionen 67
Stoffwechselscreening 16
Storchenbiss 22
Strampeln 134
Stuhlgang 49, 162
Suchreflex 25

T

Tagesmutter 238
–, Eingewöhnung 239
Tastrezeptoren 111
Tastsinn 111
Tetanus 126
Tiefschlafphasen 243
Tragehilfe 46, 135

Tragen 42 ff., 135
–, an der Schulter 43
–, auf dem Arm 43
–, Fliegergriff 43
–, größere Babys 135
–, Hochheben 40 f.
Tragetuch 46
Treppen steigen 221
Trinken 217
Tröpfcheninfektion 153, 158
Trotzphase 233

U

U1 13
U2 16
U3 120
U4 151
U5 180
U6 246
Übergangsmilch 57
Übergangsobjekt 237
Ultraschalluntersuchungen 16, 120, 181
Unfallverhütung 181, 224 f.
Urvertrauen 33, 106

V

Väter 35
Verantwortungsvoll füttern 199
Verbote 234 f.
Verbrennungen 266
Verdauung 49, 76 f.
Vergiftungen 267
Verreisen 142 ff.
–, Ausweis 145
–, Packliste 143
–, Reiseapotheke 143
–, Reiseziel 144
–, Transportmittel 144
–, Versicherungen 145

Verschlucken 267
Verstopfung 76
Vitalstoffe 201
Vitamin D 17, 201
Vitamin K 13, 17, 120
Vorlesen 189
Vormilch 57
Vorsorgeuntersuchungen 13, 16, 120, 151, 180, 246

W

Wadenwickeln 155
Wasserbruch 22
Wickeln 30, 48 ff.
Wickeltasche 53
Wickeltisch 48, 53
Wiederbelebung 264 f.
Wille, eigener 169, 233 ff.
Windeldermatitis 84
Windelgröße 52
Windelsoor 84
Windpocken 127
Wirbelsäule 46 f.
Wochenbett 36 f., 67
Wochenbettdepression 37
Wochenfluss 37
Wunde Brustwarzen 12, 68
Wunden 267
Wunder Po 51, 217
Wutanfälle 233

Z

Zähne 146 ff., 252
Zahncreme 150
Zahnen 95, 146 ff.
Zangengriff 185, 222
Zeckenbisse 266
Zuhören 175
Zungenbändchen, kurzes 70
Zwischenmahlzeit 211

Die Autorin

Dr. med. Ursula Keicher studierte in Gießen und München Medizin, arbeitete als Stationsärztin in Münchner Kinderkliniken und war lange Jahre in ihrer eigenen Praxis erfolgreich. Im Job kombiniert die 51-jährige Kinderärztin und Autorin von Medizin- und Kinderbüchern wie „Kinderkrankheiten – Alles, was wichtig ist" und „Das Babybuch für werdende Eltern" gern das Beste aus Schulmedizin sowie natürlichen Hausmitteln und Heilmethoden. Privat ist sie am liebsten mit ihren beiden Kindern in der Natur unterwegs.

Bildnachweis

Colourbox: 221, 223, 229; Tatiana Davidova: 13, 16, 39 (li., re., u.), 41 (li., re.), 43 (li., mi., re.), 47 (li., re., o., u.), 48, 57, 71, 93, 135 (li., mi., re.), 151, 167 (o.li, o.mi., o.re.,u.re., u.mi., u.li.), 180, 202, 246, 265; ddp images: 186 (re.o.); doc-stock: 157; dpa: 260; F1online: 83, 88, 186 (re.u.); fotolia: 24 (re.), 46, 51, 223, 259; Getty images: U4 (li., mi.),3 (o.), 4 (mi.), 24 (li.), 28, 44, 52, 63, 69, 78, 98, 100, 108 (li.o., li.u., re.o., re.u.), 109 (li.o., li.u., re.o., re.u.), 114, 125, 130, 133, 141 (o.), 160 (li., u.), 162, 164, 168, 178, 186 (li.u.), 188, 210 (re.o., u.), 223, 226, 232, 237, 245, 258, 259, 260, 261; Lucie Heselich: 18, 19, 27, 59, 91, 128, 243; istockphoto: Vorsatz, Nachsatz, 9, 20, 23, 31 (o., u.), 34, 37, 53 (li., re.), 61, 73, 75, 77, 81, 85, 90, 96, 102, 103, 111, 115, 117, 118, 126, 134, 135 (u.), 143, 144 (li., mi., re.), 147, 148, 155, 156, 159, 163, 174, 175, 177 (o.), 185 (li., re.), 199 (li., re.), 206, 208, 209, 213, 222, 240, 252, 258; masterfile: 131; mauritius images: 2 (mi.), 3 (u.), 4 (u.), 5 (u.), 14, 32 (re.o., mi.), 35, 50, 59, 65, 82, 86, 121, 139, 140 (u.), 149, 154, 160 (re.), 165, 170, 176, 182, 186 (li.o.) 190, 210 (li.), 218, 228, 253, 256, 261, 262, 263; Picture Press: 3 (mi.), 66 (o., li., re.), 140 (re.), 198, 223; plainpicture: 5 (o.), 8, 30 (li, re.), 36, 196, 219, 248; Science Photo Library: 21, 83; shutterstock: 4 (o.), 7, 12, 21, 22, 23, 38, 46, 52, 61, 68, 70, 75, 76, 82, 83 (li., re.), 84, 87, 91, 95 (mi., u.), 101, 103, 104, 107, 115, 123, 127, 129, 138, 142, 144, 146, 148, 152, 153, 155, 158, 159, 171 (mi., u.), 172, 177 (u.), 181, 184, 189, 193, 200, 201, 204, 205 (li., mi., re.), 213, 216, 220, 221, 224, 231, 234, 239, 244, 247, 251, 255, 259, 280; stocksy: Cover, U4 (re.), 2 (o., u.), 5 (mi.), 11, 29, 32 (li.o., u.), 54 (li.o., re.o., u.), 55 (o., li.u., re.u.), 60, 87, 94, 105, 110 (o., li., re.), 113, 136, 141 (li., mi.), 142, 165, 192, 250, 260; Anke Schütz: 214, 215; Thinkstock: 74; Your Photo Today: 26, 238

Impressum

© 2017 ZS Verlag GmbH
Kaiserstraße 14 b
D-80801 München

ISBN 978-3-89883-608-1
1. Auflage 2017

Projektleitung: Eva Dotterweich
Texte: Sylvie Hinderberger
Lektorat: Sylvie Hinderberger
Bildredaktion: Henrike Schechter
Illustrationen: Tatiana Davidova
Weitere Abbildungen: siehe Bildnachweis Seite 279
Umschlaggestaltung und Layout: independent Medien-Design, Horst Moser, München
Herstellung: Frank Jansen
Producing: Jan Russok
Druck & Bindung: optimal media GmbH, Röbel

Die ZS Verlag GmbH ist ein Unternehmen der Edel AG, Hamburg.
www.zsverlag.de | www.facebook.com/zsverlag

Alle Rechte vorbehalten. All rights reserved. Das Werk darf – auch teilweise – nur mit Genehmigung des Verlags wiedergegeben werden.

HINWEIS
Die Ratschläge in diesem Buch wurden mit größter Sorgfalt von Autorin und Verlag erarbeitet und geprüft. Eine Garantie kann jedoch nicht übernommen werden. Ebenso ist eine Haftung der Autorin bzw. des Verlags und seiner Beauftragten für Personen-, Sach- oder Vermögensschäden ausgeschlossen. Erkrankungen mit ernstem Hintergrund gehören in ärztliche Behandlung! Bei bereits bestehenden Beschwerden kann das Buch daher keinen fachärztlichen Rat ersetzen.

Auf den Geschmack gekommen?

Powerfood für Veggie Moms – mit Liebe gemacht

Sarah Schocke
Veggie for Moms
€ [D] 16,99
ISBN 978-3-89883-644-9

Gleich weiterlesen!

Jetzt überall, wo es gute Bücher gibt.